U0567302

中国濒危语言志　组委会

主　任

杜占元

执行主任

田立新

成　员

田联刚　许正明　刘　利　黄泰岩　于殿利

张浩明　刘　宏　周晓梅　周洪波　尹虎彬

中国语言资源保护工程

中国濒危语言志
少数民族语言系列

总主编　曹志耘
主　编　孙宏开　黄　行　李大勤

四川道孚尔龚语

根呷翁姆　著

创于1897
商务印书馆
The Commercial Press

图书在版编目（CIP）数据

四川道孚尔龚语/根呷翁姆著. —北京：商务印书馆，2019
（中国濒危语言志）
ISBN 978-7-100-17973-7

Ⅰ.①四… Ⅱ.①根… Ⅲ.①藏语—介绍—道孚县 Ⅳ.①H214

中国版本图书馆CIP数据核字（2019）第277421号

四川道孚尔龚语

根呷翁姆 著

出版发行：商务印书馆
地　　址：北京王府井大街36号
邮政编码：100710

印　　刷：北京雅昌艺术印刷有限公司

开　　本：782×1092 1/16　　印　　张：19 1/2
版　　次：2019年6月第1版　　印　　次：2019年6月北京第1次印刷
书　　号：ISBN 978-7-100-17973-7

定　　价：120.00元

道孚地形地貌　道孚县城 /2017.8.6/ 刘国志 摄

道孚民居风俗　道孚县鲜水镇 /2016.1.6/ 根呷翁姆 摄

藏历五月十三的安巴节　道孚县鲜水镇 /2017.7.29/ 多吉 摄

实地调查摄录现场　道孚县团结一村 /2015.8.7/ 杨志勇 摄

语法标注缩略语对照表

缩略语	英语	汉义
1sg	1st person singular	第一人称单数
2sg	2nd person singular	第二人称单数
3sg	3rd person singular	第三人称单数
1dl	1st person dual	第一人称双数
2dl	2nd person dual	第二人称双数
3dl	3rd person dual	第三人称双数
1pl	1st person plural	第一人称复数
2pl	2nd person plural	第二人称复数
3pl	3rd person plural	第三人称复数
ABL	ablative marker	从格标记
AUX	auxiliary verb	助动词
BEN	benefactive marker	受益格/为格（标记）
CAUS	causative marker	使动标记
CLF	classifier	量词
COM	comitative marker	随同格标记
COMPR	comparative marker	比较级标记
CONJ	conjunction	连词
DAT	dative marker	与格标记
DIR	directional marker	方向前缀标记

续 表

缩略语	英语	汉义
ERG	ergative marker	作格/施格标记
EXCL	exclusive	排除式
EXP	experiential marker	经验体标记
FEM	feminine marker	阴性标记
FPRT	final particle	语尾助词
GEN	genitive marker	属格标记
INFX	infix	中缀
INST	instrumental marker	工具格标记
INTER	interjection	感叹词
LNK	clause linker	分句连词
LOC	locative marker	处所格标记
NEG	negative	否定
NMLZ	nominalizer	名物化标记
PL	plural marker	复数标记
PREF	prefix	前缀
PROS	prospective aspect marker	将行体标记
PRT	particle	助词
QUES	question marker	疑问句标记
REFL	reflexive pronoun	反身代词
SIM	simultaneous action	同时进行的动作
SUFF	suffix	后缀

序

我的老家在浙江金华。我在老家生活的年代是20世纪六七十年代。那时候人们白天黑夜地干，酷暑寒冬地干，但就是吃不饱饭。山上光秃秃的，地上光秃秃的，简直成了不毛之地。如今40年过去了，回到家乡，只见茂林修竹，清流激湍，芳草鲜美，落英缤纷，俨然人间仙境。进山的小路早已被草木掩没，没有刀斧开路，则寸步难行。

在我家附近的塔石乡，有一个叫“大坑”的畲族村子，坐落在一条山沟里，有50多人。畲族相传发源于广东潮州凤凰山，明代以来逐渐北迁，从广东到福建，从福建到浙江、江西、安徽等地。数百年来，畲族尽管不断迁徙，散落中国东南各地，然而始终保持着他们共同的语言——畲话。1981年，我在山东大学上学期间，曾经一个人跑到大坑去，拿着日本人编制的调查表记录他们的畲话。当时村里男女老少，基本上人人会讲畲话。但时至今日，很多人已不会讲或讲不好畲话了，25岁以下无一人会讲。照此发展下去，估计几十年后，大坑人沿袭千年之久的母语将彻底消亡。

自然环境的破坏可以修复，但语言的消亡无法挽回，不可再生。

根据联合国教科文组织的《世界濒危语言地图》（2018），在世界现存的约6700种语言中，有40%的语言濒临灭绝，平均每两个星期就有一种语言消亡。中国有130多种语言，其中有68种使用人口在万人以下，有48种使用人口在5000人以下，有25种使用人口不足1000人，有的语言只剩下十几个人甚至几个人会说了。汉语方言尽管使用人数众多，但许多小方言、方言岛也在迅速衰亡。即使是那些还在使用的大方言，其语言结构和表达功能也已大大萎缩，或多或少都变成“残缺”的语言了。

冥冥之中，我们成了见证历史的人。

然而，作为语言学工作者，绝不应该坐观潮起潮落。事实上，联合国教科文组织早在1993年就确定当年为“抢救濒危语言年”，同时启动“世界濒危语言计划”，连续发布“世界濒危语言地图”（联合国已确定2019年为“国际本土语言年”）。二十多年来，国际上先后成立了上百个抢救濒危语言的机构和基金会，各种规模和形式的濒危语言抢救保护项目在世界各地以及网络上展开。我国学者在20世纪90年代已开始关注濒危语言问题，自21世纪初以来，开展了多项濒危语言、方言调查研究课题，出版了一系列重要成果，例如孙宏开先生主持的"中国新发现语言研究丛书"、张振兴先生等主持的"中国濒危语言方言研究丛书"、鲍厚星先生主持的"濒危汉语方言研究丛书"（湖南卷）等。为了全面、及时抢救保存中国语言方言资源，教育部、国家语委于2015年启动了规模宏大的"中国语言资源保护工程"。在语保工程里，专门设立了濒危语言方言调查项目，迄今已调查76个濒危语言点和60个濒危汉语方言点。对于濒危语言方言点，除了一般调查点的基本调查内容以外，还要求对该语言或方言进行全面系统的调查，并编写濒危语言志书稿。随着工程的实施，语保工作者奔赴全国各地，帕米尔高原、喜马拉雅山区、藏彝走廊、滇缅边境、黑龙江畔、海南丛林都留下了他们的足迹和身影。一批批鲜活的田野调查语料、音视频数据和口头文化资源汇聚到中国语言资源库，一些从未被记录过的语言、方言在即将消亡前留下了它们的声音。

为了更好地利用这些珍贵的语言文化遗产，在教育部语言文字信息管理司的领导下，商务印书馆和中国语言资源保护研究中心组织申报了国家出版基金项目"中国濒危语言志"，并有幸获得批准。该项目计划在两年内按统一规格、以EP同步方式编写出版30卷志书，其中少数民族语言20卷，汉语方言10卷。自项目启动以来，语信司领导高度重视，亲自指导志书的编写出版工作，各位主编、执行编委以及北京语言大学、中国传媒大学的工作人员认真负责，严格把关，付出了大量心血，商务印书馆则配备了精兵强将以确保出版水准。这套丛书可以说是政府、学术界和出版社三方紧密合作的结果。在投入这么多资源、付出这么大努力之后，我们有理由期待一套传世精品的出现。

当然，艰辛和困难一言难尽，不足和遗憾也在所难免。让我们感到欣慰的是，在这些语言、方言即将隐入历史深处的时候，我们赶到了它们身边，倾听它们的声音，记录它们的风采。尽管我们无力回天，但已经尽了最大的努力，让时间去检验吧。

曹志耘

2018年10月

于浙江师范大学

目录

第一章 导论

第一节

调查点概况

道孚原名“道坞”，藏语意为“马驹”，位于四川省甘孜藏族自治州的东北部，是甘孜藏族自治州的18个县之一。该县位于北纬32° 21′ —30° 32′ 、东经100° 32′ —101° 44′ ，地处青藏高原东南缘的鲜水河断裂带，东西长约116.24公里，南北宽约132.44公里。东与康定相邻，南与雅江相接，西与炉霍连界，北与阿坝州壤塘和金川接壤。县城距甘孜州州府康定215公里，距省会成都577公里，是康北通往西藏的必经之路，也是茶马古道的重要门户。全县总面积7053平方公里，辖尼措、瓦日、玉科、八美、扎坝等5个区和鲜水、八美两个镇，共计20个乡158个行政村。2017年末，全县户籍人口57 603人。其中，农业人口49 318人，非农业人口8285人。藏族共54 657人，占95%左右；其余为汉族、回族等民族，其中汉族2812人。[①]道孚位于青藏高原丘状高原向山地地貌的过渡带上，地貌复杂多样。雪峰、峡谷、江河、湖泊、瀑布、土石林等一应俱全。境内峰峦起伏，东北高，东南略低；最高海拔5820米，最低海拔2670米，平均海拔3245米，属寒温带大陆性季风气候。

早在旧石器时代，道孚已有先民繁衍生息。春秋时期，羌人西迁，子孙系别繁多，史称西羌或西南夷。《后汉书・西羌传》载:“不立君臣，无相长一，强则分种为酋毫，弱则为人附落。”《史记・西南夷传》载:“百里以内逾数十国。”《汉书・地理志》载:“鲜水（鲜水河）出傲外，境内部落散居鲜水河流域，属牦牛徼外地区。”隋代，党项羌建立附国。《隋书・附国传》载:“在蜀郡西北两千余里，其国南北八百里，东西千五百里……国有二万余家，号令至王出。”《隋书・西域传》载“隋附国，为党项羌之农业国”，该附国雄踞今甘孜州东北部。唐代，吐蕃兴起，逐步向东发展，灭附国，成为吐蕃部落。公元842年，吐

---

① 数据由道孚县统计局提供。

蕃末代赞普朗达玛被刺身亡，吐蕃崩溃，再度分化为众多部落。元代，“元世祖忽必烈统一康、藏，遂有蒙古人移入”，“固始汗封其七子于甘孜州北部甘孜等地，称霍尔七部”（清末存五部），实行土司制度。明代属宁远宣慰司。清康熙四十年（1701年），册封境内10个土百户。18世纪由明正、丹东、麻书、孔撒四土司分治。宣统三年（1911年）“改土归流”，置道坞设治局。民国元年（1912年）设县治，始称道坞县，翌年更名道孚县，属川边特别行政区。民国14年（1925年）归西康特别行政区管辖。民国24年（1935年），设西康宣慰使公署驻道孚。1936年，红军长征经道孚成立道孚县博巴政府。民国28年（1939年）归属西康省第一行政督察区。1950年4月15日，道孚县和平解放，保留县建置，划归西康省藏族自治区管辖。1955年，属四川省甘孜藏族自治州，1978年12月撤销乾宁县，所辖协德、扎坝2区划归道孚县。

道孚地区资源丰富，以农业、林业为优势产业。全县耕地、森林、天然草场丰富。境内不仅蕴藏锂、铍、钽、铌、铯等稀有金属，金、铁、铅、锌、钨、铜、锡、银等金属资源也相当丰富，其中黄金生产已有两三百年的历史。动物资源丰富，有雪豹、金钱豹、白唇鹿、藏羚、牛羚、斑尾榛鸡等国家一级保护动物9种，还有短尾猴、石豹、水獭、林鹿、金猫、盘羊、雪鸡、猕猴、马麝、岩羊等国家二级保护动物17种。动物药材过去主要有鹿茸、麝香等；药用植物有78科302种，是四川省中药材产区之一。道孚县的水资源也很丰富。雅砻江流域的主要支流之一鲜水河是境内的主要河流，该河有木茹河等主要支流；此外还有众多湖泊，包括高山湖泊、静水湖、温泉等多种类型。2014年，藏区综合规模最大的水电工程两河口电站开工在建，水电开发潜力巨大。

道孚藏族的风俗习惯与周围其他地域的藏族基本一致。饮食种类繁多，日常生活以糌粑、麦面为主食，以肉类、酥油、蔬菜、水果、野生菌类，以及奶渣等各式各样的奶制品为主要副食品。副食品中，以葱和大蒜闻名远近。道孚人普遍爱食酸菜，喜用酸菜制作酸菜牛肉包子、酸菜猪肉包子、酸菜面等。日常饮品有牛奶、清茶、酥油茶、奶茶、牛油茶、青稞酒等。

道孚藏族的服饰穿戴美观大方，极具特色，保存了大量的族群文化信息。道孚藏族的传统服饰以藏袍为主，男女有别。男子的帽饰、女子的发式、头绳颜色、长袍下摆的褶式等无不透视着族群特点。随着时代的变迁，道孚人的日常着装也逐渐开始发生改变。男子日常着装多为汉藏结合或汉装，节庆日里则为传统服饰。年轻女子则大多喜穿西式藏装或汉装。如今，坚守着传统服饰和发式的大多是一些年纪稍长的女性。

道孚藏族实行族内通婚。道孚人的亲属关系和通婚范围主要是建立在族群认同基础上的，较少与他族通婚。道孚藏族婚姻类型以前主要有包办婚、自由婚、逃婚、抢婚等，个别地方曾有一妻多夫制度。[①]包办婚讲究门当户对、媒妁之言，是父母对子女婚姻缔结的包办代替，子女无自主权。自由婚，是婚姻男女双方在自由恋爱基础上缔结的婚姻形式。“逃婚”，是自由婚的一种特殊形式。男女相爱，若双方家长或一方家长不同意，则恋爱双方可能采取逃婚形式，相约离家出走，或投奔亲戚。在事实婚姻形成以后，双方家人被迫同意认可，再将子女接回，商榷聘礼及婚期举行成婚仪式。抢婚有“文抢”和“武抢”两种。文抢，即如果某一男子喜欢上某一女子，可将其身上的任何一件饰物或服装抢走。若女方有意，双方约会；若女方无意，则不赴会，男子遂将抢走的东西退还。武抢，即武力抢婚，是男方不顾及女方及其家属的意愿，通过抢夺的方式逼迫女方成亲。现今，抢婚已不复存在，包办婚和逃婚有所减少，自由婚为主要的婚姻缔结方式。

道孚地区的丧葬习俗比较复杂，历史上有天葬、水葬、土葬、火葬、多次葬和崖葬等形式。从考古方面看，道孚地区出现过石棺葬。石棺葬主要分布在鲜水河流域尔龚语使用区域的瓦日、尼措等地。而今，道孚地区普遍实行土葬、水葬和火葬，火葬多见于僧侣群体。

宗教在道孚藏族日常生活中占有重要地位。自藏传佛教传入道孚，与本土原始宗教不断吸纳、整合，使得道孚藏族形成了一套与生产、生活、思想意识密不可分的信仰习俗。道孚藏族崇尚家中多僧，或以家中有僧为荣。康区霍尔十三寺之一的灵雀寺就位于县城内，是民众主要的信仰场所。[②]格鲁派在道孚占主导地位，在边远区乡还分布有苯波派、宁玛派、萨迦派。各教派势力强弱差异很大，基本上是格鲁派独占榜首。

道孚地区重要的节日有“藏历年”“春节”“安巴节”“燃灯节”“赛马节”及由传统的宗教节庆演化为民俗性节日的灵雀寺酥油花灯会、江喀大法会、安却大法会、“擦擦会”等，节日中民众盛装打扮共同参与，进行经贸交流，热闹非凡。

---

① 即家中兄弟共娶一妻，由长兄迎亲，妻子在家中占重要的地位，这是藏区的一种古老婚姻制度。

② 关于道孚宗教信仰方面的论述见根呷翁姆（2010a）。

第二节

尔龚语的系属及其他

尔龚语是中国四川省部分藏族使用的一种语言，属汉藏语系藏缅语族。在四川省的道孚县，当地说尔龚语的藏族称自己的语言为stɑ wə skɛ，即道孚话或道孚语，外界对它的称谓却不尽一致。马长寿（1944）将此语言命名为“尔龚语”，孙宏开（1983a）沿用了“尔龚语”这一称谓，李绍明（1980）和赵留芳（1938）称之为“道孚语”或“道孚地脚话”。霍杰逊（Hongson 1853）在《西番语与霍尔语词汇》中称之为“霍尔语”，根呷翁姆（2011b）称道孚藏族的语言为“道孚话”或“道孚语”。根据“中国语言资源保护工程”（以下简称语保工程）项目的总体要求，笔者在本书中将之称为尔龚语。

尔龚语的系属问题在学界一直存在争议。以孙宏开（1983a）和黄布凡（1990）为代表的学者认为该语言属于羌语支的一种独立语言。以瞿霭堂（1990）和林向荣（1993）为代表的学者认为这一语言仅仅是嘉戎语的一种方言。通过深入调查，笔者将尔龚语与现代藏语三大方言[①]、古代藏语、嘉戎语等进行语音、词汇、语法的专题比较研究后认为，尔龚语属于藏缅语族藏语支。有关论证，详见根呷翁姆（2013），此处不再赘述。

尔龚语主要分布于四川省甘孜藏族自治州的道孚、丹巴、炉霍、新龙等县和阿坝藏族羌族自治州的金川、马尔康、壤塘等县。根据各地通话程度的不同，尔龚语可分道孚、革什扎、观音桥3种方言：道孚县城关镇（尼措）区、瓦日区、八美区沙冲乡，新龙县河西区蔓箐、朱倭和多占等乡，炉霍县虾拉坨区仁达乡为尔龚语的道孚方言区；丹巴县大桑区革什扎、丹东、边尔等乡，川古区东谷乡，金川区巴旺、金川等乡为尔龚语的革什扎方言区；金川县观音桥区，马尔康县北洼区毛尔宗、党坝等乡，壤塘县普西乡为尔龚语的观音

① 即藏语安多方言、康方言和卫藏方言。

桥方言区。各方言区在漫长的历史发展的长河中，因受地理阻隔、社会分化、地缘接触、文化接触、语言发展不平衡等诸多因素的影响，大都不同程度地受到周围同语族语言的影响，在语音和部分词汇方面发生了一些变化。相比之下，处于尔龚语核心区域的道孚尔龚语使用人口众多且保持着较为稳定的状态。

2015—2017年笔者对保存较为完好的道孚尔龚语使用人口做了调查，其中2017年的详细数据如表1-1所示①：

表1-1 2017年道孚县尔龚语使用人口一览表

	地区	藏族人口	实际使用人口②
道孚县尔龚语使用人口	鲜水镇	6529	3745
	格西乡	3307	3248
	孔色乡	2950	2865
	麻孜乡	4157	4086
	各卡乡	2500	2423
	沙冲乡	995	956
	瓦日乡	1913	1823
	木茹乡	1298	1227
	甲斯孔乡	2539	2472
	总计	26 188	22 845

本书选择四川省甘孜藏族自治州道孚县的尔龚语作为描写的重点，其主要原因在于：

1. 道孚的尔龚语的语言面貌总体完整，语言结构的衰变以及语言的转用现象不太明显。

2. 从地理位置和分布状况看，道孚的尔龚语分布较为集中，这里属于典型的尔龚语集中分布区域。

3. 道孚的尔龚语语言内部差异较小。在道孚县，除甲斯孔乡、孔色乡的极个别词汇的语音发音略微有所差异外，其他区域基本一致，在具体语言环境中的交际行为和交际效果并未受到影响。

4. 历史上，道孚城镇形成较早，以尔龚语为主要交际工具的道孚地区是康巴藏区的经

---

① 2017年的藏族人口数据由道孚县统计局提供。

② 本表的尔龚语实际使用人口数中包括只会日常简单用语的人口数。

济、文化中心之一。长期以来，道孚自给自足的生产、生活方式使道孚形成一个相对统一的语言核心带。

从调查情况来看，迄今为止，道孚尔龚语至今还保存着不少古代藏语和原始藏缅语时期的古老特征，且母语人对自己的母语有着深厚的感情，语言态度也相当积极、开放。尽管近年来“尔龚语-汉语”的双语兼用程度较高，但相对于其他区域，语言转用总体上不太明显。

第三节

尔龚语的濒危状况

一　调查点周边语言情况

道孚县的语言比较复杂，同一区域的同一民族就有4种话通行。“五里不同音、十里不同调”在这里展现得淋漓尽致。从语言种类来说，除了尔龚语外，道孚县还有扎坝语、藏语安多方言、康方言和汉语四川方言。从片区情况来看，尼措区和瓦日区、玉科区、扎坝区、八美区（沙冲乡除外）分别以其独特的历史、人文、地理等因素在县域内大致形成了一个相对独立的语言区域。到目前为止，道孚主要以鲜水镇（县城所在地）、尼措区、瓦日区和八美镇沙冲乡的居民所使用的尔龚语为主。其他语言在特定区域内占有一定的优势，如扎坝区主要使用扎坝语，八美区主要使用藏语康方言，玉科区主要使用藏语安多方言。可见，各种语言在各自功能区域内相对地形成了“各尽其能，各守其位”的分布态势。总体来看，道孚地区语言使用情况归纳起来有以下几个主要特点：

1. 居住在这里的说不同话语的居民，不论地域大小、人口多少，都保存并使用自己的母语；母语主要使用于本语言区域内部、家庭内部。不同语言区域居民交往时，主要使用汉语四川方言。就使用频率而言，各语言区域内使用母语的频率相对较高。

2. 除玉科的安多方言受地理、气候环境制约较强外，其他区域语言兼用现象相当普遍，除少数老年人外，大多会兼用一种或两种语言。语言兼用主要由交际的实际需要决定，但有时也与所欲掌握语言的难易程度有一定的联系。在道孚，由于尔龚语的复辅音和藏语安多方言的复辅音系统复杂，掌握起来比较困难，所以，兼用这两种语言的人数相对就少多了。

3. 人们的观念呈开放型。所谓“开放”，是指具有包容性，对任何一个族群或个体习得两种或两种以上的语言持默认的态度。

总之，道孚县域内语言复杂，种类较多，但由于承接了相同或相近的语言因子，各种语言或方言内部又有相通性。这些语言或方言未来可能由于对外联系的日益加强而不断走向统一。特别是随着汉语的普及及外来强势文化的影响，尔龚语和扎坝语会日渐萎缩；相应地，土著原生态文化也随语言有逐渐退缩消亡之势。

二 尔龚语的使用概况

从尔龚语的使用情况来看，大部分说尔龚语的人在日常生活中仍把尔龚语作为交际语言。在族群内部，同村亲戚邻里之间，这种语言仍在广泛使用。大多数讲尔龚语的家庭，其孩子也把尔龚语作为母语。半数以上的被调查者认为尔龚语在短时间内不会消亡。

调查显示，讲尔龚语的民众普遍生活在双语或多语环境之中。除了尔龚语之外，他们普遍会讲其他语言，如汉语、藏语康方言、安多方言等。但是，除了汉语外，这些同语族的亲属语言目前为止都没有能够取代尔龚语的迹象。而且，大多数的受访者愿意在日常生活中使用尔龚语。整体看来，他们对尔龚语持积极态度。不过，值得注意的是，尔龚语的重要程度有区域分野。在族群内部、家庭内部及边远区乡，尔龚语保留程度较好，使用频率较高；在族群外部、政府机构、单位、公共场合则主要使用汉语，个别地方部分使用藏语康方言、安多方言等，如学校的藏汉双语教育和藏语电视节目。

三 濒危状况评估及个案分析

（一）基本濒危状况

根据对尔龚语的濒危程度的数据抽样及调查分析，尔龚语的濒危度各项指标的确切数值，具体如表1–2所示：

表1–2 尔龚语的濒危指标[①]

序号	指标	濒危程度	评级	语言使用情况
1	语言代际传承	不安全型	4	多数的使用者都在40岁以上，而群体内部的儿童和年轻人中部分已很少学习使用尔龚语。
2	语言使用者的绝对人数	绝对使用人口减少	2	流利使用者主要为40岁以上和居住在边远区乡的使用者。

① 此处的具体指标设置参考了范俊军（2006）。

续 表

序号	指标	濒危程度	评级	语言使用情况
3	语言使用人口占总人口的比例	很危险	3	据2017年统计，使用尔龚语的人口有22 845人，道孚县全县共有57 603万人，约占全县人口比例的40%。
4	现存语言使用域的走向	多语交替	3	尔龚语的使用范围缩小，仅限于家庭或族群内部使用，在多语家庭、政府部门、学校和公共场合几乎不使用尔龚语。
5	语言对新语域和媒体的反应	不活跃	0	尔龚语没有进入到新媒体、新环境，该语言与现代脱节越发明显。
6	语言教育材料及读写材料	书面材料可及度	0	没有教材可供社区学习。（藏文除外）
7	政府和机构的语言态度和语言政策	同等重视	4	近年来地方政府也非常重视尔龚语的保护与传承，但没有开展尔龚语（藏语除外）的教学。
8	语言族群成员对母语的态度	许多成员都支持保护和发展母语，但有些人漠不关心或放弃母语	3	许多人认为尔龚语是族群的象征，会说本语才是真正的道孚人，支持母语的传承和发展，但有些人漠不关心或放弃母语。
9	语言记录的数量与质量	不充分	1	仅有为数不多的描写性文著，如戴庆厦等（1991）、根呷翁姆（2010b、2010c）等。

从上表中可以看出，在语言活力评价标准指标中，尔龚语只有“语言代际传承”和“政府和机构的语言态度和语言政策”两项指标濒危程度较低，其他几项指标均属于高度濒危级别。但是，如果将几项指标综合来看，笔者认为尔龚语应大致属于濒危型语言。

（二）案例分析

尔龚语共时差异往往反映的是历时演变。其衰退的程度在不同地区、不同群体中表现出的类型也不同，这就使得我们有可能通过不同角度（包括语言使用人口的差异、不同年龄段代际传承、不同语域、不同文化观念和语言态度等）的比较来揭示尔龚语的濒危状况。

道孚县是使用尔龚语人口最多、最集中、最核心的区域，县中尤以尼措区的四乡一镇和瓦日区的尔龚语保留最为完整、集中。因此，我们选取了颇具代表性的鲜水镇团结一村作为语言濒危状况调查的个案来展开分析讨论。

1. 主观评价

我们可以从尔龚语语言使用情况入户抽样调查的考证数据来看看道孚人对母语和汉语的主观评价：30%的人认为尔龚语有用，24.4%的人认为尔龚语体面；42.2%的人认为藏话有用，40%的人认为藏话体面；98.9%的人认为汉话有用，54.4%的人认为汉话体面。[①]由此看来，大多数人对藏话，尤其是对汉话的实用价值评价和主观感情均高于母语。16.7%的农民、1.1%的干部、3.3%的教师、5.6%的学生认为尔龚语有用。

这里的农民是文化程度相对较低的群体，干部和教师则是文化程度相对较高的群体。也就是说，在这个尔龚语集中分布区域，农民和文化程度较低的群体是尔龚语最多的使用者和最后的维护者；相应地，农民对尔龚语的感情相对较浓，而干部、教师和年轻一代对尔龚语的感情已趋于淡薄。调查结果显示，即使年轻一代学生的母语意识略有上升，但这也只能表明近年来道孚本语人已开始注重对儿童母语意识的培养，而且这也只能是一种主观感情的体现；况且，从统计数据中还可看出，年轻一代对汉语的主观感情、实用价值的评判均高于母语，这就意味着尔龚语在实际生活中的使用功能事实上已大为减弱。这些都将给尔龚语的保存和传承带来较大的威胁。

2. 语言使用人口的差异

如果一种语言的使用人口逐渐减少，只为一个民族中的少数人所使用，可以说明这种语言的功能已大幅度下降，有可能走向濒危。尔龚语的使用人口在不同地区反映出的等级差异，是语言濒危走向的真实写照。以2017年为例，我们从表1-1尔龚语使用人口一览表中可以看出，藏族人口总数为26 188。这其中实际使用尔龚语的人数只有22 845左右，约占总数的87%。由此可见，尔龚语的使用人口在各分布区域有不同程度减少的迹象，其交际功能呈下降趋势，语言的活力降低，呈现出濒危型的演变态势。

3. 不同年龄段代际传承语言使用的差异

对尔龚语的掌握也因年龄而异，存在不同的代际类别。下面就以2015年8月道孚县鲜水镇团结一村尔龚语使用情况入户抽查的结果为例加以说明。

根据当地藏族母语使用能力显示出的等差，我们把年龄划分为4个阶段：0—20岁、21—40岁、41—60岁、60岁以上。通过分析，我们发现，尔龚语的濒危程度在年龄代际差异上反映明显，具体特征是：

第一，年龄大小与语言保留成正比，即年龄越大，保留尔龚语的人越多，语言能力也较强；年龄越小，掌握尔龚语的人越少，语言能力也相对较弱。

---

① 在道孚，本地人称自己的母语为道孚话，称汉语四川方言为四川话或汉话，称汉话和尔龚语的混合语为倒话，称藏语安多方言和康方言为藏话。

第二，20岁以下尤其是儿童使用尔龚语的状况最能反映濒危程度的趋势。即使是在尔龚语保留较好的地区，也阻挡不住儿童逐步丧失尔龚语的趋势，大部分地区的儿童普遍转用了汉语。这说明，尔龚语在这些地区的儿童中已开始出现了一些代际传承中断的趋势。即使是还会说尔龚语的使用者，但也多限于家中对话场合，而且大多孩子说的能力均不如听的能力。

4. 使用语域的差异

由于语言功能衰退的不平衡，尔龚语在使用语域即使用场合中存在不同的特点。大致可分为家庭内部和家庭外部两种场合。

家庭内部尔龚语的使用有两种情况。一种情况是如果家庭成员都会本语，家庭内部则稳定、频繁地使用自己的母语。即使家中来客人交谈时，只要对方稍懂尔龚语，就不用汉语。另一种情况是如果中老年人会本语而青少年不会或会一点，这样的家庭就交替使用本语和汉语，成为双语家庭，其语言使用情况是汉语、本语双语型，以汉语为主，表现为：中老年之间多用本语，青少年之间使用汉语，中老年与青少年之间多使用双语。

在家庭外部，尔龚语使用范围缩小。除了汉语运用能力较差的老年人仍以尔龚语为主要语言外，大部分人都以汉语为主要交际工具。据当地老人回忆，他们小的时候，尔龚语还是道孚主要的日常交际工具，广泛运用于社会的各种场合。但现在除边远、闭塞的村寨外，在诸如生产劳动、集会、学校、政府机构等各种公众活动或机构中，人们都已经普遍转用汉语，汉语已成为该地区各民族广泛使用的共同交际语，只有少数家庭内部或上了年纪的人之间聊天时使用尔龚语。

5. 文化观念及语言态度的差异

调查发现，虽然道孚人的婚姻观基本上是保守的，多数被调查者希望通过组建同族人构成家庭。但是，由于文化接触，无论过去还是现在，城镇和一些乡村中道孚人与他族之间通婚较多。另一趋势是民族社会的繁荣及意识对语言使用观念和态度产生较大的影响。在调查中我们发现，在母语保存较好的区域，民众普遍认为尔龚语是本族群的文化根基，应该使用和保护尔龚语。被调查者大都希望自己族群的语言和文化能够传承下去。这种态度有利于族群特点和族群语言的保留。当然，他们也并不排斥汉语和其他语言。而在母语保存较差的区域，母语人对尔龚语的态度主要是忧虑和无奈。他们通常将族群语言的逐步消亡视为大势所趋，抱着顺其自然的态度。

通过上述分析可以看出，尔龚语的濒危状态的形成是渐变的，不断扩大的，在语言生活的方方面面都有反映，在家庭内部不同代际间的差异表现得最为明显、最为突出。家庭是社会的细胞，如果一种母语在家庭内的传承断裂或后继无人，这种语言肯定就面临着失传或消亡的危险。因此，同一年龄段在家庭内外掌握母语的共时差异，能够反映一种语言功能演变的走向。儿童代表着未来，他们掌握语言的情况，包括对语言的态度，最能说明下一代的语言使用将是一个什么情景。而且，作为语言土壤的集中分布区域和语言使用主体单位的家庭内部是尔龚语得以保留的客观条件，道孚人对母语的深厚感情和语言忠诚，则是不容忽视的主观因素。主客观因素相辅相成，在很大程度上决定着尔龚语的未来走向。

第四节

尔龚语研究概况

国内尔龚语的研究开展得较晚，从现有的材料来看，学界对尔龚语的研究始于20世纪50年代。此后，尔龚语的研究曾一度沉寂。80年代以后，尔龚语的研究重新进入学者的视野。30多年来，尔龚语的研究无论在语言的本体结构，还是社会语言学方面，均取得了一定的成绩。

一　语言本体的研究

20世纪50年代以来，藏语研究和藏缅语族语言比较研究中曾引用过一些零星的尔龚语材料。1969年的夏天，美国明尼苏达大学的王士宗教授在尼泊尔遇到两个说尔龚语的居民并记录了他们的语音；之后于1970年在美国出版的《华裔学志》(*Monumenta Serica*)上发表了论文《道孚语中藏语借词的复辅音》。该文对尔龚语中的藏语借词进行了简明扼要的梳理。应该说，《道孚语中藏语借词的复辅音》是公开发表的第一篇有关尔龚语研究的专业论文。1983年，孙宏开撰写了《六江流域的民族语言及其系属分类》一文，其中有与尔龚语相关的部分，涉及对丹巴县格什扎的尔龚语语音系统及词汇、语法特点的描写。1983年，孙宏开在《西南民族研究》上还发表了《川西民族走廊地区的语言》一文，文中不仅对尔龚语的语音、词汇以及语法进行了简明扼要的梳理，而且还对尔龚语的系属问题进行了探讨。1990年，黄布凡发表《道孚语语音和动词形态变化》一文。文中简要介绍了尔龚语的语音系统，并按尔龚语动词的不同范畴说明动词形态变化的方式。之后，在1991年由戴庆厦、黄布凡等撰写的《藏缅语十五种》一书中，黄布凡又对道孚县格西乡尼弯话的语音系统、词汇和语法特点进行了共时描写和分析。

1998年，多尔吉的《道孚语格什扎话研究》一书出版。该书以丹巴县格什扎镇的尔龚语为例，系统地描写了格什扎话的语音、词汇和语法特征，并对格什扎话的系属地位问题提出了自己的看法。除了序言、绪论和后记外，该书主要由4个部分组成：第一部分以格什扎话为对象，描写了格什扎话的语音、词汇和语法特征；第二部分将格什扎话和格西话的材料进行比较；第三部分将格什扎话与藏语和嘉戎语卓克基话做了比较，提出尔龚语是不同于藏语和嘉戎语的独立语言的观点；第四部分为方言词汇对照表。

2010年，笔者发表《道孚语调查（上、下）》，文中对道孚县域内尔龚语进行了深入的调查研究，在挖掘整理的基础上，对其音系和词法等进行了专门的论述。2012年，笔者发表《藏族亲属称谓及其文化内涵——以甘孜道孚语言区为例》一文，对道孚藏族尔龚语中的血缘亲属称谓系统本身及其使用特点进行了深入的专题研究，探讨了道孚藏族的亲属称谓所反映的亲属关系和婚姻家庭制度及其文化内涵。2013年，笔者发表《道孚语在藏缅语族语言研究中地位和价值》一文。文中通过对道孚语语音中的复辅音、辅音韵尾、原始藏缅语古音遗存，词汇中的古老成分，语法中原始藏缅语前缀的遗存、原始藏缅语动词后缀的遗迹等方面，将道孚语与古代藏语、现代藏语、嘉戎语等进行了较为翔实的比较和深入的分析，指出道孚语作为由原始藏缅语演变而来的藏缅语后代语言，其在藏缅语族语言研究中具有“活化石”的地位和作用。2014年，笔者发表《从道孚语的词源结构看道孚藏族的思维方式》，文章从道孚藏族思维的媒介道孚语入手，探究了道孚语的词源结构、构词方式的理据及其思维特征。2015—2018年，笔者完成了语保工程项目对四川道孚尔龚语的全面调查，以及项目规定的音频、视频的摄录。

2016年，田阡子、孙天心发表《西部霍尔语动词的词干交替》一文，文章主要对甘孜州新龙县两种西部霍尔语动词词干的音韵交替与分布的语境及与北部霍尔语进行比较，辨识出西部霍尔语动词词干形态若干存古特征。同年，田阡子、孙天心在《云南师范大学学报》发表《格西霍尔语动词词干重叠形式数标记》一文，对格西话动词人称与数的对谐形态、重叠动词词干表达复数对谐主控者的代偿性形态等问题进行了探讨。

此外，笔者发表The remains of ancient Tibetan and the primitive Tibetan-Burman language in Kangba Tibetan STau dialect（2015）、Tibetan Buddhism’s influence on Daofu Tibetan languages（2011）等多篇关于尔龚语研究方面的学术论文。

二　社会语言学的研究

笔者于2008年发表了论文Changing process of the language use of STau and language vitality—a case study of STau spoken in Xianshui town，综合运用社会语言学的研究方法，以道孚话为例，考察分析了道孚话的使用现状、语言接触、使用变化过程、语言活力以及语言发展演变等问题。2008年，笔者发表《多语环境中的道孚“语言孤岛”现象个案分析》

一文。文中综合运用地理语言学和社会语言学的研究方法，对道孚语言的地理分布状况、语言多样性的成因和使用特点、多语环境中不同语言折叠层未来的发展趋势，以及作为土著原生态文化支撑点——道孚话“语言孤岛”现象受周围语言的影响程度等现实问题做了详细探讨，旨在通过这一特殊现象揭示出道孚话独特的传承状态和发展规律。2011年，笔者发表《道孚藏族物质文化的语言透视》一文，文章着眼于道孚藏族的经济生产、物质生活、传统习俗，从语言维度对道孚藏族物质文化内涵、特点加以阐释和说明，试图为证明藏汉史料有关记载的真实性提供一些佐证。2016年，笔者发表《道孚藏族双语文化现象的成因、特点及其调适》一文。该文综合运用社会语言学的研究方法，以道孚话为例，对道孚地区语言接触的类型模式、语言兼用现象的成因和规律特点，以及语言竞争和调适等现实问题进行了梳理，探究了语言类型的转换随着主流文化的变化而逐渐发生语言功能上的演变趋势。

近年来，法国、日本和美国等国也有学者对尔龚语进行过不同程度的调研，但迄今尚未检索到相关研究成果。

综上所述，有关尔龚语的研究从20世纪50年代开始至今，随着调查深入，无论是对其词汇的调查、整理，还是对其语音、语法特点的研究，都取得了一些成果。但就目前看，主要侧重在对其词汇的挖掘和整理上，缺乏对其长篇语料的搜集和整理，尤其是对尔龚语的语音、语法特点的研究还不够系统和深入。有鉴于此，本书按照志书撰写的基本框架，借鉴现代语言学的理论和研究方法，对尔龚语的语音、词汇、语法体系进行全面、系统、深入的描写和分析，同时搜集整理、记录有关道孚藏族的传统歌谣、民间故事等长篇语料，对道孚尔龚语加以概要性的梳理和说明。

第五节

调查说明

一　调查过程简介

（一）准备阶段

本志书是在充分调查的基础上撰写而成的。在调查之前，主要做了两个方面的工作。

1. 参加培训

准备的第一阶段，主要是参加“中国语言资源保护研究中心”（以下简称语保中心）的培训，购置语保工程调查所需器材。

2. 文献阅读

根据研究的对象和调研主题，查阅了大量藏、汉文献典籍及相关资料，并对道孚的语言及语言发展变化情况进行了初步的梳理。由于笔者的相关研究还与康巴藏族文化及道孚藏族文化有直接的关系，所以，道孚藏族的社会、经济、宗教、文化及人口发展的基本情况，以及道孚地区的相关统计资料，也是研究前要预先准备和整理的内容。在长期研究的基础上，经过近两个月的准备，在明确了研究重点和理论方法的前提下，笔者按照语保调查大纲拟订出了课题的调查计划，并为展开实地调查做好了充分的准备工作。

（二）实地调查

从2015年的7月至9月，根据研究的主题和调查大纲，本课题的调查以实地调查为主，专题调查和实地访谈为辅，通过点、面结合来展开工作，取得了一定的成效。实地调查分3个方面：

1. 对尔龚语进行记录和描写。以典型代表区域为调查点，深入实地调查、收集、摄录客观翔实的第一手资料。具体工作如下：

（1）根据语保要求遴选发音人，使早期的纸笔调查和后期的摄录工作能够及时、保质保量地得以开展。

（2）选择符合要求的摄录场地。

（3）展开纸笔调查。

（4）按照语保要求，由专业摄录团队进行音视频摄录。

2. 对尔龚语使用状况展开调查，并对其语言活力进行测试。

3. 对道孚藏族族群独特的文化特征进行采集记录，并针对材料整理过程中遇到的问题进行了多次实地查验和补充。

（三）专业问卷和入户调查

根据课题调研的实际需要，笔者设计了藏语、汉语两套调查问卷，在调查点进行了语言抽样问卷调查，问卷涉及道孚语言文字使用情况等内容。实地调研中，根据研究的内容和深度，使用量化问卷进行调查。

（四）实地访谈

在研究过程中，为了能更为深入、客观地挖掘、解析隐藏在词汇背后的文化内涵及底层文化现象，围绕相关调查内容，笔者运用开放式的、半结构式的访淡方法，有所侧重地展开了相应的访谈，并对访谈结果进行了整理并以文本的形式保存下来，以便作为对调查资料的补充和验证。

二　发音人简况

四***，男，藏族，1946年出生，甘孜藏族自治州道孚县鲜水镇团结一村村民，小学文化程度。从小至今居住在道孚，母语为尔龚语，日常生活用语为尔龚语，同时会说藏语和汉语，其父母均为本地藏族。

巴***，男，藏族，1947年出生，甘孜藏族自治州道孚县鲜水镇团结一村村民，小学文化程度。民间建造师、民间工艺美术师。从小至今居住在道孚，母语为尔龚语，日常生活用语为尔龚语，同时会说藏语和汉语，其父母均为本地藏族。

洛***，女，藏族，1951年出生，甘孜藏族自治州道孚县鲜水镇团结一村村民，小学文化程度。从小至今居住在道孚，母语为尔龚语，日常生活用语为尔龚语，同时也会说汉语，其父母均为本地藏族。

菊***，男，藏族，1974年出生，甘孜藏族自治州道孚县鲜水镇团结一村村民，初中文化程度，民间画师。母语为尔龚语，能熟练地说汉语，其父母均为本地藏族。

第二章 语音

第一节

元辅音系统

一　辅音音位和声母

尔龚语共有辅音音位51个，由这些音位构成的声母共430个。声母中单辅音声母52个，复辅音声母378个。

（一）辅音音位及单声母

1. 辅音音位

（1）尔龚语51个辅音音位如表2-1所示：

表2-1　辅音音位表

方法＼部位			双唇	唇齿音	舌尖前	舌尖中	舌尖后	舌面前	舌面中	舌面后	小舌音	喉
塞音	清	不送气	p			t				k	q	ʔ
		送气	ph			th				kh	qh	
	浊	不送气	b			d				g	ɢ	
塞擦音	清	不送气			ts		tʂ	tɕ	cç			
		送气			tsh		tʂh	tɕh	cçh			
	浊	不送气			dz		dʐ	dʑ	ɟj			
鼻音	浊		m			n		ȵ		ŋ		

续表

方法\部位			双唇	唇齿音	舌尖前	舌尖中	舌尖后	舌面前	舌面中	舌面后	小舌音	喉
边擦音	清	不送气				ɬ						
		送气				ɬh						
	浊					ɮ						
边音	浊					l						
颤音	浊					r						
擦音	清	不送气			s		ʂ	ɕ		x	χ	h
		送气			sh			ɕh				
	浊			v	z		ʐ	ʑ		ɣ	ʁ	ɦ
半元音			w						j			

（2）辅音音位说明：

① [ɢ]只在复辅音声母中出现。

② [v]在复辅音中往往读作摩擦较轻的[ʋ]。

③ [l]作前置辅音时，其后多带[ə]，如[lvi]斧头，实为[ləvi]。

④ [r]在送气清塞音后念[r̥]。

⑤ [ɬ]有时可以读为舌尖前边擦音。

⑥ [h、ɦ]为喉壁音，发音部位略靠前。

⑦ [p]尾常变读为[-v]尾，[v]后接音节的声母为清辅音时常被同化为[-f]。

（3）辅音音位例词：

p	pə sn̥i	今天	pə vi	今年
ph	phər me	乞丐	phro	拴~牛
b	ba bə	虫	bɛ mu	霜
t	kə ta	狗	ntə ta	剁~砖茶
th	thɛ pɛ	取出	thi	喝~水
d	də va	香烟	də	有~书
k	kə ta	狗	kvo	年两~
kh	khuk	猫头鹰	kha va	雪

g	gə zə	晚上	ga ɕha	早晨
q	qo	犁头	qɑp	叫鸡～
qh	qhɑ sɬu	高兴	qhɑr	燕子
ɢ	nɢvɛ	五	ɴɢu lu	锅
ʔ	ʔa rɑ	酒	ʔa tɕhə	什么
ts	tsə lə	猫	tsə	腐烂食物～
tsh	tshɛ	山羊	tshoŋ pa	商人
dz	dzo	桥	dzu	坐
tʂ	tʂa ka	房檐	zgre tʂi	纺车
tʂh	tʂhə dzə	尺子	tʂha	聪明～的小孩
dʐ	dʐə ma	气味	dʐə gə	前晚
tɕ	tɕɑ lɑ	工具	do tɕə	掐～人
tɕh	tɕha	上面	tɕhu	宗教
dʑ	dʑi də	文字	dʑa	茶
cç	cçə	拃一～	si cçu	口哨吹～
cçh	cçhi	骑～马	zbə cçha	打～人
ɟj	ɟji	在有人～家	ɟjoŋ	墙～脚
m	mə qhi	雨	a mə	妈妈
n	nə	休息	no no	臭～气
ȵ	ȵɛ khri	床	ȵə	耳朵
ŋ	ŋo	痛肚子～	ŋə və	坛子
l	lɛ ji	媳妇	loŋ ba	山谷
ɬ	ɬa skə	佛像	ɬa sa	拉萨
ɬh	ɬho	放牛	ɬho ɬho	松放～
ɮ	ɮe	小麦	ɮa	手
r	ri mə	图画	ra	写～字
v	və	下面，做	vu za	苍蝇
s	sa tɕha	地方	rdə sa	坟墓
sh	sə she	熟悉	she di	后天
z	zɑ mɑ	饭	a ŋa ze	婴儿

ʂ	ʂuei ni	水泥	ʂə guei	磙子
ʐ	ʐə sn̥i	道孚城关	ʐo	鸡眼脚上长了～
ɕ	ɕə	牙齿	ɕu	后面
ɕh	ɕhə	虮子	ɕha re	镰刀
ʑ	ʑə	告状	χɛ ʑi	多少
x	xa	出来	xi	有他心里～你
ɣ	a ɣe	一个	phəl ɣe	浑水
χ	χɛ ʑi	多少	χo we	才～来
ʁ	ʁɑ	门	ʁɑr	针
h	hɑ vdu	现在	ha joŋ	铅
ɦ	ɦur rdo	石簧	ɦdʑɛm ɦdʑɛm	柔软
w	wu	再	ra wu	山洞
j	jo	房子	jɑ	嘴巴

2. 单声母

尔龚语有单声母52个，其中51个是辅音音位直接构成的，另一个是唇齿音[f]。这个[f]声母只出现在汉语借词中。例如：

fan tɕhiɛ　西红柿

tə fu　豆腐

（二）复辅音声母

复辅音声母共378个，可分为二合、三合、四合、五合复辅音4种类型。

1. 二合复辅音

二合复辅音极其丰富，有291个，组合形式可分两类：

（1）前置辅音 + 基辅音

这类复辅音有264个。具体情况如下表2-2所示：

表2-2 "前置辅音+基辅音"二合复辅音声母表

r	rp rph rb rd rk rg rts rtsh rdz rtɕh rdʑ rɟj rm rn̥ rŋ rl rv rs rz rt rɣ rʁ rj rʑ rɢ
f	ft fth fk fkh fq fqh fts ftsh ftɕ ftɕh fs fsh fɕ fɬ fɬh fcç fcçh fx
v	vd vg vq vdz vdʐ vdʑ vr vl vɟj vz vʐ vʑ vɮ vɣ

续表

s	sp sph sb st sth sd sts sk skh sg sq sqh scç scçh sm sn sȵ sŋ sl sv sx sw sj sɬ sɬh sχ sr
sh	shv
z	zb zd zg zdʑ zm zn zȵ zŋ zl zv zɣ zʁ zw zj zʒ zɟ zdz zʑ zth
ʂ	ʂp ʂph ʂt ʂk ʂkh ʂg ʂq ʂqh ʂts ʂtsh ʂtʂ ʂtʂh ʂtɕ ʂtɕh ʂl ʂs ʂcç ʂcçh ʂɬ ʂɬh
ʐ	ʐk ʐdʐ ʐdʑ ʐŋ ʐʑ
x	xp xph xt xth xts xtsh xdz xtʂ xtɕ xtɕh xl xs xsh xɕ xɬ xcç xcçh xj
ɣ	ɣk ɣg ɣph ɣb ɣd ɣdʑ ɣɟ ɣm ɣn ɣȵ ɣr ɣl ɣv ɣz ɣɕ ɣʑ ɣj ɣdz ɣdʐ ɣɬ ɣʒ ɣcç ɣcçh ɣsh
χ	χp χph χth χd χs χsh χɕ χj χtɕ χtɕh
ʁ	ʁb ʁd ʁg ʁj ʁm ʁn ʁȵ ʁl ʁz ʁʒ ʁcçh ʁɟ ʁdz ʁw ʁʑ ʁq
m	mk mg mph mb mt mth md mkh mq mqh mts mtsh mdz mdʐ mtɕ mtɕh mdʑ mtʂh mɟ mr ml ms mȵ mn mɬ mɬh mj
n	nkh ng nph nb nt nth nd nts ntsh ndz ndʐ ntɕ ntɕh ndʑ nɬ nɬh nʒ ntʂh ncç ncçh nɟ nq nqh nɢ nj
l	lph lb lt ld lv ldz lm ln lȵ lj lg lŋ lʁ lχ lχh

例词：

① 以r为前置辅音构成的复辅音有25个。例如：

rp	kə rpa	木板
rph	rphiɛ	举起
rb	rbi	鼓
rd	rdə rda	垃圾
rk	ja rka	枝干
rg	rgɑ	爱
rts	rtsi ncçhə	算命
rtsh	ʂko rtshu	脚腕
rdz	rdzo	松香

rtɕh	va rtɕhɑɣ	扛在肩上
rdʑ	thuk rdʑi tɕhen po	千手观音
rɟj	rɟja	汉族
rm	rma pja	孔雀
rȵ	rȵi lam	梦做~
rŋ	rŋi	借~一支钢笔
rl	rlu	挖~土豆
rv	rve qe	兔子
rs	jo rsuŋ	守房子
rz	rzi	露水
rt	rta χsrjuɣ	赛马
rɣ	rɣi	马
rʁ	rʁe	洗~衣服
rj	ɣə rja	污垢
rʑ	a rʑi	一背篼
rɢ	la rɢɑ	额头凸起者

② 以[f]为前置辅音构成的复辅音有18个。例如：

ft	nə ftəl si	降服
fth	fthən	施咒
fk	fka	命令
fkh	fkho	给~东西
fq	fqe	打~枪
fqh	fqhɛ	凶这人~
fts	ftsuk	搅浑，挑拨
ftsh	ɬɛ ftshə	闪电
ftɕ	ftɕe	骟~猪
ftɕh	tha ftɕha	马虎
fs	fsi	磨~刀
fsh	fshi	认识
fɕ	fɕɛ	说~话
fɬ	fɬe fɬɛ	灰尘
fɬh	fɬhə sphro	撒种

fcç	fcçə	老鼠
fcçh	fcçhe	空闲
fx	fxi	穿~鞋

③ 以v为前置辅音构成的复辅音有14个。例如：

vd	vdu	看见
vg	vge	越过
vq	vqe	投掷~石头
vdz	vdzi	人
vdʐ	vdʐa	裁剪
vdʑ	vdʑə	伙伴
vr	vrə	注入
vl	vla	魂魄
vɟj	vɟjə	口水
vz	vzu	拿~书包
vʐ	vʐo	剃~头
vʑ	vʑe	削~果皮
vɮ	vɮe	脖子
vɣ	tɕhə vɣi	壁虎

④ 以s为前置辅音构成的复辅音有27个。例如：

sp	kha spə	胡子
sph	sphu	遮盖
sb	stɑ rbu sboŋ	蜂王
st	stɑ	老虎
sth	sthi	堵~窟窿
sd	bau sdi	吻~小孩儿
sts	stsɑ bɑ	牛虻
sk	tʂu ska	商量~事情
skh	skhə re	喊~叫
sg	sgor dzo	锅庄~建筑
sq	sqə de	敲打
sqh	sqhe lmo	松茸
scç	scçɑ lə	雷打~

scçh	scçhɛl ʁu	鸽子
sm	sme	女子
sn	sni	鼻子
sȵ	sȵi	天一～中午
sŋ	sŋɑ	咒语
sl	slə	月份
sv	svo swu	亮光
sx	sxo sxɛ	摇动
sw	svo swu	亮光
sj	rə sje	直立
sɬ	qhɑ sɬu	高兴
sɬh	sɬhə	梯子
sr	sruŋ ma	护法神
sχ	sχɛ sχɛ	空荡荡

⑤ 以sh为前置辅音构成的复辅音有1个。例如：

shv	shvo	灯光

⑥ 以z为前置辅音构成的复辅音有19个。例如：

zb	zbə bə	催促
zd	zdə	灌～水
zg	zgo	埋葬
zdʑ	zdʑər	改变
zm	zmo	羊毛
zn	zni	指～路
zȵ	zȵo	夹～菜
zŋ	zŋo	挂～铜瓢
zl	zlə rji	搅动
zv	zvu la	袖子
zɣ	zɣu	雇用
zʁ	zʁe	煮～饭
zw	zwu	酒糟
zj	zjo	柏树
zʒ	zʒə	獐子

zɟj	zɟjər	转让使动
zdz	zdza ɬak	闰月
zʑ	zʑə	卖
zth	qə zthe	敲响～锣鼓

⑦ 以ʂ为前置辅音构成的复辅音有20个。例如：

ʂp	ʂper	把一～米
ʂph	ʂphɛ	吐呕～
ʂt	ʂtɑ	记号
ʂk	ʂko	脚
ʂkh	ʂkhu	冷
ʂg	ʂgu ɣɟi	窗户
ʂq	ʂqə	熄灭
ʂqh	ʂqhə ʂqhɑ	核儿
ʂts	ʂtsɛ	鹿
ʂtsh	ʂtshi ʂtsha	脂肪
ʂtʂ	stʂə pa	法术
ʂtʂh	ʂtʂhɛl	赋税
ʂtɕ	ʂtɕɑ fko	厕所
ʂtɕh	jit də ʂtɕhe	伤透了心
ʂl	ʂlə	面粉
ʂs	ʂsəm	水獭
ʂcç	ʂcçɛr	高利贷
ʂcçh	ʂcçhe	咬～人
ʂɬ	ʂɬu pa	睾丸
ʂɬh	gə ʂɬhə	射中～箭靶

⑧ 以ʐ为前置辅音构成的复辅音有5个。例如：

ʐk	grə ʐkoŋ	睡觉
ʐdʐ	ʐdʐən	想起
ʐdʑ	ʐdʑe sɬu	失火
ʐɲ	ʐɲə və	使诈他对别人～
ʐz	də ʐzi	捡到他～一支笔

⑨ 以 x 为前置辅音构成的复辅音有 18 个。例如：

xp	xpɛ	胆量
xph	xphe le	补丁
xt	xtɛ	骡子
xth	xtho lo	地上
xts	xtsɛ	暖和
xtsh	xtshə	泥土
xdz	xdzə	阴茎
xtʂ	xtʂi lu	属猴
xtɕ	xtɕər la	拧紧
xtɕh	xtɕhə	刺儿
xl	dʐɛ mɛ pə xle	温水
xs	xser	金子
xsh	xshav	偿还
xɕ	xɕi	汗水
xɬ	xɬə mtɕho	敬龙王
xcç	xcçəl thap	灶
xcçh	xcçhi	戳穿
xj	xjo si	摇动

⑩ 以 ɣ 为前置辅音构成的复辅音有 24 个。例如：

ɣk	ɣkə jɛ	街
ɣg	ɣge ɕi	格西地名
ɣph	ɣphə	臀部
ɣb	ɣbi	尿
ɣd	ɣde ɣde	平整的
ɣdʑ	ɣdʑu	磨~面
ɣɟj	ɣɟji	孔，洞
ɣm	ɣmə	火
ɣn	ɣne	二
ɣȵ	ɣȵɛ mtshɛn	鄙视
ɣr	ɣrə	水
ɣl	ɣlə	皮子

ɣv	ʁjə ɣvu lu	鱼鳔
ɣz	ɣzə	麻雀
ɣɕ	ɣɕə	结～果子
ɣʑ	ɣʑɛ	剥～大蒜
ɣj	ɣjo	栏杆
ɣdz	ɣdzə və	老头儿
ɣdʐ	ɣdʐoŋ	汇集江河～成大海
ɣɬ	ɣɬe	赶上，超过
ɣɮ	ɣɮə	四
ɣcç	ɣcçɛl sɬu	失火
ɣcçh	ɣcçhɛ	噎着
ɣsh	phru ɣshu	初三

⑪以χ为前置辅音构成的复辅音有10个。例如：

χp	χpɛl	豪猪
χph	χphək	价钱
χth	χthə	屁股
χd	χdə	顶用角～
χs	χsu	养～猪
χsh	Χshu	肛门
χɕ	χɕə	肥料
χj	χjo	筲箕
χtɕ	χtɕər	夹～腋下
χtɕh	χtɕhu ste	打结

⑫ 以ʁ为前置辅音构成的复辅音有16个。例如：

ʁb	ʁbo	槌子
ʁd	ʁdu ʂta	檩
ʁg	ʁga tɕi	嘎机道孚地区未婚女子的发型
ʁj	ʁjə	鱼
ʁm	ʁma mɑ	清油
ʁn	ʁna	从前
ʁɲ	ʁɲɛ	牛粪
ʁl	ʁlə	歌曲

ʁz	ʁzə	九眼珠
ʁɮ	ʁɮə	竹子
ʁcçh	ʁcçhə	右边
ʁɟj	ʁɟji ʁɟja	渣滓
ʁdz	ʁdzə bə	麻风病人
ʁw	ʁwə	燕麦
ʁʑ	gə ʁʑi	拿到手东西～
ʁq	phɛ mbɛ ʁqɛ	收礼

⑬ 以m为前置辅音构成的复辅音有27个。例如：

mk	mkər va	旋转
mg	ɣnam mgoŋ	除夕
mph	ɣrə mphə	蜻蜓
mb	phɛ mbɛ	礼物
mt	ɕhan mto	砍刀
mth	mthav	边角桌子的～
md	kha mda	缰绳
mkh	mkhə	烟满屋子的～
mq	mqo	天～上的云
mqh	lɛ ji mqhə	娶媳妇
mts	mtsɛ	蘸～墨水
mtsh	mtshu	海大～
mdz	mdzo	午饭
mdẓ	mdẓa mdẓa	一样
mtɕ	ȵə mtɕu va	穷人
mtɕh	mtɕho	敬～神
mdʑ	mdʑan mdʑan	光滑
mtṣh	ta mtṣhu	绸子
mɟj	mɟjo	快
mȵ	mȵə	会，懂得
mr	mru	关把鸡～进圈
ml	mlo	存放
ms	mə msi	百姓

mn	mnə kha	春天
mɬ	mɬe	土猪子
mɬh	mɬhe	编织
mj	mja	不是

⑭ 以n为前置辅音构成的复辅音有25个。例如：

nkh	nkhvo mɛ	钥匙
ng	ngə	九
nph	npha sɬhe	翻转
nb	nbər	浸泡~衣物
nt	ntə ta	捶打~骨头
nth	nthɑ	织~毛衣
nd	ndə ʂcçe	腰带
nts	ntsɑ dzə	偷看悄悄~
ntsh	ntshə sxi	想，思考~问题
ndz	ndzɛr	钉子
ndʐ	ndʐɛ mɛ	木头
ntɕ	ntɕə	宰杀
ntɕh	ntɕhɛm	跳舞
ndʑ	ndʑi	学~手艺
nɬ	nɬi	拔掉~牙齿
nɬh	pqo nɬhə	跳跃
nɮ	rɛ nɮə	垫子
ntʂh	ntʂhoŋ tɕha	武器
ncç	ncço	流放
ncçh	ncçhə	打~人
nɟj	nɟje bu	矮子
nq	nqɛ	收回
nqh	nqha	蒸~馒头
nɢ	nɢə lu	锅
nj	njan gau	年糕

⑮ 以l为前置辅音构成的复辅音有15个。例如：

lph	lphe le	补丁

lb	lbi	尿
lt	ltep	折叠
ld	lda	钉~钉子
lv	lvi	斧头
ldz	nɛ ldzə	指甲
lm	lmo	蘑菇
ln	lne	揉~面
lȵ	lȵi	遗体
lj	lji lji	短的
lg	lgo va	结巴
lŋ	lŋe	倒掉
lʁ	lʁu	哑巴
lχ	də lχa	掉出来
lχh	lχha	撩起把帘子~来

（2）基辅音＋后置辅音

充任基辅音的是塞音，充任后置辅音的有塞音、颤音、擦音、塞擦音、边音、半元音等。这类复辅音有27个。如表2-3所示：

表2-3　“基辅音+后置辅音”二合复声母表

p	pr phr pj phj pq ptɕ
b	br bd bj bq bʐ
d	dv dj
k	kr kv
kh	khr khʂ khv khj
g	gr gʐ gv
cç	cçj
q	qr qv qhv qhr

例词：

① 以[p]为前置辅音构成的复辅音有6个。例如：

pr	prɛ	断了自动，绳子~

phr	phru phru	白色
pj	pja pja	扁的
phj	phji	逃跑
pq	pqo nɬhə	跳跃
ptɕ	rdza va ptɕə pa	十月

② 以[b]为前置辅音构成的复辅音有5个。例如：

br	tɕhə lə bra lə	无味无盐～
bd	bdər bjɛ	迸～出
bj	bjoŋ noŋ	肉牛～
bq	bqo	舔～糌粑
bʐ	bʐə lu	属蛇

③ 以[d]为前置辅音构成的复辅音有2个。例如：

dv	dva	脑髓
dj	djev	睡着

④ 以[k]为前置辅音构成的复辅音有2个。例如：

kr	krɑm tshɑ	筛子
kv	re kve	马驹

⑤ 以[kh]为前置辅音构成的复辅音有4个。例如：

khr	khrə	万
khʂ	khʂɛn ba	装～傻
khv	khvɛ	割～草
khj	khja	卡住

⑥ 以[g]为前置辅音构成的复辅音有3个。例如：

gr	grə grə	稀的
gʐ	də gʐɛn	散～会
gv	gvɛ	脱落牙齿～

⑦ 以[cç]为前置辅音构成的复辅音有1个。例如：

cçj	vop cçjɛ	肚脐

⑧ 以[q]为前置辅音构成的复辅音有4个。例如：

qr	qrə mbə	角
qv	qvɑ	喉咙
qhv	qhvɑ	皮口袋

qhr	qhra qhra	粗～面粉

2. 三合复辅音：前置辅音＋基辅音＋后置辅音

三合复辅音共73个，可分11组，具体如下：

（1）fkhr fkhj fscç fskh fkhv

（2）spʐ spr sphr sphʐ sbj skr skhr skhʐ skhv sql sqhl spj sbr sthv skhj sthj szm sgr

（3）zbr zgr zbj zbl zɢr zpj

（4）ʂkhr ʂpr ʂqv ʂqhv

（5）mbr mkhʐ mgr mphr mphj mbj mbl mqhr

（6）nthv nthj ndv nkhv nkhr ngr ngj nbr nscç nskh nɢv nlv nlp ndj

（7）ŋql ŋqhl ŋzʁ ŋrp ŋkhr ŋgr ŋɣb

（8）ʁrn ʁbr ʁgr

（9）χsm χsn xsp

（10）ɣrts ɣrj

（11）grw lbj rmj

例词：

fkhr	fkhrə	捉住
fkhj	fkhji	晾晒
fscç	fscçer	害怕使动
fskh	fskhə	迟到使动
fkhv	fkhvɛ	砍
spʐ	spʐu thoŋ	脾气坏他的～
spr	spru	惊醒
sphr	sphro	撒～种子
sphʐ	sphʐər	惊动
sbj	sbjɛ	使用
skr	skrə	胆
skhr	skhru	蚂蚁
skhʐ	skhʐi skhra	清洗
skhv	skhvɛ skhvɛ	锋利
sql	sqlu	咽～口水
sqhl	də sqhlo	吞

spj	spjoŋ kə	狼
sbr	ʁə sbrɑ	头发
sthv	sthvɑ	按~压
skhj	skhja	喜鹊
sthj	sthjua	压第三人称
szm	szmi	姓
sgr	sgrə ma	度母
zbr	mbu zbroŋ	蜂蜜
zgr	zgra	敌人
zbj	zbjər ma	棉衣
zbl	zblav	水蒸气
zɢr	zɣə zɢrɑ	扫帚
zpj	ʒa zpja	拍手
ʂkhr	ʂkhru	洗漱
ʂpr	ʂpro lə	笛子
ʂqv	ʂqvɑ	破旧房子~
ʂqhv	ʂqhvo la	可惜
mbr	mbre	米
mkhʐ	mkhʐə	凝视
mgr	ʂkoŋ mgrə	长剑
mphr	mphruk	氆氇一种羊毛织品
mphj	mphjar ji	披~衣服
mbj	mbjo	窝蚂蚁~
mbl	mblan mblan	光滑
mqhr	mqhro	树疙瘩树上的~
nthv	nthva	踩
nthj	nthjua	踩第三人称、完成时
ndv	ndvɛ ndvɛ	脆香~
nkhv	nkhvo	锁
nkhr	nkhra tɕa	发抖
ngr	ngrel	解释
ngj	ngjav	打瞌睡

nbr	nbre	大米藏语方言借词
nscç	nscçi	转让
nskh	nskhə	洗涮使动
nɢv	nɢvɛ	五
nlv	nlvaɣ	抱～孩子
nlp	nlpəɣ va	背～小孩
ndj	ndji ndji	红色
ŋql	ŋqlə	凋谢花～了
ŋqhl	ŋqhlə	接送第三人称
ŋzʁ	ŋzʁe	张开嘴
ŋrp	ŋrpi	晒得很干粮食～
ŋkhr	ŋkhroŋ	诞生
ŋgr	ŋgre lek	歌庄跳～弦子
ŋɣb	ŋɣbe	胀
ʁrn	ʁrnam ɕi	灵魂
ʁbr	ʁbro	胃
ʁgr	ʁgrə	长矛
χsm	χsmɑ	划伤他的手被～
χsn	χsni	发蔫
xsp	n̥i xspon	证人
ɣrts	ɣrtsoŋ ʑiɛ	劳改
ɣrj	dər ɣrje	扫地
grw	grwa pa	扎巴僧人
lbj	ʁn̥a lbja	牛粪饼
rmj	ntɕhu rmje	酥油灯

3. 四合复辅音：前置辅音$_1$＋前置辅音$_2$＋基辅音＋后置辅音

四合复辅音共13个：[nsql][nsqhl][nsphr][nsthj][ŋvsth][ŋvsl][ŋvsr][ŋʁrkh][ŋmphr][χsrj][χfsth][ɣmbj][ʁvgr]。

例词：

nsql	nsqlu	吞，咽使动
nsqhl	nsqhlu	吞，咽使动
nsphr	nsphre	撒～种子、使动

nsthj	nsthjua	压第三人称、使动
ŋvsth	ŋvsthu	兽夹
ŋvsl	ŋvslaɣ	训练，念～书
ŋvsr	ŋvsruŋ	守卫
ŋʁrkh	ŋʁrkha	凝固血液～
ŋmphr	ŋmphrɛ	关系好他俩～
χsrj	rta χsrjuɣ	赛马
χfsth	χfsthə	堵住～漏洞
ɣmbj	ɣmbjəm	飞
ʁvgr	ʁvgrə tɕhə	清泉“神山”的～，“神水”

4. 五合复辅音

五合复辅音只有1个，即[ŋvzgr]。例词：

ŋvzgr	ŋvzgra	浪荡

5. 复辅音说明：

（1）三合复辅音[mbr]常自由变读为[mbdʐ]或[mdʐ]。

（2）除含鼻音、边音、颤音的复辅音声母外，其他复辅音音素的配合基本都是清配清，浊配浊。

（3）做前置辅音的都是延续音（鼻音、边音、颤音、擦音），做后置辅音的有[-m][-n][-ŋ][-r][-f][-v][-s][-p][-l][-k][-t][-ɣ][-z]等。

（三）小结

藏缅语族中多数语言都有复辅音，但是，复杂程度差别甚大，发展变化也极不平衡。从反映7世纪左右的藏语基本面貌的藏文文献来看，古藏语复辅音是十分丰富的，有二合、三合，乃至四合的情况。现代藏语诸方言则普遍简化，只有安多方言保留了较多的复辅音。根据格桑居冕、格桑央京（2002），安多方言中保留复辅音多的有100来个，如阿力克保留了101个。卫藏方言保留了6个辅音韵尾和一个弱化形成的ʔ尾，少数地方还保留部分带鼻冠音的声母（[mp][ŋk]等），康方言大部分地区的辅音韵尾基本脱落，只剩下一个由b、d、g弱化形成的ʔ尾，少数地方也保留了少数由同部位鼻冠音和基本辅音构成的声母（[mb][nd][ŋg][ndz][ndʐ][ndʑ]等）。在同语族的现代语言中，有一些语言的复辅音也很丰富。比如，嘉戎语就有201个二合复辅音、32个三合复辅音。这样看来，尔龚语（道孚话）应该是目前我们所能见到的复辅音最为丰富的语言，在一定程度上反映了藏缅语族较早时期的语音面貌，是研究原始藏缅语复辅音的极为珍贵的“活化石”，对于考察藏缅语族语言的语音演变史具有重要的学术价值。

二　元音音位和韵母

尔龚语共有8个元音音位，由此构成的韵母有90个。90个韵母可分为3类：9个单元音韵母（含鼻化音[õ]）、12个复元音韵母、69个辅音韵尾韵母。

（一）单元音韵母

1. 尔龚语的单元音音位有8个，即：[i][e][ɛ][a][ɑ][o][u][ə]。这8个元音音位不仅可直接构成单韵母，其中的o还可以鼻化构成鼻化韵母[õ]。

2. 说明：

① [u][o]在双唇、舌根、小舌等辅音之外的辅音之后，舌位靠中，相当于[ʉ][ɵ]。

② 鼻化元音[õ]主要出现在藏语康方言借词中。

③ [i]在舌尖前和舌尖后辅音后面分别读作[ɿ][ʅ]。

3. 例词：

i	dʑi də	文字	sni ɣə	笔
e	ge de	小孩	re skə	线
ɛ	bɛ mu	霜	tɕɛ	路
a	ndʑa	虹	khu va	汤
ɑ	jɑ	嘴	lɑ ʁɑ	绵羊
o	zjo ra	哭	tɕo	铁
u	ɣbu	阳光	ra wu	山洞
ə	skrə	胆	rə ra	骨头
õ	tɕhõ	米酒	khõ ba	房子

（二）复元音韵母

尔龚语的复元音韵母共12个，分二合元音和三合元音两类。

1. 二合元音

（1）前响的复元音分别有[ei][ɛi][əu][au] 4个。例词如下：

ei	ɣʑər ʑei	鹅卵石
ɛi	gə zdɛi	淹被水～没
əu	χuɑŋ təu	黄豆
au	si tʂau	耙～田用的工具

（2）后响的复元音有[iɛ][uo][ua][uɑ]等4个。例词如下：

iɛ	jiɛ jiɛ	容易
uo	xuo re	锉子

ua	ɣrə dʑua	游泳
uɑ	kuɑ kuɑ	瓜

2. 三合元音

主要是[iau][uɛi][uei][iou] 4个中响的复元音。例词如下：

iau	ɕaŋ tɕiau	香蕉
uɛi	suɛi suɛi	酥脆~的食物
uei	ʂuei ni	水泥
iou	tɕiou tshɛ	韭菜

（三）辅音韵尾韵母

1. 尔龚语中的[m][n][ŋ][r][f][v][s][p][l][k][t][ɣ][z]等13个辅音都能做韵尾，它们与元音按一定的结合规律，可以构成69个辅音韵尾韵母。具体如表2–4所示：

表2–4 辅音韵尾韵母表

m	im em əm ɛm am ɑm om
n	ən en in un an ɛn on uən uan
ŋ	aŋ ɑŋ oŋ əŋ uŋ uaŋ
r	er ar ɑr ɛr ər ur or
f	ef ɛf əf
v	ev əv av ɑv ɛv
s	ɛs
p	ap ip ep ɑp əp ɛp op up uɑp
l	al el ɛl ol əl il ul
k	uk ak ok ək
t	at ot ut it
ɣ	aɣ ɑɣ uɣ əɣ ɛɣ
z	iz əz

2. 例词：

（1）带[m]的韵尾有7个，如下：

im	cçhim tsho	家庭
em	zɛ ndzem	忌~口

əm	dəm	熊
ɛm	ntɕhɛm	跳舞
am	rgam	箱子
ɑm	krɑm tshɑ	筛子
om	bor zdom	共计

（2）带[n]的韵尾有9个，如下：

ən	sn̥ə xcçən	中午
en	bə len	债务
in	ȵin	尝～一～
un	tshoŋ xpun	商人
an	ȵan ba lɛ	牢记～在心中
ɛn	smɛn	药
on	ȵi xspon	证人
uən	ŋuən	是第二人称
uan	dʑuan	游泳第二人称

（3）带[ŋ]的韵尾有6个，如下：

aŋ	staŋ gu	角落院子的～
ɑŋ	ɕə ɕɑŋ	出发
oŋ	ʁloŋ bə tɕhe	大象
əŋ	həŋ	哼
uŋ	ŋkhuŋ	装～东西
uaŋ	χuaŋ təu	黄豆

（4）带[r]的韵尾有7个，如下：

er	xser ȵa	金鱼
ar	zjar	心
ɑr	ʁɑr ʁɑr	圆的
ɛr	khɛ dɛr	哈达
ər	mtshər	奇怪这人真～
ur	ʁur	枕头
or	ɕhor	骰子

（5）带[f]的韵尾有3个，如下：

ef	ɕef	楔子

ɛf	ntshɛf	代替
əf	ntsəf	吸~奶

（6）带[v]的韵尾有5个，如下：

ev	khev	舀~水
əv	rdəv	毁塌房子~
av	xtsav	凿子
ɑv	ɬtɕhɑv	泡沫
ɛv	ɣdʑɛv	火灾

（7）带[s]的韵尾有1个，如下：

ɛs	də vlɛs	释放

（8）带[p]的韵尾有9个，如下：

ap	gə bap	淋湿被水~
ip	ʑip ʑip	细小的
ep	sta khep	马鞍罩子
ɑp	rzɑp	辣火锅有点~
əp	nəp	西~边
ɛp	ʁe ɕhɛp	门闩
op	ɬop tʂa	学校
up	skhrup	蚂蚁
uɑp	nthjuɑp	踩第一人称

（9）带[l]的韵尾有7个，如下：

al	zgral	排站成两~
el	ndʐel va	关系
ɛl	khɛl ma	牛
ol	dol dɛl	收拾~东西
əl	rŋəl	银子
il	rn̥il	齿龈
ul	zul	反刍牛~

（10）带[k]的韵尾有4个，如下：

uk	ɣzuk pu	身体
ak	ɣjak	公牦牛
ok	mtshok	集会

ək	ndʑək rten	世间

（11）带[t]的韵尾有4个，如下：

at	sat	杀~死
ot	stot pa	夸耀
ut	vdut ba	意愿
it	jit mə tɕhe	不相信

（12）带[ɣ]的韵尾有5个，如下：

aɣ	nlvaɣ	抱~孩子
ɑɣ	va rtɕhɑɣ	扛在肩上
uɣ	rta χsrjuɣ	跑马
əɣ	a vəɣ	啊
ɛɣ	a vɛɣ	喂

（13）带[z]的韵尾有2个，如下：

iz	biz la	破旧的~衣物
əz	məz bra	舍不得

三　音节结构

与藏缅语中其他无声调语言一样，尔龚语的音节结构也分为声母和韵母两部分。声母最少由1个辅音构成，最多由5个辅音构成。韵母最少由1个元音构成，最多由3个元音构成。一个音节最少包含2个音素，最多由6个音素组成。按音素组合的方式可分为15种音节类型。像a ma“妈妈”、a pa“爸爸”等词的第一音节的声母[-ʔ]省略未标，在类型上实属CV型（C代表辅音，V代表元音）。

15种音节类型分别举例如下：

1. CV	sa tɕha	地方	2. CVV	ʑiɛ ȵi	锡
3. CVC	dəm	熊	4. CCV	ndʑa	彩虹
5. CCVV	ʁɟjau cçi	狡猾	6. CCVC	zɟjər	变使动
7. CCCV	skrə	胆	8. CVVC	phauv	酿~酒
9. CVVV	ʂə xuei	石灰	10. CCVVV	sthei sthuɛi	压制~事情
11. CCCVC	ŋkhroŋ	诞生	12. CCCVV	nthjua	踩第三人称，完成体
13. CCCCV	nsphre	撒使动	14. CCCCVC	ŋvsruŋ	保卫
15.CCCCCV	ŋvzgra	浪荡			

第二节

音变

这里的音变仅限于语流音变。尔龚语中语流音变主要表现为弱化、脱落、增音或移位等，下面仅就尔龚语中这些较为突出的音变现象略做陈述。

一　弱化

所谓“弱化”，指的是在语流中，一个音由于所处的地位或受邻近音的影响而变成一个相对较弱的音。尔龚语中的弱化有下面几种情况。

1. 元音弱化

（1）两个音节相连，前一音节容易弱化。弱化音节读音较短、较弱。弱化主要落在元音上，具体表现为单元音和带韵尾的元音弱化为央元音的[ə]。例如：

sku	身体敬语	sku+ndʐa	→	skə ndʐa	佛像
skor	转圈	skor+va	→	skər va	旋转
mthun	法术	mthun+və	→	mthən və	施法
smon	许愿	smon+lɛm	→	smən lɛm	愿望

（2）尔龚语中元音的弱化还有一种形式，即：两个音节相连，前一音节元音有时会弱化成舌面前半低不圆唇元音[ɛ]。以va“猪”一词为例，例如：

va+ze	→	vɛ ze	猪仔
va+gu	→	vɛ gu	猪肉
va+ji	→	vɛ ji	种猪
va+go	→	vɛ go	猪圈

2. 辅音弱化

两个音节相连，其中一个音节的前置辅音容易弱化成清浊不同的辅音。其中较为常见的有两种情况。

（1）两个音节相连，其中一个音节的前置塞音容易弱化成与之相关的清浊不同的擦音。例如：

gto 苯波派仪式之一 gto＋ma → xto ma 祭祀妖邪的贡品

dkon 罕见 dkon＋po → ʂkon po 稀罕

gla 工钱 gla＋pa → ɣla pa 雇工

gdən 魔鬼 gdən＋rɟjɛl → ɣdən rɟjɛl 魔王

（2）两个音节相连，其中一个音节的前置塞音容易弱化成不同的擦音或半元音。例如：

dcçəl 中间 dcçəl＋gu → ɣcçəl gu 中间

bde 平整 bde＋bde → wde wde 平坦

bden 真实 bden＋pa → vden pa 老实人

bkav 命令 bkav＋dzə̥n → fkav dzə̥n 恩惠

3. 弱化现象还可以出现在部分鼻音中。古藏语的辅音韵尾[m][n][ŋ]在现代藏语康方言中普遍弱化为鼻化元音。道孚地处康区，因而尔龚语中存有鼻化元音也是必然。例如：

tshuŋ ma 全部 →← tshõ ma 全部

tɕhuŋ 米酒 →← tɕhõ 米酒

ɣvaŋ tɕha 权利 →← õ tɕha 权利

khuŋ sa 房基 →← khõ sa 地基

二 脱落

在语流中，有些音素因各种原因被省略掉了，这种现象叫脱落。脱落往往是进一步弱化的结果。

1. 复辅音声母的脱落

部分复辅音声母在语流中会出现部分脱落或全部脱落的情况。例如：

brŋə 炒 brŋə＋brŋə → rŋə rŋə 炒~菜

ndoŋ 足够 ndoŋ＋ndoŋ → doŋ doŋ 足够

ftɕag 砍 ftɕag＋kru → tɕak kru 削锛锄削木工具

bstod 夸奖 bstod＋pa → stot pa 夸耀

2. 复辅音中的辅音或辅音韵尾的脱落

在语流音变过程中，复辅音中有的辅音或辅音韵尾可能出现脱落的情况。例如：

ɣzuks	体态	ɣzuks + pu	→	ɣzuk pu	身体
rzok	雪豹	rzok + ɕhiɛ + ma	→	rzo ɕhiɛ ma	若谐玛长袍
skud	线	re + skud	→	re skə	线
tshaŋ	家	cçhim + tshaŋ	→	cçhim tsho	家庭
les	缘分	les + mbres	→	le mbrɛs	因果
mphruk	氆氇	mphruk + dʑə ba	→	mphru dʑə ba	氆氇长袍

三　增音与移位

1. 两个音节连读时第一音节的辅音韵尾脱落或弱化后，有的可能变为第二音节的前置辅音，有的则容易弱化为与之相关的第二音节的前置辅音。例如：

skam	干枯	skam + ba	→	ska mba	钳子
ȵim	气魄	ȵim + ba	→	ȵi mba ʁjɛ	肥胖
dɛm	瓶子	dɛm + bə	→	dɛn nbə	瓶子
ʂcçag	大便	ʂcçag + pɑ	→	ʂcçɑ xpɑ	大便

2. 两个音节相连，有时后一音节会增加前置辅音。例如：

stun	节庆	stun + mu	→	stun rmu	婚礼
rgən	年老	rgən + ba	→	rgən mba	老人

以mbjə“交换”为例：当mbjə“交换”变为两个音节重复使用时，第二音节前就增加了一个前置辅音[z]，变为了[mbjə zmbjə]。

第三节

拼写符号

说明：

1. 本方案能够反映尔龚语基本的语音面貌。[①]

2. 本方案以拉丁字母为基础，尔龚语中与同语族传统亲属语言文字方案相同的音，均采用相同的方式表达，以利于语音表达的科学性。

3. 方便计算机录入，无须创制独立的输入法。

一　拼写符号

表2-5　尔龚语拼写符号表

k	kh	g	ng	c	ch	j	ny
t	th	d	n	p	ph	b	m
ts	tsh	dz	w	zh	z	v	y
r	l	sh	s	q	qh	gg	h
tj	thj	dj	a	tv	thv	dv	shh
ll	lh	lhh	ssh	xh	x	ss	rz
hg	rr	yy					

① 除本方案外，还可用藏文记录，但具体拼读方法与现代藏语有所差异，须按古老的拼读方法。具体的拼读方法见根呷翁姆（2013）。

二　声、韵拼写

尔龚语单辅音声母52个，复辅音声母378个。

（一）声母符号

1. 单辅音声母

尔龚语有单声母52个。其中辅音音位51个，另一个是唇齿音[f]。其拼写符号与国际音标对照表见表2-6：

表2-6　单辅音声母拼写符号及国际音标对照表

拼写符号	国际音标	拼写符号	国际音标	拼写符号	国际音标	拼写符号	国际音标
k	k	kh	kh	g	g	ng	ŋ
c	tɕ	ch	tɕh	j	dʑ	ny	ȵ
t	t	th	th	d	d	n	n
p	p	ph	ph	b	b	m	m
ts	ts	tsh	tsh	dz	dz	w	w
zh	ʑ	z	z	v	v	y	j
r	r	l	l	sh	ɕ	s	s
q	q	qh	qh	gg	ɢ	h	h
tj	cç	thj	cçh	dj	ɟj	a	ʔ
tv	tʂ	thv	tʂh	dv	dʐ	shh	ɕh
ll	ɮ	lh	ɬ	lhh	ɬh	ssh	sh
xh	χ	x	x	ss	ʂ	rz	ʐ
hg	ɦ	rr	ʁ	yy	ɣ	f	f

2. 复辅音声母

尔龚语复辅音声母共378个，其拼写符号如表2-7所示：

表2-7　复合辅音声母及国际音标

拼写符号	国际音标	拼写符号	国际音标	拼写符号	国际音标	拼写符号	国际音标
rp	rp	rph	rph	rb	rb	rd	rd
rk	rk	rg	rg	rts	rts	rtsh	rtsh

续 表

拼写符号	国际音标	拼写符号	国际音标	拼写符号	国际音标	拼写符号	国际音标
rdz	rdz	rch	rtɕh	rj	rdʑ	rdj	rɟj
rm	rm	rny	rȵ	rng	rŋ	rl	rl
rv	rv	rs	rs	rz	rz	rt	rt
ryy	rɣ	r · rr	rʁ	rj	rj	rzh	rʑ
rgg	rɢ	ft	ft	fth	fth	fk	fk
fkh	fkh	fq	fq	fqh	fqh	fts	fts
ftsh	ftsh	fc	ftɕ	fch	ftɕh	fs	fs
fssh	fsh	fsh	fɕ	flh	fɬ	flhh	fɬh
ftj	fcç	fthj	fcçh	fx	fx	vd	vd
vg	vg	vq	vq	vdz	vdz	vdv	vdʐ
vj	vdʑ	vr	vr	vl	vl	vdj	vɟj
vz	vz	vrz	vʐ	vzh	vʑ	vll	vɮ
vyy	vɣ	sp	sp	sph	sph	sb	sb
st	st	sth	sth	sd	sd	sts	sts
sk	sk	skh	skh	sg	sg	sq	sq
sqh	sqh	stj	scç	sthj	scçh	sm	sm
sn	sn	sny	sȵ	sng	sŋ	sl	sl
sv	sv	sx	sx	sw	sw	sy	sj
slh	sɬ	slhh	sɬh	sxh	sχ	sr	sr
sshv	shv	zb	zb	zd	zd	zg	zg
zj	zdʑ	zm	zm	zn	zn	zny	zȵ
zng	zŋ	zl	zl	zv	zv	zyy	zɣ
zrr	zʁ	zw	zw	zy	zj	zll	zɮ
zdj	zɟj	zdz	zdz	zzh	zʑ	zth	zth
ssp	ʂp	ssph	ʂph	sst	ʂt	ssk	ʂk
sskh	ʂkh	ssg	ʂg	ssq	ʂq	ssqh	ʂqh
ssts	ʂts	sstsh	ʂtsh	sstv	ʂtʂ	ssthv	ʂtʂh

续 表

拼写符号	国际音标	拼写符号	国际音标	拼写符号	国际音标	拼写符号	国际音标
ssc	ʂtɕ	ssch	ʂtɕh	ssl	ʂl	ss・s	ʂs
sstj	ʂcç	ssthj	ʂcçh	sslh	ʂɬ	sslhh	ʂɬh
rzk	ʐk	rzdv	ʐdʐ	rzj	ʐdʑ	rzng	ʐŋ
rzz	ʐz	xp	xp	xph	xph	xt	xt
xth	xth	xts	xts	xtsh	xtsh	xdz	xdz
xtv	xtʂ	xc	xtɕ	xch	xtɕh	xl	xl
xs	xs	xssh	xsh	xsh	xɕ	xlh	xɬ
xtj	xcç	xthj	xcçh	xy	xj	yyk	ɣk
yyg	ɣg	yyph	ɣph	yyb	ɣb	yyd	ɣd
yyj	ɣdʑ	yydj	ɣɟj	yym	ɣm	yyn	ɣn
yyny	ɣȵ	yyr	ɣr	yyl	ɣl	yyv	ɣv
yyz	ɣz	yysh	ɣɕ	yyzh	ɣʑ	yy・y	ɣj
yydz	ɣdz	yydv	ɣdʐ	yylh	ɣɬ	yyll	ɣɮ
yytj	ɣcç	yythj	ɣcçh	yyssh	ɣsh	xhp	χp
xhph	χph	xhth	χth	xhd	χd	xhs	χs
xhssh	χsh	xhsh	χɕ	xhy	χj	xhc	χtɕ
xhch	χtɕh	rrb	ʁb	rrd	ʁd	rrg	ʁg
rry	ʁj	rrm	ʁm	rrn	ʁn	rrny	ʁȵ
rrl	ʁl	rrz	ʁz	rrll	ʁɮ	rrthj	ʁcçh
rrdj	ʁɟj	rrdz	ʁdz	rrw	ʁw	rrzh	ʁʑ
rrq	ʁq	mk	mk	mg	mg	mph	mph
mb	mb	mt	mt	mth	mth	md	md
mkh	mkh	mq	mq	mqh	mqh	mts	mts
mtsh	mtsh	mdz	mdz	mdv	mdʐ	mc	mtɕ
mch	mtɕh	mj	mdʑ	mthv	mtʂh	mdj	mɟj
mr	mr	ml	ml	ms	ms	mny	mȵ
mn	mn	mlh	mɬ	mlhh	mɬh	my	mj
nkh	nkh	n・g	ng	nph	nph	nb	nb

续 表

拼写符号	国际音标	拼写符号	国际音标	拼写符号	国际音标	拼写符号	国际音标
nt	nt	nth	nth	nd	nd	nts	nts
ntsh	ntsh	ndz	ndz	ndv	ndʐ	nc	ntɕ
nch	ntɕh	nj	ndʑ	nlh	nɬ	nlhh	nɬh
nll	nɮ	mthv	ntʂh	ntj	ncç	nthj	ncçh
ndj	nɟj	nq	nq	nqh	nqh	n · gg	nɢ
ny	nj	lph	lph	lb	lb	lt	lt
ld	ld	lv	lv	ldz	ldz	lm	lm
ln	ln	lny	lȵ	ly	lj	lg	lg
lng	lŋ	lrr	lʁ	lxh	lχ	lxhh	lχh
pr	pr	phr	phr	py	pj	phy	phj
pq	pq	pc	ptɕ	br	br	bd	bd
bj	bj	bq	bq	brz	bʐ	dv	dv
dj	dj	kr	kr	kv	kv	khr	khr
khss	khʂ	khv	khv	khy	khj	gr	gr
grz	gʐ	gv	gv	tjy	cçj	qr	qr
qv	qv	qhv	qhv	qhr	qhr	fkhr	fkhr
fkhy	fkhj	fstj	fscç	fskh	fskh	fkhv	fkhv
sprz	spʐ	spr	spr	sphr	sphr	sphrz	sphʐ
sby	sbj	skr	skr	skhr	skhr	skhrz	skhʐ
skhv	skhv	sql	sql	sqhl	sqhl	spy	spj
sbr	sbr	sthv	sthv	skhy	skhj	sthy	sthj
szm	szm	sgr	sgr	zbr	zbr	zgr	zgr
zby	zbj	zbl	zbl	zggr	zɢʀ	zpy	zpj
sskhr	ʂkhr	sspr	ʂpr	ssqv	ʂqv	ssqhv	ʂqhv
mbr	mbr	mkhrz	mkhʐ	mgr	mgr	mphr	mphr
mphy	mphj	mby	mbj	mbl	mbl	mqhr	mqhr
nthv	nthv	nthj	nthj	ndv	ndv	nkhv	nkhv
nkhr	nkhr	n · gr	ngr	n · gy	ngj	nbr	nbr

续 表

拼写符号	国际音标	拼写符号	国际音标	拼写符号	国际音标	拼写符号	国际音标
nstj	nscç	nskh	nskh	n · ggv	nɢv	nlv	nlv
nlp	nlp	ndj	ndj	ngql	ŋql	ngqhl	ŋqhl
ngzrr	ŋzʁ	ngrp	ŋrp	ngkhr	ŋkhr	ng · gr	ŋgr
ngyyb	ŋɣb	rr · rn	ʁrn	rrbr	ʁbr	rrgr	ʁgr
xhsm	χsm	xhsn	χsn	xsp	xsp	yyrts	ɣrts
yyrj	ɣrj	grw	grw	lby	lbj	rmy	rmj
nsql	nsql	nsqhl	nsqhl	nsphr	nsphr	nsthy	nsthj
ngvsth	ŋvsth	ngvsl	ŋvsl	ngvsr	ŋvsr	ngrr · rkh	ŋʁrkh
ngmphr	ŋmphr	xhsry	χsrj	xhfsth	χfsth	yymby	ɣmbj
rrvgr	ʁvgr	ngvzgr	ŋvzgr				

（二）韵母表

1. 单元音及单韵母（8个）

尔龚语共有单元音8个，单韵母9个（鼻化韵母[õ]）。其拼写符号如表2–8所示：

表2–8　单元音韵母及国际音标表

韵母	国际音标	韵母	国际音标	韵母	国际音标	韵母	国际音标
i	i	e	e	ea	ɛ	a	a
aa	ɑ	o	o	u	u	ee	ə
o:	õ						

2. 复元音韵母

尔龚语有复合元音韵母12个，其拼写符号及例词如表2–9所示：

表2–9　复合元音韵母及国际音标表

韵母	国际音标	韵母	国际音标	韵母	国际音标	韵母	国际音标
ei	ei	eai	ɛi	ou	əu	ao	au
ie	iɛ	uo	uo	ua	ua	uaa	uɑ
iao	iau	ueai	uɛi	ui	uei	iou	iou

3. 带辅音韵尾的韵母

尔龚语中有[m][n][ŋ][r][f][v][s][p][l][k][t][ɣ][z]等13种类型的韵尾。这13种辅音韵尾与元音结合可以构成69个辅音韵尾韵母。如表2-10所示：

表2-10 带韵尾韵母及国际音标表

韵母	国际音标	韵母	国际音标	韵母	国际音标	韵母	国际音标
im	im	em	em	eem	əm	eam	ɛm
am	am	aam	ɑm	om	om	een	ən
en	en	in	in	un	un	an	an
ean	ɛn	on	on	uen	uən	uan	uan
ang	aŋ	aang	ɑŋ	ong	oŋ	eeng	əŋ
ung	uŋ	uang	uaŋ	er	er	ar	ar
aar	ɑr	ear	ɛr	eer	ər	ur	ur
or	or	ef	ef	eaf	ɛf	eef	əf
ev	ev	eev	əv	av	av	aav	ɑv
eav	ɛv	eas	ɛs	ap	ap	ip	ip
ep	ep	aap	ɑp	eep	əp	eap	ɛp
op	op	up	up	uap	uɑp	al	al
el	el	eal	ɛl	ol	ol	eel	əl
il	il	ul	ul	uk	uk	ak	ak
ok	ok	eek	ək	at	at	ot	ot
ut	ut	it	it	ay	aɣ	aay	ɑɣ
uy	uɣ	eey	əɣ	eay	ɛɣ	iz	iz
eez	əz						

说明：

1. 当拉丁字母不够时，使用字母重叠法或多字母组合的复合法表示。

2. 拼写符号的音值尽量与拉丁字母和同语族语言文字的读音相近或相关的字母进行组合。

3. 别义符“·”，其本身没有特殊含义。在复辅音的一个音节中，当出现相同且相连字符或出现容易混淆的字符时，作为区别所附字符及字符组合的意义之用。如国际音标[rʁ]的尔龚语拼写符号为r·rr，使用别义符“·”便可以与[ʁr]（rr·r）相区别。又如，国际音标[nɢ]的尔龚语拼写符号为n·gg，中间的别义符“·”使其区别于国际音标[ŋ]的拼写符号ng，区别于国际音标复辅音[ng]的尔龚语拼写符号n·g。

4. 尔龚语拼写符号以词为单位拼写，词与词之间用空格表示。人名地名拼写规则、大写规则、移行规则等，按照《汉语拼音正词法基本规则》执行。

第三章 词汇

第一节

词汇特点

从整体上看，尔龚语的词汇主要有如下一些特点：

1. 从音节数量上看，词汇中的词以双音节为主。

尔龚语中的单音节词较少，以带词性标记前缀的双音节词反而占多数，是该语言中词汇系统的主要组成部分。

尔龚语的词，最短的音节由一个元音构成，如叹词a“啊”，但不多见。也有一个元音充当一个音节作为构词前缀的，常出现在亲属称谓中，如a te“哥哥”、a mə“母亲”；但这不是元音自成音节，它的前面都带有喉塞音[ʔ]，因为它只出现在词的第一音节，不出现在第二音节，故作零声母处理。自成音节的a有时还会出现在疑问句中用以表达疑问语气，如a ɕə“走了吗？”、a ŋu“是吗？”。

在语保通用词中，我们从编号300的“房子”开始算起，到编号1000的“快”结束，共有本语词658个。其中单音节词181个，占比27.5%；双音节词477个，占比72.5%。

2. 从构词法的角度看，合成词占优势。

从共时层面看，尔龚语的双音节词主要由复合词构成。复合词的结构类型主要有附加、合成、重叠三种。合成词在基本词汇中占绝大多数，是尔龚语最重要的构词方式。例如，在上述477个双音节中：合成词或词组是345个，占比72.3%；派生词132个，占比27.7%。

由此可见，单就词汇构造来说，在词汇系统中，合成词占据一定的优势。

3. 借词是丰富词汇系统的主要手段之一。

尔龚语善于吸收外来词，把外来词汇改造成自己的词语，以此不断充实和发展自己的词汇系统。尔龚语的借词主要源于梵语、汉语等，借入方式主要有全词借入、半借半译等形式。借入的词汇大多为文化词和蔬菜瓜果等方面的词汇。例如：

ʂan jo	山药	ba dzi gə rə	金刚上师
kuɑ kuɑ	瓜	om	唵（箴言发语词）
lo pu	萝卜	χɬi ma la ja	喜马拉雅
ho tsav	辣椒	dʐam bu la	财神

4. 梵语借词较多。

道孚属于康巴藏区，由于宗教文化的沁润，尔龚语中有相当数量的梵语借词。大部分梵语借词不仅在宗教场合使用，有些梵语词汇甚至还进入尔龚语的基本词汇。这是尔龚语中梵语借词使用方式有别于周围其他族群的又一特色。例如：kə ta“狗”、kɑ pɑ la“额头”等。

5. 词汇系统中存在专用的敬语表达式。

尔龚语在名词、代词、动词里都有一些表示敬语的专用词，唯独形容词中还未发现敬语的专用词，但形容词加上某种形态后同样可以表示敬语。在这些敬语词之中，大部分的用法与藏语相同，甚至有一部分属于基本词汇乃至核心词。例如：

一般词	敬语	汉义	一般词	敬语	汉义
ɮa	phjav	手	ʁə	ʁə	头
fɕɛ	fsuŋ	说	ʁə sbrɑ	ʁə sbrɑ	头发
ɕə	phep	走	scçe	ŋkhroŋ	生出～
ndzu	ɣʑuk	坐	tɕhi ke	ɣzik	看

第二节

构词法

在尔龚语3000多个常用词中，主要的构词方法还是合成法，其次是派生法。只有少部分词才是由重叠法、拟声法等构成的。

一　合成法

合成法就是由两个或两个以上的词根语素按一定的规则组合起来构成新词。这些构词语素之间的结构关系主要有联合、偏正、支配、陈述、承接等不同类型。

（一）联合式

联合式是两个词根语素并列的构词方式。两个词根语素之间的关系既可以是意义相近，也可以是意义相对的。主要类型有名词语素 + 名词语素、形容词语素 + 形容词语素、动词性语素 + 动词性语素等。

1. 名词语素 + 名词语素 = 名词。例如：

pqo + xtho	天地	ɣɟjə + nor	财宝
天 + 地		家产 + 宝贝	
ʁje + cçhə	左右	ve + me	父母
右 + 左		父 + 母	
rjɟə + mdzi̧	因果	mə + ser	百姓
因 + 果		人 + 百姓	
sn̥ɛ + gə	昼夜	vlu + sho	风俗
昼 + 夜		方法 + 习惯	

2. 形容词语素 + 形容词语素 = 形容词。例如：

qhe + ʁjɛ	好坏	scçi + zdu	甘苦
坏 + 好		甘 + 苦	
dʑi + lji	长短	mthu + ʁmɑ	高低
长 + 短		高 + 矮	
qhe + ʁjɛ	善恶	bə + ɣʒa	厚薄
恶 + 好		薄 + 厚	

并列式合成词中，合成形容词最多，合成名词次之。

3. 动词性语素 + 动词性语素 = 动词。例如：

rə + zʑə	买卖	thɛ + gə	穿脱
买 + 卖		脱 + 穿	
ncçhə + ncçhə	打架	ndʑə + ndʑə	分配
打 + 打		分配 + 分配	

（二）偏正式

有前偏后正和前正后偏两类。

1. 前偏后正

修饰成分在前，中心词成分在后。有以下几个次类：

（1）名词性语素 + 名词性语素。这类词占的比例相当大。例如：

va + rgu	猪圈	ɣə ra + mbjo	鸡窝
猪 + 圈		鸡 + 窝	
ɣrə + mgo	上游	dza + dɛm	茶杯
水 + 头		茶 + 杯	
ɕɛl + zgu	镜子	ɕoŋ + tok	水果
玻璃 + 门		树 + 果实	

（2）动词性语素 + 名词性语素。动词性语素前置做修饰成分，名词性语素后置做中心成分语。例如：

xɕɛr + ɣrə	鲜水河	nthen + mkhər	经筒
流 + 水		推 + 转筒	
vzu + pa	裁缝	ɣcçhər + ma	流浪汉
缝 + 人		流浪 + 人	

（3）表方位的名词性语素 + 名词性语素。例如：

phi + vdzi	外人	tɕha + ɣmur	上唇

外 + 人		上 + 唇	
phjə + ʁɑ	大门	və + ɕə	下牙
外 + 门		下 + 牙	

2. 前正后偏

中心成分在前，修饰成分在后。大多数是由名词性语素后加形容词性语素构成。例如：

lu + xsɛr	新年	dʐa + gɛ ʁjɛ	浓茶
年 + 新的		茶 + 浓稠	
khan + da	红糖	ɣmu + ʁnɛ	天黑
口 + 合适		天 + 暗	
vdzi + gɑ dʐɑ	好人	vdzi + qhə mɛ	坏人
人 + 好		人 + 坏	

（三）支配式

一般由名词性语素加动词性语素构成。支配语素是动词性的，被支配语素是名词性的；支配语素在后，被支配语素在前。例如：

ɕhoŋ + ntu	砍刀	fkav + phap	命令
树木 + 砍		号令 + 颁布	
fɬhə + sphro	播种	spo + cçhi	开荒
种子 + 撒		草坪 + 开	

（四）陈述式

陈述式，又叫主谓式，其两个语素之间存在陈述和被陈述的关系。其中前一个多是名词性语素，后一个语素多是动词性或形容词性语素，后者陈述前者。

1. 名词性语素 + 动词性语素。例如：

ɣrə + lə	开水	ɣbə + χa	日出
水 + 烧开		阳光 + 出	
mə + bji	天亮	mə qhi + qhe	下雨
天 + 亮		雨 + 下	

2. 名词性语素 + 形容词性语素。例如：

spɛ + cçhɛ	胆大	vdzi + ʁjɛ	好人
胆量 + 大		人 + 好	
mər ŋa + ʁjɛ	天晴	mər + ȵɛ	天黑
天气 + 好		天 + 黑	

（五）承接式

由动词性语素后加动词性语素构成，前后两个语素的意义有先后承接的关系。例如：

ndə + ɽja	打扫	ʂkə + zʐə	盗卖
打扫 + 起来		偷盗 + 卖	
spo + ɮə	移植	xtsɛ + zɮu	发烧
移 + 种植		热 + 沸腾	

这里需要说明的是：

1. 尔龚语中联合式、支配式等合成词内部结合紧密，中间无停顿且有连续变音现象，这些特点使它们区别于短语。而联合式、支配式、主谓式等短语结合松散，成分之间要稍有停顿，读本音且无连续变音现象。

2. 尔龚语中的合成词，从组成成分看，以双语素合成最为典型、最为常见。此外，还有三语素甚至四语素的合成词，可分别称之为“三音格”“四音格”，如frtsi frtsi vtɕhok vtɕhok“毕恭毕敬”等，它们不是根据表达需要临时组合起来的，而是同一般的合成词一样，结构稳固，意义稳定。

二　派生法

在原有词根上附加词缀来构成新词的方法叫派生法。

在尔龚语中，附加的方法主要有附加前缀、附加中缀和附加后缀3种形式。相比之下，附加后缀构成的派生词相对较多。

（一）构词前缀+实语素（名词性）

尔龚语中的构词前缀很少，常见的有a和ə两个，而且使用范围极其有限。a较多用作表示亲属称谓的名词前缀，并附带有一种亲昵的色彩。例如：

a + pa	爸爸	a + te	哥哥
PREF + 爸		PREF + 哥	
a + ʐoŋ	舅舅	a + kə	叔伯
PREF + 舅		PREF + 叔	
a + mə	妈妈	a + ne	姑母
PREF + 妈妈		PREF + 姑姑	
a + ja	姨母	a + da	姐姐
PREF + 姨		PREF + 姐	

在上述亲属称谓实语素中，有的义项不太明显，只有与构词前缀结合时才能明确指称。

也有少数是表示其他事物名称的。例如：

a rɑ	田鼠	a mə qɑ rɑ	蜘蛛
a tsa ra	游学僧	a vaɣ qhe	讨厌的人
a qho	独行[①]	a la lmo	鸡油菌

除用在亲属称谓外，a和ə还用于指示代词和疑问代词前。例如：

ə＋də	这个	a də＋bi	这样
PREF＋这		这 ＋ 样子	
a də＋qhe	这里	a khu＋thu	那边
这里 ＋ LOC		那边 ＋那	
a＋tɕhə	什么	a＋ŋu	是吗
QUES＋什么		QUES＋是	

（二）实语素＋构词后缀

1. 名词实语素加构词后缀

（1）常用的构词后缀有pa、pu、ma、mu、ka、kha、mə、və、tɕha、kə等。例如：

ɮa＋pa	手	skɛ＋tɕha	话
手 ＋SUFF		声音 ＋SUFF	
dɛn＋nbə	瓶子	spjoŋ＋kə	狼
瓶 ＋SUFF		狼 ＋SUFF	
zgre＋ma	星星	ʂtsu＋kha	冬天
星 ＋SUFF		冬 ＋SUFF	
tshɛ＋və	侄子	jɑ＋ka	树梢
侄 ＋SUFF		树枝 ＋SUFF	
bji＋ma	沙子	zdo＋mu	雾
沙 ＋SUFF		雾 ＋SUFF	
ȵi＋va	亲戚	ɣjə＋və	邻居
近 ＋SUFF		街坊 ＋SUFF	

（2）地名加上构词后缀pa、vu、va等构成新的名词表示该地区的人。例如：

kham＋pa	康巴人	ndʐa pa＋va	扎坝人
边地 ＋ SUFF		扎坝 ＋ SUFF	
ɬa sa＋va	拉萨人	ɬa sa＋vu	拉萨人
拉萨 ＋ SUFF		拉萨 ＋ SUFF	

① 指称喜欢独行的牛或喜欢独行且比较孤僻的人。

mdo+pa	康定人	bram gu+vu	炉霍人
康定 + SUFF		炉霍 + SUFF	
am mdo+va	安多人	stɑ wə+vu	道孚人
安多 + SUFF		道孚 + SUFF	

（3）pa、po、və、phu、ma、mu、mɛ等后缀用在名词后有时表示“性别”的意义。pa、po、və、phu一般表示男性（动物：雄性），ma、mu、mɛ一般表示女性（动物：雌性）。例如：

rgən+po	老年人男子	rgən+mu	老妇
老 +SUFF		老 +SUFF	
tshɛ+və	侄子	tshɛ+mu	侄女
侄 +SUFF		侄 +SUFF	
rdɛ+phu	公马	rɛ+mɛ	母马
马 +SUFF		马 +SUFF	
bjams+ba	便巴人名	ɬa+mu	她姆人名
仁慈 +SUFF		神仙 + SUFF	

（4）名词实语素加构词后缀pa、bə、po、ma、ra、vzu、mkhən等构成某种称谓词，表示前一实语素与所指事物相应的职业名称或具有某种特长的人。例如：

smɛn+pa	医生	rɟɛl+bə	国王
药 +SUFF		国家 +SUFF	
la+ma	喇嘛	dʐa+ma	厨师
至高 +SUFF		茶 +SUFF	
bu+ba	藏族	vzu+pa	工人
藏 +SUFF		制作 +SUFF	
mgar+ra	铁匠	xpən + po	官
打造 +SUFF		头领 + SUFF	

（5）名词实语素加构词后缀ze等构成指小称谓词。例如：

a lŋa+ze	婴儿	a khə+ze	小叔父
婴儿 +SUFF		叔父 +SUFF	
ɣə ra+ze	鸡仔	ʁjə+ze	鱼儿
鸡 +SUFF		鱼 +SUFF	

2. 动词实语素加构词后缀

（1）常用的后缀有ba、pa、mə、po、va、ma、mba、mkhən等。例如：

vzu + ba	裁缝	rŋa + pa	猎人
缝制 + SUFF		打猎 + SUFF	
rgən + mba	寺院	ʐɑ + va	盲人
修行 + SUFF		瞎 + SUFF	

（2）动词实语素后加khe等构成表示动作行为发出的处所。例如：

ʁlə və + re + khe	唱歌的地方	ɣmə + ntshɛ zɮu + re + khe	烤火的地方
唱歌 + NMLZ + SUFF		火 + 烤 + NMLZ + SUFF	
tɕhi ke + khe	看的地方	ncçha ra + və + re + khe	玩儿的地方
看 + SUFF		玩儿 + 做 + NMLZ + SUFF	

（3）后加虚化名词scçet（语用上虚化程度不太高）构成动作行为得以实施的工具。例如：

mar ja + ncçhə + scçet	打酥油的工具	khvɛ + scçet	割的工具
酥油 + 打 + SUFF		割 + SUFF	
bjoŋ noŋ + xtsɑ xtsə + scçet	剁肉的工具	le ska + və + scçet	劳动工具
肉 + 剁 + SUFF		劳动 + 做 + SUFF	

（4）在动词词根加构词后缀pa、pu、ma、po、mkhən、xpɑ、me等名词，表示与动作行为、性质状态相关的人与事物等。例如：

tshoŋ + pa	商人	rŋan + pa	猎人
经商 + SUFF		打猎 + SUFF	
sɛ + mkhən	逝者	fçɛ + mkhən	说者
死 + SUFF		说 + SUFF	
ʁjə tshu + mkhən	渔夫	ɣcçhər + ma	流浪汉
钓鱼 + SUFF		流浪 + SUFF	
ɣrtsoŋ + ba	囚犯	scçi + po	幸福
监禁 + SUFF		快乐 + SUFF	

（三）名词实语素 + 构词中缀 + 名词实语素

尔龚语有一个中缀ma，它加在两个意义相对的名词中间组成特定的词或词组，与藏语相同。例如：

rɟa + ma + bud	半藏半汉	kha + ma + tɕhə	雨夹雪
汉 + INFX + 藏		雪 + INFX + 雨	

roŋ + ma + mbro　　半农半牧　　ra + ma + luk　　不伦不类
农 + INFX + 牧　　山羊 + INFX + 绵羊

不过，这种构词方式的能产性不大。

三　重叠法

重叠法就是把词根重叠起来造词的方法。常见的有AA型、ABB型，也有ABAB型、ABCB型、AABB型、ABCC型和ABAC型等。

1. AA型。这类词中，重叠后的语素在语用上大多有一定的连续不断和加深程度等意义。例如：

rn̥a rn̥a　黑黑的　　phru phru　白白的
ndji ndji　红红的　　rn̥ə rn̥ə　黄黄的
rŋə rŋə　绿绿的　　scçɛ scçɛ　灰灰的
ʁar ʁar　圆圆的　　pja pja　扁扁的

如：ɬho ɬho“放松的”、sn̥a sn̥a“苦涩的”、skhvɛ skhvɛ“锐利的”等。

2. ABB型。例如：

rŋə ldʑoŋ ldʑŋ　绿油油　　ndʑɑ mɑ mɑ　静悄悄
xtsɛ gu gu　热乎乎　　stoŋ χa χa　空荡荡
ɣnɛ qu qu　黑洞洞　　qhɑ ɦdʑɛm ɦdʑɛm　笑盈盈
rn̥ə lam lam　黄灿灿　　phru sə sə　白生生

这类词中，重叠后的语素在语用上大多有一定的连续不断和加深程度的意义。如：lam lam“亮晶晶”、phru phru“白的”等。

3. ABAB型。例如：

lo tɕhoŋ lo tɕhoŋ　年轻轻的　　ge de ge de　小小的
gɛ rgə gɛ rgə　一个一个　　vɛ lve vɛ lve　慢慢的

由这种重叠方式构成的词可加深性状的程度。

4. ABCB型。例如：

a na ma na　惟妙惟肖　　mu jə ŋgə jə　破口大骂
a ru mu ru　勤奋努力　　ɣjə və ɬa və　两面三刀
mei və ŋgə və　胡作非为　　rə χa nə χa　来来回回
ɕa rɑ ma rɑ　赶快　　tɕhi n̥ɛ go n̥ɛ　随随便便

5. AABB型。例如：

bo bo ma ma　不慌不忙　　kə kə ti ti　老老实实

bo bo zę zę 慌慌张张

hav hav ja ja 愣头愣脑

qhol qhol mthav mthav 所有角落

ja ja ko ko 毕恭毕敬

ʁrə ʁrə tɕhən tɕhən 吵吵闹闹

scçɑ scçɑ ɣde ɣde 平平安安

6. ABCC型。例如：

ro ʑi ma ma 平白无故

xsər ba ɣzɑŋ ɣzɑŋ 崭新的

7. ABAC型。例如：

ŋə mi ŋə ma 真真切切

lʁə mi lʁa mə 疯疯癫癫

biz le biz la 破旧不堪

tshe li tshe la 零零碎碎

ɣjə və ɣjə ɕi 街坊邻居

ȵi va ȵi ʑi 亲朋好友

qə li qə le 坑坑洼洼

vden ba vden thu 老老实实

此外，还有一部分不属于重叠法构成，但在结构上较为紧凑或固定的四音格词。例如：

phi ta noŋ xsi 内外透明

mthav sna rgən dzə̨ 无所不为

lo ru mən ti 到处都是

rn̥oŋ ba biz la 破旧不堪

ɣmə qhu ɬa ȵɛ 冷锅冷灶

ʑɑ lɑ bɑ cçɑ 脏兮兮

jin tɕi mə ȵi 无论如何

tɕhə sɛm nə zgrəv 万事如意

四 拟声法

拟声法就是以模拟事物声音的方式构成新词的方法。

1. 仿声词。例如：

mbɑ 羊叫声

mbu 牛叫声

qɑ 乌鸦叫声

hu 狼叫声

waŋ waŋ 狗叫声

ku gu 布谷鸟叫声，布谷鸟

qo qo 啄木鸟啄木声

wuŋ wuŋ 苍蝇拍打翅膀声

2. 感叹词。感叹词是感情色彩较浓的一类词，例如：

a jo 啊哟

o ja 哦呀

həŋ 哼

a 啊

wo 喔

a jo jo 啊哟哟

o χo χo 噢

a tsha tsha 啊嚓嚓

另外，还有两个表感叹、惊讶之义的感叹词ɬha和χoŋ。

第三节

词汇的构成

一　从来源看词汇构成

（一）词汇来源

1. 固有词和借词

固有词是语言中本身就存在的，而不是从其他语言中传入的词汇。而借词又称外来词，是音义都借自外语的词。以下都是尔龚语的固有词：

mqo　天　　mə qhi　雨　　qa ʁə　山　　tɕɛ　路
çi　青稞　　wdʑu　糌粑　　khɛ ser　布　　pə rzi　刀
zjar　心　　ʁbro　胃　　ɮa　手　　mo　眼睛
a pa　爸爸　　a mə　妈妈　　a te　哥哥　　a da　姐姐
ɕə　走　　rgə ma　石头　　mɟjə ra　跑　　ngə　吃
gɛ cçhɛ　大　　ge de　小　　gɛ ɣre　多　　ɣzə ɣzə　少
ŋa　我　　thə　他　　ə də　这个　　ro də　那个
ro　一　　ɣne　二　　zʁa　十　　rjə　百

固有词与借词的区别在理论上是明确的，但是在具体语言的比较研究中，固有词和借词之间的界限有时很难鉴别。这样一来，如何区分尔龚语中的固有词与借词是摆在我们面前的第一个难题。为了解决这个难题，笔者采用的鉴别方法有如下几种：

（1）排除雷同、偶似和并存的语词。各民族语中的同源词经过长期发展变化，必有变异不合之处，故宜求其语音相似，雷同则多为借词。比如，“屎”一词有xɕə和ʂcçɑ xpɑ等不同形式，但xɕə才是尔龚语的固有词，且和古代藏语相同，而ʂcçɑ xpɑ是后期借入的词。

（2）联系各民族社会发展的历史，把有关生产工具（如tsho tɕi“簸箕”等）、生活用品（如jɑ dʑan“肥皂”、pən ti“凳子”等）和社会制度（如tɕhaup si“政治”、si ʑoŋ“政府”、kuŋ ʂe“公社”等）的借词一一删除，剩下的那部分可被认定为固有词的可能性就相对高一些。各民族借用他语词汇来不断充实、丰富和发展自己的语言，本是符合语言发展规律的好事，但要发掘固有词，则须加以识别，不便相混。

（3）先对与比较语言近似的词存疑处理，待进行整个汉藏语系比较时，再予以确定。在尔龚语中常有一些词语，与汉语（包括古代汉语和现代汉语）音义近似，仅有诸如声母、韵母或褒贬、外延等少量的不一致之处。比如duk“毒”、ltep“叠”、ʑar“瞎”等，这类词目前尚难确定其为借词或同源词，暂宜存疑，留待以后解决。

划清固有词和借词的界限，特别是鉴别尔龚语中的藏语方言借词，除上述方法外，还可采取如下方法：

首先，在语义方面，尔龚语中有很大一部分现代藏语方言借词与固有词并用。在人们的日常生活中，一般使用固有词，而部分借词则只在民间文学、歌词或故事中使用。这是辨认现代藏语方言借词的方法之一。例如：

尔龚语	藏语	汉义
ɣbu	n̥i ma	太阳
ɬə ɣnə	nda va, rdza va	月亮
wdʑu	rtsam ba	糌粑
rɣi	rta	马

其次，从固有词和现代藏语方言借词的派生能力来看，固有词的派生能力很强，它不但可以和本语词组合起来派生新词，而且还可以和藏语方言借词组合起来派生新词。相对来说藏语方言借词在尔龚语中的派生能力较弱，这也是区分藏语方言借词和同源词的一个重要方法。以va“猪”、rɣi“马”两个固有词的派生情况为例：尔龚语固有词va“猪”，可以派生出vɛ ji“种猪”、vɛ lmɛ“母猪”、va phru“白猪”、va rn̥a“黑猪”、va khra“花猪”、vɛ ze“猪仔”、va lgə“猪食槽”、vɛ go“猪圈”、va χsu“养猪”、va se“猪血”、vɛ ʂko“猪蹄”、va tshɛ“猪肝”、va ʂtshi“猪油”、va dzi“猪草”、va thi“猪食”、van ntɕə“杀猪”等；尔龚语固有词rɣi“马”，可以派生出rɣi phru phru“白马”、rɣi rn̥a rn̥a“黑马”、rɛ mɛ“母马”、rɛ kve“小马驹”、rɣi cçhi“骑马”、rɛ ʂtsho“马嚼子”、rɛ zʁə“马笼头”、rɣi qe mkhən“赶马人”等。

通过上述方法，可以有效地区分出尔龚语中的固有词和借词。

2. 随欲名和随立名

尔龚语词汇的来源主要有两方面：

一是随欲名（vdod rgyal gyi ming），又可称为原始词或根词。这类词是指最初对事物命名时，不凭借理由，由原始先民命名者随心所欲任意所立。这类词音义之间没有必然的联系，音义的结合是全体社会成员共同约定俗成的。例如：

vdzi　人	tɕɛ　路
ɣrə　水	kha va　雪
ɣmə　火	jo　房屋
qhar　燕子	tɕe　帽子
spo　草坪	qhə zi　碗
kə ta　狗	skhja　喜鹊

二是有理据的、可以论证的随立名（rjes grub kyi ming），又可称之为复成词或后成词，指的是依义依音选用基本词根新构成的语词。这类复成词按构词方式的不同又可分为复合词和派生词两类。例如：

派生词	复合词
rɟɛl bə　国王	ʁə sbrɑ　头发
rɟɛl mu　女王	ɮə zgo　田埂
zgrɑ ba　徒弟	sta rbu　蜜蜂
loŋ ba　山谷	ɕoŋ tok　水果
fɕɛ mkhən　说话者	ɣrə tsɛ　热水
dɛn nbə　瓶子	shə n̥ə　木耳

（二）词汇的类别

1. 按音节分类

按音节的多少，尔龚语的词可分为单音节词、双音节词和多音节词3类。

（1）单音节词

单音节词是只含有1个音节的词。尔龚语中，这类词所占比例近三分之一，以实词居多，尤以动词、名词和形容词等实词为主。例如：

ln̥i　听	ngə　吃
bjo　飞	pqo　天
ɕə　走	ɮɛ　来
lvo　冰	mbru　雷
nɑk　森林	ɮe　麦子
ɕi　青稞	dzo　桥

（2）双音节词

双音节词是含有两个音节的词。尔龚语中，这类词占大多数，其中表示事物名称及性状特征的词双音节居多。例如：

zgre ma　星星
scçɑ lu　闪电
xtçɛn zɛn　野兽
bji ma　沙子
rgə ma　石头
ʂtshav kha　秋天
qha si　明天
pə gə　今晚
ɮa zpja　拍手
n̥a n̥a　黑色
rjɛ sn̥u　蚕豆
lɑ ʁɑ　绵羊

（3）多音节词

多音节词是含有3个或3个以上音节的词。尔龚语中，这类词所占的比例较少。例如：

ɮa sxɛ xɛ　招手
spə pa nɬhi　拔毛
a ʑɛr ʑi　一会儿
a və sn̥i　昨天
ɣnɛ qu qu　黑洞洞
phə ɬɛ ɬɛp　灰扑扑
a mə qɑ rɑ　蜘蛛
səm nə pa　农民
və zɮa ma　短袖藏袍女式
n̥i phrei va　蜈蚣
du ba ra mgo　蝎子
ndzən bu spu ncçhɛn　蟾蜍

2. 按构成语素数量分类

根据构成语素的数量，尔龚语的词可以分为单纯词和复合词两类。

（1）单纯词

单纯词是由1个语素构成的词。这类词又可分为单音节单纯词和多音节单纯词。

① 单音节单纯词。例如：

zdo　云
ndʐa　彩虹
rɑ　悬崖
n̥ə　耳朵
lvo　冰
sni　鼻子
rze　露
jɑ　嘴巴
ɮa　手
ŋa　我
çə　牙齿
thə　他

② 多音节单纯词。例如：

a mə qɑ rɑ　蜘蛛
lə phu　树
a su pa　磁铁
ga çɛ　上午
qɑ ɮe　乌鸦
lə kə da　松球

sccɦɛl ʁu　鸽子　　　　nan tɕo ma　乌龟
pa gu　口袋　　　　qɑ ɮe　乌鸦
rve qe　兔子　　　　ɛn ti　樱桃

（2）复合词

复合词是由2个或2个以上语素构成的词。依其结构方式可分合成式和附加式两类。合成式复合词由两个或两个以上词根语素构成，附加式复合词则由词根语素与附加语素构成。

① 合成式复合词。例如：

çɛl zgu　镜子　　　　ve me　父母
ʁje ʁlun　左右　　　　sni ɣɟi　鼻孔
phru n̥a　黑白　　　　ɣrə ʂkhu　冷水
xtshə ndji　红土　　　　ʁə sbrɑ　头发
zɛ khõ　饭馆　　　　ndzu̥ khõ　旅馆
dəm skrə　熊胆　　　　stɑ rbu mbjo　蜂窝

② 附加式复合词。例如：

a pa　爸爸　　　　a mə　妈妈
lʁa mə　疯子　　　　ʂkə mə　小偷
mbar tsha　麻子　　　　tshɛ vu　侄子
vzu pa　工人　　　　ʁjo mu　女佣
smɛn ba　医生　　　　rŋan pa　猎人
mgar ra　铁匠　　　　tshɛ mu　侄女

3. 按语义分类

根据词与词之间的语义关系及音义联系，可分为单义词、多义词、同义词、反义词、同音词等类型。

（1）单义词和多义词

单义词，一个词只有一个义项。例如：

ʁɑ　门　　　　lvi　斧头
ndʑa　彩虹　　　　ʁə ɣzə　麻雀
zʑə　卖　　　　tshɛ　羊
smo　毛　　　　jɑ　嘴
ɣbu ntɕu　日食　　　　ɬə ɣnə ntɕu　月食
gur　帐篷　　　　xə　犏牛

多义词，一个词有两个或两个以上意义，且彼此有关联，其中有一个是本义，其他义项都是在本义基础上派生而来。例如：

snˌi　有“天”“日子”等义。

sa tɕha　有“土地”“地方”“……处”等义。

dʑə də　有“书”“信”“字”等义。

ndzu　有“坐”“（植物）成活”等义。

ʂka　有“累”“困难”“辛苦”等义。

mblan mblan　有“光滑”“细腻”“柔软”“和气”等义。

（2）同义词和近义词

同义词是指语音形式不同，词义相同的词。近义词是指语音形式不同、词义相近的词。尔龚语中表同一语义的固有词和借词就是同义词。例如：

wdʐu——rtsam ba　糌粑

zɑ mɑ ngə——dʑa thi　吃饭

qa ʁə——la——ri　山

ma χe ——ɕhə ɣloŋ　水牛

qhɛ sɬu——rga——rtɕjɛ　喜欢

mdʐa mdʐa——she rə——thə bei ŋə rə　一样

固有词中有一些词义相近的动词，在具体的语境中还可表现出对词义的选择性。例如：

ngə　吃（固体）　　thi　吃（面）、喝（水）、抽（烟）

rtɕjɛ　爱（小孩或老人）　　rga　爱（男女之间）

（3）反义词

反义词是指语音不同、词义相对或相反的词。

pə ŋa　男子　　sme　女子

ga ɕha　早上　　gə zə　晚上

tɕha　上面　　və　下面

xcçhi　开~抽屉　　zgrə　关~门

zŋi　借　　xsav　还~东西

rə xsɛ　满的　　stoŋ ba　空的

gɛ cçhɛ　大　　gɛ de　小

gɛ lvu　粗　　xtsho xtsho　细

mɟo　快　　vɛ lve　慢

a də pei　这样　　thə pei　那样

（4）同音词或近音词

同音词或近音词，指语音相同或相近、但语义不同的词。例如：

ʂ̥tsa 根~茎　rtsa 草　ʂ̥tsa 脉~络

rŋa 打猎　ŋa 我　rŋa 脸

də 有　zdə 灌溉　ʁdə 德尔[①]

sɬhə 梯子　ɬə 牛奶　fɬə 种子　ʂ̥lə 面粉

二　借词

借词是民族关系的一种见证，是研究民族接触史的一项重要材料。尔龚语中的借词其来源主要有3个：一是来自汉语；二是来自藏语借词；三是来自梵语借词。

（一）来自汉语的借词

道孚地处汉藏语言交接地带，自古就是茶马古道的交通要道和康北门户及军事重镇，因此，有些汉语词汇借用的历史较早。如今，随着社会的发展，涉及政治、经济、科技等文化方面的新词新语源源不断地被吸收到尔龚语中。正如萨丕尔（E.Sapir）所说："语言，像文化一样，很少是自给自足的。""一种语言拥有（相当大数量）的借词，这并不表示该语言词汇贫乏，也不会损害该语言的民族独特性。任何借词一旦进入某种语言，就要服从、适应该语言的内部规律。吸收必要的借词可以使词汇更加发展，更加丰富。"[①]尔龚语中的借词也正是这样，不管其借自于何种语言，都是按该语言自身的语音结构特点和语法规则对所借之词进行一番改造之后才加以使用的。汉语借词的借入方式，主要有全借和半借半译等形式。

1. 音义全借的方式。例如：

ŋou 藕　tɕu tʂ̥aŋ 局长

huo tʂ̥he 火车　bo tshɛ 菠菜

dʐ̥a 茶　be tshɛ 白菜

tɕɛn tau 剪刀　kuŋ tʂ̥han tɑŋ 共产党

li tsə 梨（子）　tə fu 豆腐

wɑ dzə 袜子　guɑ tsə 瓜子儿

tʂ̥hə dzə 尺子　loŋ tʂ̥hɑ 蒸笼

ʂ̥u tɕi 书记　kuŋ sə 公司

dian den 电灯　dian ʂ̥ə 电视

① 转引自上海外国语学院、哈尔滨外国语学院编（1956）。

2. 半音译、半意译的方式。遵循自身词语结合规律，以汉音译语素与本地话意译或固有词素组合。例如：

pe tɕin vdzi　北京人　　tʂhen du vu　成都人
ji rik　彝族　　man rik　满族
ji me khvɛ　掰玉米　　tshɛ rŋə rŋə　炒菜
rɟja vza kuŋ tɕio　文成公主　　goŋ ma thaŋ thɛ tsoŋ　唐太宗

（二）来自现代藏语方言的借词①

尔龚语作为中国四川省部分藏族使用的一种语言，它的使用群体与周围藏族族群一样拥有共同的人文生态环境，如共同的文化基础、人文地域特征和语言文化心理等。因此，尔龚语中自然会拥有大量的现代藏语词汇。

1. 尔龚语与藏语的同源词及现代藏语方言借词

（1）整个词同源的。例如：

尔龚语	藏语	汉义
stɑ	stag	老虎
zga	sga	马鞍
lu tɕhoŋ	lo tɕhoŋ	年轻人
tɕoŋ ndzɛr	mdzer ma	钉子
skɑ mba	skam ba	火钳
ɣzuk pu	ɣzuk po	身体

（2）部分语素同源的。例如：

尔龚语	藏语	汉义
va xsu	phags gso	养猪
rgə rgu	rgan po	老人指年长的男子
rɟja ma cçhə	rgya ma rgyag	称～重量
xcçəl thap	thab ka	灶
ɣrə tsha khi	tɕhə tsha khi	热水
ba bə	mbu	虫子

2. 借入方式

公元7世纪以后随着吐蕃疆域的东扩，道孚地区受到了博大精深的藏族文化及其精髓

① 道孚藏族自称“bud”或“bu ba”，是藏族的族群之一。这里的现代藏语方言借词是指道孚语固有词之外的借自现代藏语方言的词汇。

佛教文化的全方位浸润。因此，在尔龚语中自然会有大量的藏语方言借词。借入的方式主要有全借、半借半译、半借藏半借汉等3种形式。

（1）音义全借的方式。例如：

tɕhu 宗教 ɬa 菩萨，天神

ʦhak par 报纸 ge luk pa 格鲁派

la ma 喇嘛 sa scça pa 萨迦派

rn̥oŋ ma va 宁玛派 sruŋ ma 护法神

hgen ɣdən 僧伽 bon po 苯波派

rlo rta 龙达 dzə̢l və 铃铛

（2）半音译、半意译的方式。例如：

ɣrə tsha khi 热水 ʑ̥a cçhu 烫手

tsu ndzu̢ ncçhə 计算 kha rda və 聊天儿

jɑ cçhɛ 大嘴巴 le ska və 干活儿

（3）半借藏、半借汉的方式。例如：

mə maŋ kuŋ ʂe 人民公社 tʂuŋ jaŋ si ʐoŋ 中央政府

kuŋ tʂhan ri luk 共产主义 rdzoŋ wei ʂu tɕi 县委书记

（三）梵语借词

在尔龚语的词汇中，除了有大量的汉语词汇以外，还有相当数量的梵语借词。从历史上看，自佛教传入藏地后，由于统治者的信奉和大力扶植，佛教逐渐传播到了远离卫藏中心的康巴藏区，渗透到了康巴藏区民众生活的方方面面。自公元7世纪初藏文创制到佛经翻译开始，梵语对藏语和藏族文化产生了深刻的影响，很多梵语借词随着佛经翻译传播迅速进入藏语，其中部分借词经过不同时代的消化逐渐渗入尔龚语中。这些梵语借词主要是有关宗教文化方面的，除少数词语以外，基本上都是全借。

1. 全借的方式。例如：

mə tiek 珍珠 pə ta la 布达拉宫

gə rə 上师 po te 书卷

ʦha ʦha 擦擦一种模制小型佛塔、佛像 mɑ ndzɑ̢l 曼陀罗

ma χe 水牛 pad ma vbyung gnas 莲花生大师

ma ni “六字箴言”简称 tsen den 檀香

ba den 旌旗 pen dzə̢ ta 精通五明学者

dzu̢ vu ɕa cça mə n̥i 佛陀释迦牟尼 a ta pa la 睡莲

pe ma 莲花 a tsa ra 游学僧

ba ndza　金刚　　yo ga　瑜伽

na mu　皈依　　kə mud　白邬菠萝罗花

2. 半借的方式。例如：

rma pja　孔雀　　gaŋ ti sə　冈底斯山

pe ma me tok　莲花　　pen dz̧ə ta tɕhin po　精通五明的大学者

ɕho lo ka daŋ pu　首卢偈一佛经散文中夹用的4句共32音节的韵文

3. 其他。尔龚语中还有一些词较为特殊，它们与藏语中指称同类事象的词在类型上并不同：藏语中使用本语词构成，而尔龚语中却基本上都直接使用梵语借词来指称，且这些梵语借词都已植根于尔龚语的基本词汇中。例如：

尔龚语	藏语	汉义
kə ta	khyi	狗
khan da	mŋar tɕha	糖果
a mə qɑ rɑ	sdom	蜘蛛
kam pa le	kam pa li	毛毯
me rɑ ma	me phor	炭火盆
də gə la	dar srab	纺绸
ʂko	rkang	脚
kɑ pɑ la	dpral ba	额头，颅骨

这种情况，在同语族语言中非常罕见。

（四）其他借词

除上述三大借词来源外，尔龚语中还有一些来自其他语言的借词，不过所占比例很少。

1. 波斯语借词。例如：

sən gi　狮子　　sər na　唢呐

dam bu ra　一种弦乐器

2. 阿拉伯语借词。例如：

gər kəm　藏红花　　a rɑ　酒

3. 蒙古语借词。例如：

dʑiŋ ger rɟjɛl bə　成吉思汗　　pən tɕhen ər te ni　班禅额尔德尼

vu lag　徭役　　tɕhol kha　流行区

gu ʂə han　固始汗　　ka to ra　铜盘

tɕən gar　准噶尔　　ho ɕod　和硕特

4. 满语借词。例如：

am ben　官员、大臣　　χu tu gə tu　呼图克图

5. 英语借词。例如：

pa sə　执照、通行证　　bom　炮弹

tɕho kho lit　巧克力　　a mu ri ka　美国

rʄa pən　日本　　jin jiɛ li　英国

第四节

民俗文化词

道孚藏族的民俗文化内容丰富、异彩纷呈，反映在衣食住行、婚丧礼俗、节日喜庆、宗教信仰、民间艺术、生产习俗等诸多方面。在这样一幅色彩斑斓的民俗文化事象图中，尔龚语起着核心的作用。可以说，尔龚语是道孚藏族民俗文化的天然载体，是维系道孚藏族社会联系的纽带，是积淀道孚藏族思维成果的贮存所。本节拟从尔龚语词汇中选择20多个具有典型意义的民俗文化词语，以图片和简要的文字说明来加以具体的展示。

一　建筑类

（一）jo“房屋”

在尔龚语中，jo指的是“房屋”，外界称之为“道孚民居”。道孚民居是道孚乃至康北最具地域特色的藏族建筑。

道孚民居从建筑结构到建筑理念上充分表现出对稳定与和平生活的追求与向往。在建筑材料上，道孚民居以木材、石材、泥土为主要原料，依山而建、坐西向东，采光舒适。白墙红壁花窗，“品”字滴水檐。室内装饰基本用红黄基调。民居外形多为四方形，二楼呈L形、凹形或回形，四壁多以片石砌墙或用泥土夯筑而成，建筑的内层结构均以木材为建筑材料。室内精雕细镂，描金绘彩。

道孚民居以其“规模宏大、精美绝伦”的特色boŋ kho“崩科”（藏式穿斗相嵌木质屋架结构）藏式建筑风格而闻名海内外。道孚民居外观朴素大方、典雅端庄、内设豪华，冬暖夏凉，防震舒适，融民族风情、建筑、绘画、雕刻艺术为一体，堪称藏区一绝，道孚也因此被誉为“藏民居艺术之都”。目前，其抗震和美观的独特建筑风格已辐射到了周边区县。民居建筑中涉及ɕɑ“屋子”、boŋ lep“板壁”、tɕhot fko“厕所”、ɣmə qe“厨房”、

图1　道孚民居　葛卡乡 /2017.7.25/ 根呷翁姆 摄

ʁdu ʂta “檩”、ldzə “柱子”、ʁɑ “大门”、ʁɑ zo “门槛儿”、ʂgu ɣʄi “窗”、sɬhə “梯子”、tʂa ka “屋檐”、ʁdu ʂta “梁”、ndʑ̥ɛ rə “椽子”、ndʑ̥ɛ mɛ “木料”、ʄjoŋ “墙”等众多建筑类词汇。

（二）sgor dzo “锅庄”

“锅庄”是茶马古道上的典型建筑，在当时具有居住、屯货、商品集散等多种功能。

传统锅庄一般为3层，正方“回”字形土木平顶建筑，中为天井。底层关牲畜，二层为环形走廊，向阳开窗，客厅、客房、寝室、贮藏室、厨房等尽在其中，厕所建在拐角处。三层称ntsa “咱”，一般修有南北西三面敞房，隔置一两间为经堂，其余用来堆放草及麦秆，一般占地200—600平方米不等。与民居一样，锅庄四柱间为1空①，规模大小不等，小的41空，大的80

图2　锅庄一角　团结一村 /2018.8.6/ 根呷翁姆 摄

① 道孚民居多以房屋所用柱子和梁构成的空格为计量单位，尔龚语称之为khõ “空”。一般四柱之间为一空，一空约为25平方米。

余空。锅庄门前留有院坝，修有平房若干间，供过往商员关骡马之用。目前，道孚仍有一处保存较好的锅庄，该房为“﹁”形排列，木石结构，底楼分为若干间房，有用于独立房间的，有用于堆杂物的，有用于关牲畜的，每间均各自有朝院开启的门。楼上为主人居处，西厢房分为客厅、经堂、卧室等，外有回廊相连，东厢房为客房。旧时多由茶马古道上的经商人居住，现为家庭住房使用。

（三）ȵi mtsho rgən ba“灵雀寺”

灵雀寺，全称“灵雀兴盛寺”。ȵi mtsho意为“阳山湖”，因县城对面的“神湖”（本地人称之为“海子”）而得名。灵雀寺是霍尔却吉·昂翁彭措在康区所建的霍尔十三寺之一[①]，距今有380多年历史。该寺坐北向南，面向鲜水河对岸的“勒德序姆神山”，背靠“格尔普神山”，占地百余亩。寺院内建有大殿、甘珠尔殿、金佛殿、护法神殿、辩经堂、文物殿、印经院、喇嘛坦吉会议厅、列巴办公室等，建筑面积约5000平方米，四周为高墙，设有四道山门。整个寺院依山傍水，呈阶梯式建筑群状，是道孚寺院建筑的代表。

图3　灵雀寺大殿　鲜水镇/2017.7.16/根呷翁姆 摄

---

① 十三寺指甘孜寺、德格扎科更萨寺、甘孜拖坝孔玛寺、甘孜扎科桑珠寺、甘孜绒坝岔大吉寺、甘孜扎科乡扎觉寺、今炉霍县城章谷寺（寿灵寺）、章谷西科寺、朱倭卡娘绒寺、朱倭班日寺（又称觉日寺）、灵雀寺、甘孜拖坝孜苏寺（又称则色寺）和甘孜东谷寺。也有人认为十三寺中有甘孜生康乡白利寺和西则寺，西科和娘绒寺不属于霍尔十三寺。

（四）rnam rɟjɛl mtɕhu rten “殊胜白塔”

“殊胜白塔”是康区最高的佛塔之一，坐落于城郊柳日河畔。塔名由十世班禅大师亲笔题写。塔高53.24米，塔基长宽各28.4米，由中央主塔和24座小佛塔组成。13层密檩飞檐的空心塔内设木梯，可攀登至塔顶。大小塔均呈宝瓶状。主塔内的16个佛堂中供奉藏传佛教各教派神像58尊，收藏《大藏经》等佛教典籍数百卷，周围设铜质转经筒168个，是道孚地区不分教派的标志性佛塔建筑。

图4 殊胜白塔

鲜水镇 /2017.7.16/ 根呷翁姆 摄

二 服饰类

服饰文化是民族物质文化特征的重要标志之一。道孚藏族服饰具有康巴藏区的基本服饰特点，女性服饰与相邻区县的服饰在穿戴方法等方面略有差异，形成了具有道孚地域特色的服饰风格特征。道孚藏族的服饰文化与该地区经济生活、生产方式、地理环境和文化习俗等有十分密切的联系。道孚主要属于农耕文化区域，因此服饰类型较为丰富。

（一）phu gus “男性藏袍” 及 rɟjɛn tɕha “饰品”

男性藏袍分短袍和长袍两种。stoŋ pho “短袍”多用呢料、毪子、镶金绸缎、棉等料缝制，右襟齐腰镶边，竖领或无领锁边。颜色多为绛、紫、褐等颜色，有冬夏之分，冬装里料用羔羊皮缝制。khep ççoŋ “长袍”分单袍和双层长袍等。长袍为圆领直襟右衽宽袍，袖筒粗大，袖长及地，由棉、毛、氆氇、绒、绸、缎、皮等制成。平时多穿棉、毪子、绒等缝制而成的长袍。节日里的长袍主要有stɑ ɕhiɛ ma “达谐玛长袍”、rzo ɕhiɛ ma “若谐玛长袍”、mphru dʑə ba “氆氇长袍”，以及用细呢、羊羔皮等缝制的长袍。男性藏袍无论冬夏均为有袖式，袖和身长都比女式略长，无纽扣，用绸缎类和毛料的腰

图5 道孚男性藏袍及饰品

团结一村 /2013.1.28/ 根呷翁姆 摄

带系于腰间。男子穿时将衣襟下摆提高到膝部，使上身部分自然垂垮。男性的ɕjan tsə“衬衣”有竖领开襟右衽滚边银（铜）扣式，滚边多为黄色金缎，竖领较高，袖长过手约5寸，色多为白、绛、黄等；衬衫的面料多为绸缎、棉布和a di“阿德”[①]等。节日里，男子多穿用a di“阿德”缝制的白色宽筒灯笼形裤子和藏靴、马靴等。

常见的男子饰品主要有：ske rɟjɛn“颈饰”、bji rə spo ɕi“珊瑚蜜蜡”、ɣzək“九眼珠”、rna loŋ“男式耳环”（只戴一只，现在普遍不戴）、ga vu“嘎乌”[②]、ga vu kar ɣtɕak“嘎乌嘎迦”[③]、rdu ku“钱包”、jin khe pə rzi“腰刀”、ʂkoŋ mgrə“长剑”、ngə ja“戒指”等。

（二）phɑm mgo tɕe“狐皮帽”

道孚男子常戴的帽子类型与其他藏区相差不大，但是有一种帽子的款式有别于其他地区，是道孚藏族地域性服饰特征之一，这就是道孚男子喜戴的狐皮帽。据《册府元龟》记载：“吐蕃征服的各部族依然保持自己的服饰面貌：附国——其俗以皮为帽，形圆如钵，或戴幂。衣多皮裘，全剥牛腿皮为靴，项系铁锁，手惯铁钏。王与酋帅金为首饰，胸前挂一金花[④]，径3寸。”道孚地区男子的狐皮帽呈圆顶筒形。筒高30厘米，使用色泽好的整张狐皮缝制而成，狐头和狐身尾部缝有红色彩带各一根，戴时两根带相系，使其成环状，安在头上，狐尾在脑后自然下垂。狐皮帽不仅用于防寒，而且是道孚藏族男子帽子中的一件装饰品。[⑤]

图6　狐皮帽　团结一村 /2018.8.6/ 根呷翁姆 摄

（三）mu gus“女性藏袍”及rɟjɛn tɕha“饰品”

女性藏袍一般为长袍。分长袖长袍、无袖长袍、单袍和双层长袍等类别。长袍为圆领直襟右衽宽袍，袖筒粗大，袖长及地，由棉、毛、绒、绸、缎、皮等制成。平时多穿棉、毪子、布、绒等缝制的长袍。在节日里，道孚女子多穿ʂsəm ɕhiɛ ma“瑟谐玛长袍”、mphru dʑə ba“氆氇长袍”、tshɛ rə“羊皮长袍”、zbjə rma“夹衫”、khep ɕçoŋ“长袖长袍”、və zʒa ma“无袖长袍”等。女性穿戴时下摆需与脚踝相齐。衬衣有竖领开襟右衽滚边银（铜）扣式，色泽款式多样，腰间系mtha va“围腰”。

---

① 一种产自印度、尼泊尔的纯棉白色面料。

② 戴于胸前的护身佛盒。

③ 斜挎于腰间的护身佛盒。

④ “金花”，可能是指“嘎乌”，即护身佛盒。

⑤ 近年来，民众不再穿戴野生动物皮毛制作的衣服和帽饰。

图 7　道孚女性藏袍及饰品
鲜水镇 /2008.1.6/ 多吉 摄

图 8　道孚未婚女子发式“嘎机”
鲜水镇 /2000.7.6/ 翁姆 提供

女性常戴的饰品主要有 ske rɟjɛn“颈饰”、ga vu“嘎乌”、rdok ku“钱包”、loŋ thu“耳环”①、nkhvo sgu“库爱古”（女子腰饰）、tɕha ma“恰玛”（女子腰饰）、tɕiɛ pu“杰普”（女子腰饰）、lɛ ki“手镯”、lo zoŋ“鲁绒”（女子腰饰）、ngə ja“戒指”等，其种类繁多，款式各异，做工精细，用料考究。

此外，道孚女性传统的发式也独具地域特色，分为两种。一种是 ɣnə ʁə“妇女发型”，如图 7 所示。这种发型将头发从顶部分梳成左右两束，用红头绳相绕编成左右两辫后互交环盘于头顶。另一种为未婚女子的独特发式，称为 ʁga tɕi“嘎机”，如图 8，其为独辫，编、盘方法颇为考究。一般女孩在 15 岁左右时，将头发和红头绳相绕编成独辫盘在头上。编发时，要与红头绳相绕，红头绳一般在头发编了一段后与发相接，并同头发相编直到头发编完，红头绳一般留 10 厘米左右。编发时，为了不使发辫弯曲，一般都会放一小木（竹）棍在发辫始编处，盘发时使该处的发辫有一部分外凸，呈锥形，在耳背右下支出。

① 道孚女子的耳环，用金或银制作，下面再配以珊瑚装饰，是道孚藏族地域性服饰特征之一。由于其造型独特、精美雅观，近年来开始在周边县域流行。

三　民俗类

（一）tɕo lŋa mtɕhod pa“酥油花”

图 9　灵雀寺的酥油花
鲜水镇 /2018.3.1/ 多吉 摄

酥油花，名为tɕo lŋa mtɕhod pa“觉安曲巴”，是用酥油制作的一种特殊形式的雕塑艺术。其制作工序有6道，即扎骨架、制胎、敷塑、描金、束形、开光；需要在纯净的酥油中揉进各色矿物染料制成雕塑用的胚料，然后在寒冷的房间中搭架雕塑，在藏历正月十四制作完成。藏历十五晚上，皓月升起，华灯初放，道孚地区便迎来了一年一度的元宵酥油花灯会。届时观光者多达数万，人山人海，热闹非凡。灵雀寺的酥油花以工艺精湛、规模宏大、内容丰富、雕塑细腻而著称，题材多以人物、建筑、花卉、山水、亭台楼阁、飞禽走兽、树木动物为主，人物造型生动逼真、色泽艳丽，在康巴极富盛誉。

（二）ŋgre lek“格勒”

“格勒”即道孚歌庄，尔龚语为ŋgre lek，ŋgre意为“排列”，lek意为“跳舞或做”，整体意为圆圈舞，是道孚藏族重要的民间舞蹈之一。在道孚，每逢节日、庆典、婚嫁喜庆之

图 10　格勒　团结一村 /2013.1.28/ 根呷翁姆 摄

际，庭院里，草坝上，男女各排半圆拉手成圈，有一人领头，分男女两组用歌舞的形式一问一答，反复对唱，边歌边舞，无乐器伴奏。舞蹈由先慢后快的两段舞组成，基本动作有“悠颤跨腿”“趋步辗转”“跨腿踏步蹲”等，舞者手臂以撩、甩、晃为主变换舞姿，队形按顺时针行进，圆圈有大有小，偶尔变换“龙摆尾”图案。舞蹈优雅美观、庄严肃穆，歌词中充满着吉祥的祝福，是道孚民众重要场合必备的歌舞形式之一。

（三）soŋ ko“煨桑台”

煨桑是藏族祭天地诸神的仪式。在道孚，几乎家家户户都修有煨桑台。根据煨桑的不同地点，煨桑台主要分3种：一种是建在民居阳台上或屋顶处的煨桑台，一种是建在“神山圣水”处的煨桑台（有的是简易煨桑台），还有一种是建在寺院、佛塔处的煨桑台。每逢藏历新年或重要日子，民众会煨桑祈祷。煨桑时，先将柏树枝放置煨桑台点燃，然后撒上些许专用的soŋ wdʑu“煨桑糌粑”，最后再用柏枝蘸上净水向燃起的桑烟洒3次，口诵箴言；同时在煨桑台处敬献糖果等，然后在经幡柱上挂起五彩的经幡，用开过光的ɕi“青稞”、ʁe“麦子”等，撒向煨香台祈祷，以示对诸神的供养。

（四）rŋa pa ptɕə hsəm“安巴节”

rŋa pa ptɕə hsəm“安巴节”，意为（藏历）5月13日。（藏历）五月是高原的黄金季节，正是青苗茁壮、春暖花开的农闲时节。这天的清早，道孚民众会焚香祈祷，举行祭拜菩萨、祭拜山神、在自家农田插白羊毛等仪式，以祈求风调雨顺，吉祥平安，五谷丰登。民众进行祈祷后，就在附近的山坡、草地上或塔子坝等开阔地带搭帐篷“耍坝子”。这样的活动一

图11　煨桑台　格西乡 /2017.7.16/ 根呷翁姆 摄

图 12　观看安巴节文娱演出的民众　道孚县鲜水镇 /2017.7.29/ 根呷翁姆 摄

般要延续5到10天。期间，还会举行大型的文娱活动。可以说，安巴节是道孚地区民间最具特色的民俗性传统节日之一。

四　农耕类

（一）ɮe zde çi mu“勒德序姆”

道孚藏族是川西藏区主要从事农业的族群之一。道孚依山傍水，土壤肥沃、气候温和，

图 13　勒德序姆　城关 /2017.7.24/ 根呷翁姆 摄

十分适宜从事农耕生产，因而有着很久远的农耕历史。县城对面有一座以粮食命名的“神山”——ʑe zde ɕi mu“勒德序姆”，意为“麦粒神山”。值得注意的是，藏区“神山”虽多，但大多是与宗教有关，与粮食有关的却很少。从这个意义上说，“勒德序姆”的起源可能较早，是道孚地区农耕文化中有关粮食崇拜的有效佐证，也是道孚地区农耕文明的标志之一。

（二）ɕi“青稞”、ʑe“小麦”

青稞和小麦是禾本科大麦属的禾谷类作物，也是道孚藏民的主要粮食。道孚作为康北的农区，有着悠久的栽培历史。可以说，农耕生产不仅是道孚藏族基本生产方式和主要的生活来源，而且也是道孚传统文化的基础和核心组成部分。自古以来，道孚一带就是重要的粮食基地，同时也是重要的军事战略要地。据相关文献资料记载，公元7世纪，道孚一带曾是吐蕃军队南征和向东扩张的粮草大本营；元朝忽必烈南征大理，也取道于此；清末，清政府加强了对西康的开发、屯垦，使得道孚的农耕生产活动得到了长足的发展。据本地老人说，小麦的3个品种最初产于道孚，其中以stɑ wə tɕhə dzɥo“道孚水麦”最为出名。长久以来，在以农业经济为基础的生产生活方式及农耕文化中，道孚藏族逐渐形成了自己的文化特点，在语言的词汇系统中形成了一系列有关mbre mbrə“粮食”的词语，如ɕi“青稞”、ɕi phru“白青稞”、ɕi n̥a n̥a“黑青稞”、ʑe“小麦”、sn̥u“豌豆”、ji me“玉米”、sn̥u phru“白豌豆”、zbrə və“荞麦”、ʁwə“燕麦”等。

图14 青稞田和远处的麦田 葛卡乡 /2017.7.25/ 根呷翁姆 摄

（三）rza qhə “背篓”

背篓是人们日常生活中使用的一种工具，主要是用篾条编成的筐状背具，形状成倒金字塔形。它的制作简单，形态多样，大小不等，使用起来非常灵活，适用于高原不同地形下背运不同性质的物品，是传统生产劳动中必不可少的工具。

（四）krɑm tshɑ “细筛”

道孚藏族习惯按照筛孔的大小对筛子加以区分。其中，筛孔较大的称为ɕja zbja “粗筛”，筛孔较小的称为krɑm tshɑ “细筛”。细筛是一种由竹篾编制而成的圆状筛具，在日常生活中用途广泛。细筛一般用来筛青稞、小麦等粮食作物或晾晒谷物、菌类等。细筛的操作需要掌握一定的技巧，使用时要将筛子端平，然后左右颠晃转圈，使杂物集中于细筛中心，然后取出杂物；与此同时，细筛还可以将细小的沙石杂物筛除，是道孚农区必不可少的农业器具。

图 15　背篓　团结一村
/2017.7.25/ 根呷翁姆　摄

图 16　细筛　团结一村
/2017.7.25/ 根呷翁姆　摄

五　生活器具类

（一）zoŋ ŋa “铜锅”、zoŋ və “铜瓢”

道孚藏民家中的铜锅按其形状可分为宽口圆腹形和收口圆腹形两种，其中宽口圆腹形更为常见。一般每个家庭都有一两口铜锅，用于熬茶或作为盛水的器皿。铜锅大小不等，特大的铜锅高深1.5米，宽径近两米，可供两千余人饮茶，一般见于寺院。铜锅外侧腹上和颈口都有浮雕图案和符号。

铜瓢是传统的舀水、盛茶工具，种类繁多，大小不等。依其形状可分为膨腹圆口型、口边外翻长柄型、立口短柄型、小瓢头长柄翻口型、大瓢头竖口短柄型。瓢柄都带钩，以便挂于绳索等物体上。茶瓢一般都是小瓢头长柄翻口型，主要用于簸扬茶水，使茶出色及

图 17 铜锅、铜瓢 鲜水镇 /2017.8.3/ 根呷翁姆 摄

图 18 野牛角酒器 鲜水镇 /2017.8.3/ 根呷翁姆 摄

盛倒茶水。

（二）broŋ ra“野牛角酒器”

野牛角酒器曾是道孚藏族盛酒的器具之一。在今天，野牛角酒器为数不多，这些遗存下来的野牛角酒器在特定场合中仍然发挥着它的盛酒功能。比如道孚藏族在喝订亲酒时，野牛角酒器是盛酒的必备器具。

（三）me rɑ ma“炭火炉”

炭火炉是道孚藏族家庭温茶的火盆，腹大口小，有的口沿上有3个支点，用于承托茶壶。炭火炉的特点是炉内下层是炉灰，炉灰之上是炭火，但不出火苗，基本上能够保温壶中茶水，还可以取暖煨香。炭火炉可分为肥体矮身型和瘦体高身型两种；因材质的不同，有铜制炭火炉、陶制炭火炉（黑陶）、铝制炭火炉等类型之分。一般铜制、铝制炭火炉的炉颈、炉腹、壶底都有刻纹雕饰。

（四）其他生活用具

生活用具的种类繁多，涉及日常生活的方方面面，比如ɣbə tɕo“茶壶”、zoŋ ɣbə tɕo“铜茶壶”、rŋəl ɣbə tɕo“银茶壶”、zu kha“铜质挤奶桶”、bər le“铜瓶”、zwɛ dem“铜扁酒壶”、zga“马鞍”等。

图 19 炭火炉 鲜水镇 /2017.8.3/ 根呷翁姆 摄

图 20 铜壶、铜质挤奶桶等 鲜水镇 /2017.8.3/ 根呷翁姆 摄

第四章 分类词表

说明：

1. 本章收录《中国语言资源调查手册·民族语言（藏缅语族）》"调查表"中"叁　词汇"词条，标记"（无）"的词条不收录。第一节为语保通用词，是语保工程调查中汉语方言与少数民族语言共有的调查词表。第二节为语保扩展词，是专家学者根据各个语族的实际情况制定的调查词表。这两节皆分为如下14类：

一　天文地理	六　服饰饮食	十一　动作行为
二　时间方位	七　身体医疗	十二　性质状态
三　植物	八　婚丧信仰	十三　数量
四　动物	九　人品称谓	十四　代副介连词
五　房舍器具	十　农工商文	

2. 第三节为其他词，收录除上述语保通用词和扩展词外的部分天文地理、时间方位、植物、动物、房舍器具、服饰饮食、身体医疗、婚丧信仰、人品称谓、农工商文、动作行为、性质状态、代副介连等方面的词语。

第一节

《中国语言资源调查手册·民族语言（藏缅语族）》通用词

一　天文地理

太阳~下山了 ɣbu

月亮~出来了 ɬə ɣnə

星星 zgre ma

云 zdo

风 xpə rju

台风 loŋ tɕu

闪电名词 ɬɛ ftshə

雷 scçɑ lə

mbru

雨 mə qhi

下雨 mə qhi qhe

淋衣服被雨~湿了 gə bap

晒~粮食 fkhi

雪 kha va

冰 lvo

冰雹 lmu

霜 bɛ mu

雾 zdo mu

露 rze

虹 ndʐa

日食 ɣbu ntɕu

月食 ɬə ɣnə ntɕu

天气 mər ŋa

mə rŋə

晴天~ doŋ

阴天~ zdo

旱天~ thok ʁə ɣro gə rə

涝天~ də zdau

天亮 mə bji

水田 tɕhə ma

旱地浇不上水的耕地 skə mdʑi

田埂 ʒə zgo

路 tɕɛ

山 qa ʁə

山谷 loŋ ba

江大的河 ɣrə
溪小的河 ɣrə zɛ̯
水沟儿较小的水道 ɣrə rɛ
湖 mtshu
池塘 ɣrɛ mɛr
水坑儿地上有积水的小洼儿 ɣrə ncçhər
洪水 tɕhen tɕu
淹被水～了 gə zdɛi
河岸 ɣrə ʁa si
坝草～ spo
地震 sa vgel
xjo si
窟窿小的 ɣʄi
缝儿统称 ɣze biɛn
石头 rgə ma
土泥～ xtshə
泥湿的 ncçɑm bɑ
水泥旧称 ʂuei ni
沙子 bji ma
砖 sha pa
瓦 wɑ
煤 mei
煤油 mei jou
炭 doŋ zʑi
灰烧成的 ɬɛ
灰尘桌面上的 ɬɛ ɬa
火 ɣmə
烟烧火形成的 mkhə
失火 ɣcçɛl sɬu
水 ɣrə
凉水 ɣrə khu
热水如洗脸的热水 ɣrə tsɛ
ɣrə tsha khi
开水喝的 ɣrə lə
磁铁 a su pa

二　时间方位

时候吃饭的～ dus tshu
什么时候 sə də kha
现在 hɑ vdu
以前十年～ ʁna
以后十年～ ɕu
一辈子 tshe a rgə
今年 pə vi
明年 she vi
后年 zʁə vi
去年 a və ʑa
前年 ndʑə ŋə vi
往年过去的年份 ȵi ma na
ŋə kha
年初 lu mgu
年底 lu mtɕuk
今天 pə sȵi
明天 qhɑ si
后天 she de
大后天 zʁə de
昨天 a və sȵi
前天 ndʑə sȵi
大前天 ndʑə ŋə sȵi
整天 a sȵi
每天 bei la də sȵi
早晨 a ɕhɛ
上午 ga ɕɛ
中午 sȵi xcçən

下午 lɛ n̥u

傍晚 gə zə

白天 sn̥ɛ lɛ

夜晚 gə zə

半夜 ɕva xcçin

正月农历 rdza va doŋ pu

大年初一农历 phru ro

元宵节 ʁɑ ɴɢvɛ gə zə

清明 tɕhin min

端午 duan wu

七月十五农历 rdza va ɣden pa ji ʁɑ ɴɢvɛ

中秋 tʂoŋ tɕhu

冬至 ɣbə mkhər va

腊月 lo she tɕiɛ bre

除夕 ɣnam mgoŋ

历书 lo tho

阴历 bu rtsi

阳历 rjɟa rtsi

星期天 ɕiŋ tɕhi sn̥ɛ lɛ

地方 sa tɕha

什么地方 a tɕhə sa tɕha

家里 jo noŋ

城里 rə və noŋ

乡下 la loŋ

上面从～滚下来 tɕha

下面从～爬上去 və

左边 ʁje

右边 ʁcçhə

中间 ɣcçəl gu

前面排队排在～ ŋə ste

后面排队排在～ ɕu

末尾排队排在～ zə ɕu

对面 ji tha kha

面前 ŋə ste

背后 kho sto

里面 noŋ

外面衣服晒在～ phjə

旁边 mtha kha

上碗在桌子～ tɕha

下凳子在桌子～ və

边儿桌子的～ ʁɛ ʁɛ
mthav kha

角儿桌子的～ staŋ gu

上去他～了 rə ro

下来他～了 nə ro

进去他～了 noŋ gə ɕə

出来他～了 phi ji ʑ̥ɛ

出去他～了 phi ji ɕə

回来他～了 ʑ̥ɛ

起来 də rjɛ

三　植物

树 lə phu

木头 ndʐ̥ɛ mɛ

松树 te si

柏树 zjo

杉树 ra na ba dʐ̥ɑ

柳树 rjɛr ɣər

竹子 ʁʑ̥ə

叶子 lba lə

花 me tok

花蕾花骨朵 me tok tok le

梅花 mei huɑ me tok

牡丹 mu dan me tok

荷花ho hua me tok

pad ma me tok

草rdzi

藤ndʑɑ ra

刺名词xtɕhə

水果ɕoŋ tok

苹果phjən ko

桃子khə mbə

梨li tsə

李子li tsə

杏χən tsə

橘子tɕu tsə

柚子jou tsə

柿子ʂə tsə

石榴ʂə liou

枣tsau tsə

核桃sta rga

甘蔗khɛ dan bə scçɑ

木耳shə n̥ə

蘑菇lmo

香菇lmo

稻指植物mbre

稻谷指籽实（脱粒后是大米）mbre

稻草脱粒后的ɕər bu

大麦指植物ɮe

小麦指植物ɮe

麦秸脱粒后的ʐu gu

谷子指植物（籽实脱粒后是小米）gu tsə

玉米ji me

棉花re bən

油菜油料作物，不是蔬菜tshɛ dzə

芝麻ji

向日葵n̥i ma guɑ tsə

蚕豆rjɛ sn̥u

豌豆sn̥u

花生huɑ sən

黄豆χuɑŋ təu

绿豆lu təu

豇豆长条形的tɕaŋ təu

大白菜be tshɛ

包心菜卷心菜，圆白菜la ha be

菠菜bo tshɛ

芹菜tɕhin tshɛ

莴笋wo sen

韭菜tɕiou tsɛ

香菜芫荽ɕaŋ tsɛ

葱tsoŋ

蒜skə

姜tɕɑ zgɑ

洋葱jaŋ tshoŋ

辣椒ho tsav

茄子tɕhiɛ tsə

西红柿fan tɕhiɛ

萝卜lo pu

胡萝卜χoŋ lo pu

黄瓜hwaŋ kɑ

丝瓜kuɑ kuɑ

南瓜la kuɑ

红薯χoŋ ʂau

马铃薯rɟjɛ zo

芋头ju təu

山药圆柱形的ʂan jo

藕ŋou

四　动物

老虎stɑ

猴子ɣzə mdə

蛇统称mphri

老鼠fcçə

蝙蝠sa bdɑ wer

鸟儿飞鸟，统称ʁə ɣzə

麻雀ʁə ɣzə

喜鹊skhja

乌鸦qɑ ɮe

鸽子scçhɛl ʁu

翅膀鸟的，统称çok spɑ

爪子鸟的，统称nɛ ldzə

尾巴rŋa ma

窝鸟的～mbjo

虫子ba bə

蝴蝶ba bə lə

蜜蜂sta rbu

蜂蜜mbu zbroŋ

蚂蚁skhrup

蚯蚓çjaŋ tɕu

蜘蛛会结网的a mu qɑ rɑ

蚊子bə khu

苍蝇və za

跳蚤zɮu

虱子ço

鱼ʁjə

鲤鱼ʁjə

鳙鱼ʁjə

鲫鱼ʁjə

甲鱼ȵaŋ tɕo ma

虾zdo bu la

螃蟹phaŋ çiɛ

青蛙spu ncçhɛn

癞蛤蟆表皮多疙瘩ndzən bu spu ncçhɛn

马rji

驴krə

骡xtɛ

牛khɛl ma

公牛统称pə ke

母牛统称ŋə mɛ

放牛khɛl ma ɮo

羊tshɛ

猪va

种猪配种用的公猪vɛ ji

公猪成年的，已阉的phu phɑ

母猪成年的，未阉的vɛ lmɛ

猪仔vɛ ze

猪圈vɛ go

养猪va χsu

猫tsə lə

公猫phu tsə lə

母猫mu tsə lə

狗kə ta

公狗khə pu

母狗khə mɛ

叫狗～rɛ rə

兔子rve qe

鸡ɣə ra

公鸡phu bja

母鸡mu bja

叫公鸡～（即打鸣儿）qɑp

下鸡～蛋vɮɛ

孵～小鸡sɬho

鸭jɑ dzə

鹅wo

阉~公的猪phu phɑ ftɕe

阉~母的猪mu phɑ ftɕe

阉~鸡ftɕe

喂~猪sthi

杀猪统称ntɕə

杀~鱼ntɕə

五　房舍器具

村庄一个~ rə və

胡同统称：一条~ ɣkə jɛ

街道tɕɛ

盖房子jo phu

房子jo

屋子房子里分隔而成的，统称ɕɑ

卧室rgə re

茅屋茅草等盖的简易厕所ʂcçɑ fko

厨房ɣmə qe

灶xcçəl thap

锅nɢə lu

饭锅煮饭的mbre zʁe nɢə lu

菜锅炒菜的nɢə lu

厕所旧式的，统称ʂtɕhɑ fkho tɕhot fko

檩左右方向的ʁdu ʂta

柱子ldzə

大门ʁɑ

门槛儿ʁɑ zo

窗旧式的ʂgu ɣʄi

梯子可移动的sɬhə

扫帚统称zɣə zɢrɑ

扫地dər ɣrje

垃圾rdə rda

家具统称jo ji tɕa ka

东西我的~ tɕa ka

床ȵɛ khri

枕头ʁur

被子phu ke

棉絮mjan shue

床单rɛn ʁ̥ə

褥子rɛn ʁ̥ə

席子ɕi tsə

蚊帐rȵɛ gu

桌子dʑo tsi

柜子ʁzo

抽屉桌子的~ laŋ thi

案子长条形的dzo tsə gɛ tɕi

椅子统称ma cça tsə

凳子统称pən ti

马桶有盖的tɕhau tu

菜刀tshɛ dau

瓢舀水的~ scçoŋ

缸ɣdo

坛子ŋə və

瓶子dɛn nbə

盖子khɛ lav

碗qhə zi

筷子ɣdzɛr

汤匙scçoŋ

柴火me si

火柴用~点火jaŋ xo

锁nkhvo

钥匙nkhvo me

暖水瓶tshə dɛn

脸盆rŋa rʁe phən tsə

洗脸水rŋa rʁe ɣrə

毛巾洗脸用pɑ re

手绢pɑ re

肥皂洗衣服用jɑ dʑan

梳子旧式的，不是篦子ʁə zja

缝衣针ʁɑr

剪子tɕe dzə

蜡烛la tʂu

手电筒dan bau

雨伞ɕok ɣdu

自行车stɕɑ rtɑ

六 服饰饮食

衣服统称dʑə ba

穿～衣服gə

zgi

脱～衣服thɛ phɛ

系～鞋带gə vei

衬衫ɕjan tsə

背心noŋ tɕa

毛衣zmo dzə gə

棉衣zbjər ma

袖子və zʒa

口袋pa gu

裤子thoŋ khu

短裤外穿的thoŋ khu lji lji

裤腿thoŋ khu ʂko

帽子tɕe

鞋子ɣzi

袜子wɑ dzə

围巾haŋ tɕen

围裙mtha va

尿布scçɑ xba phe le

扣子zu zu

扣～扣子zu zu ɣzdei

戒指ŋgə ja

手镯lɛ ki

理发ʁə ro

梳头ʁə ʁə ʑɑ

米饭mbre

稀饭用米熬的，统称mbre thu

面粉统称ʂtsɑ dʐu

面条做～bə ta tsɛl

面儿用～做馒头ʂlə

馒头le khe

包子bau tsə

饺子tɕjau tsə

馄饨tʂhau ʂou

馅儿包子的～noŋ sɲu

油条mkhən dzei

豆浆tə tɕjaŋ

豆腐脑tə fu nau

元宵吃～thaŋ juan

粽子tsoŋ tsə

年糕用黏性大的米或米粉做的njan gau

点心统称dan ɕin

菜绿叶子的蔬～rŋə rŋa

tshɛ

干菜统称rŋə rŋa ɣro ɣro

tshɛ ɣro ɣro

豆腐tə fu

猪血va se

猪蹄vɛ ʂko

猪舌头va vʑɛ
猪肝va tshɛ
下水猪牛羊的内脏noŋ tɕə
鸡蛋zgə ŋa
松花蛋zgə ŋa
猪油va ʂtshi
香油snəm
酱油tɕaŋ jou
盐名词tshə
醋tshu
香烟də va
旱烟də va
白酒a rɑ
黄酒a rɑ
江米酒wul thi
茶叶dʑa
沏～茶zbər
冰棍儿lvo khaŋ ta
做饭mbre zʁe
炒菜rŋə rŋə
煮～带壳的鸡蛋zʁe
煎～鸡蛋zʁe
炸～鱼zmu
蒸～面做馒头等nqha
揉～面lne
擀～面lne
吃早饭gɛ ɕha za ma ngə
吃午饭mdʑu tɕu
吃晚饭gə zə za ma ngə
吃～饭ngə
喝～酒thi
喝～茶thi
抽～烟thi
盛～饭rə
夹用筷子～菜zȵo
斟～酒rə
渴口～spa
饿肚子～mdʑu
噎吃饭～着了ɣcçhɛ

七　身体医疗

头人的，统称ʁə
头发ʁə sbrɑ
辫子mɬhe cçha
旋ɣtɕə mə
额头kɑ pɑ la
相貌ʁzu
脸洗～rŋa
眼睛mo
眼珠mo le le
眼泪mo brɛl
眉毛mo rmi
耳朵ȵə
鼻子sni
鼻涕snav
擤～鼻涕snav sphɛl
嘴巴jɑ
嘴唇ɣmur
口水vjɟə grə
舌头vʑɛ
牙齿ɕə
下巴mur və
胡子嘴周围的khɛ spə
脖子vʑe

喉咙 qvɑ

肩膀 boŋ

胳膊 ʐa

手 ʐa

左手 ʁje ʐa

右手 cçhə ʐa

拳头 rɣə lu

手指 lɛ mɛ

大拇指 lɛ mɛ poŋ poŋ

食指 lɛ mɛ

中指 xcçu gu lɛ mɛ

无名指 lɛ mɛ

小拇指 lɛ mɛ zi

指甲 nə ldzə

腿小~ ɣdə

脚 ʂ̥ko

膝盖指部位 rŋə mo

背名词 qho sto

肚子腹部的 vop

肚脐 vop cçjɛ

乳房女性的 ne ne

屁股 χthə

肛门 χshu

阴茎 xdzə

女阴 stə

肏动词 və

精液 dʑiɛ khə

来月经 tɕho rə ʐɛ si

拉屎 scçɑ xpɑ lɛ

撒尿 lbi lɛ

放屁 xɕa lɛ

病了 ŋo

着凉 ʂ̥khu

咳嗽 ʂ̥tshə

发烧 xtsɛ zʐu

发抖 nkhra tɕa

肚子疼 vop ŋo

拉肚子 vop zbjoŋ

患疟疾 vop zbjoŋ

中暑 dən mgu lok si

肿 ro rɑ

化脓 spə bə

疤好了的 sthi

癣 rŋo

痣凸起的 mi

疙瘩蚊子咬后形成的 mɛi ɕu

狐臭 sə rə

看病 nɛ tɕhi ke

诊脉 ʐa ʂ̥tsa

针灸 tshe ncçhən

打针 ʁɑr ncçhə

打吊针 ʁɑr sjan la

吃药 smɛn mthi

汤药 smɛn khu va

病轻了 gɛː dʐ̥ɑ

八　婚丧信仰

说媒 sme fthə ɕə

媒人 sme fthə ɕə mkhən

相亲 dʑə dʑə

订婚 dən tɕho thi

嫁妆 ka rva

结婚统称 stu mu və

娶妻子男子~ lɛ ji mqhə

出嫁lɛ ji fkho

拜堂磕头phja mtshɛl

新郎tshɛ və

新娘子la ja

孕妇ge te zu mkhən

怀孕də vdə zu

害喜妊娠反应dʑi skru

分娩ge te lɛ

流产ge te də sqri

双胞胎ge dɛ a tɕa

坐月子slə gə ma mtshoŋ

吃奶nə nə thi

断奶nə nə khuɛ

满月slə gə mtshoŋ si

生日统称sçe skɛl

做寿sçe skɛl və

死统称sɛ

死婉称ɕɑ

自杀roŋ sok tɕe

咽气rɣu ɕə si

入殓nə khə

棺材ru rgam

出殡rn̥i mbɛ

坟墓rdə ko

上坟sə toŋ

纸钱tɕhan tsə

老天爷ɣne sŋoŋ bo

菩萨统称ɬa

度母sgrə ma

灶神thap ɬa

寺庙rgən ba

ɣrən ba

庙堂民众集会的地方tɕhu fɕɛ və re

ɬa khõ

和尚la ma

尼姑skɛ mə

道士khər pa

算命统称rtsi ncçə

运气qɑ bə la ʁjɛ

保佑do roŋ mdʑɛl

九　人品称谓

人一个~ vdzi

男人成年的，统称pə ŋa

女人三四十岁已婚的，统称sme

单身汉a ʁe pa

老姑娘sme kə

婴儿a ŋa ze

小孩三四岁的，统称ge de

男孩统称də də ze

女孩统称sme ze

老人统称rgə rgu

亲戚统称n̥i va

朋友统称groŋ tɕɛ

vdʑə

邻居统称ɣjə və

客人ndʐu ba

农民səm nə pa

商人tshoŋ pa

手艺人统称lɑ ɕiɛ pa

泥水匠zdei thu mkhən

木匠ɕoŋ vzu

裁缝vzu pa

理发师ʁə ro mkhən

厨师dʑa ma

师傅ge gen

徒弟zgrɑ ba

乞丐phər me

妓女χthə zʑə

流氓ɣta bə ma mkhən

贼ʂkə mə

盲人统称ʑɑ rva

聋子统称mbji mə

哑巴统称lʁu

驼子统称zɣə rve

瘸子统称ʑɑ rɟja

疯子统称lʁa mə

傻子统称rə ma cçi si

笨蛋蠢的人rə ma cçi si

爷爷呼称，最通用的a pe

奶奶呼称，最通用的ve ve

外祖父a pe

外祖母ve ve

父母合称ve me

父亲a pa

母亲a mə

爸爸呼称，最通用的a pa

妈妈呼称，最通用的a mə

岳父a pa

岳母a mə

公公a pa

婆婆a mə

伯父a kə

伯母a ja

叔父a khə

排行最小的叔父a kə ze

叔母a kə ji jo və

姑统称a ne

姑父a ne ji vdzi

舅舅a ʑo

舅妈a ʑo ji jo və

姨统称a ja

姨父统称a ja ji vdzi

弟兄合称rmə sti

姊妹合称smə qhe

哥哥a te

嫂子a da

弟弟çɛ n̥i ze

弟媳lɛ ji

姐姐a da

姐夫a da ji vdzi

妹妹sno ze

妹夫sno ji vdzi

堂兄弟rmə sti

表兄弟rmə sti

儿子统称ze

叙称：我的～ dɛ də

儿媳妇叙称：我的～ la ja

女儿叙称：我的～ sme

女婿叙称：我的～ bə thoŋ

孙子sən sən

侄子tshɛ və

外甥tshɛ və

外孙sən sən

夫妻合称zɛl ba

丈夫叙称vdzi

妻子叙称jo və

名字rmə

绰号zʑi rmə

十　农工商文

干活儿统称：在地里～le ska və
事情一件～dən da
插秧mbrɛ spo
割稻mbrɛ fkhɛ
种菜tshɛ ɮə
犁名词qo
锄头ʂka ma
镰刀ɕha re
把儿pə rzi lu
扁担cçəm cçiɛ
　tɕam cçiɛ
箩筐phu ru
筛子krɑm tshɑ
簸箕农具，有梁的tsho tɕi
簸箕簸米用tsho tɕi
独轮车mkhur lu
轮子旧式的，如独轮车上的mkhur lu
碓整体ɣɮə ɣɮei
臼tɕa tə gu
磨名词rɑ tɑ
年成tho ʁə
走江湖统称ɕə
打工le ska və
斧子lvi
钳子ska mba
螺丝刀bə ze
锤子tɕo ɣbo
钉子tɕoŋ ndzɛr
绳子sa ma ra rtsa
　sgu lu
棍子pə cçha
做买卖tshoŋ və
商店tshoŋ khõ
饭馆zɛ khõ
旅馆旧称ndʐu khõ
贵goŋ cçhɛ
便宜goŋ jɛ
合算值得tɕha bei thu
折扣phɛn
亏本ma ka də she
钱统称phjo dzə
零钱phjo dzə ɣʑə ɣʑə
硬币jaŋ tɕhan
本钱rdʑə ɣden
工钱ɣla
路费ɕə ɣla
花～钱phjo dzə də qhrei
赚卖一斤能～一毛钱khei
挣打工～了一千块钱tshu
欠～他十块钱bə lən
算盘san phan
秤统称rɟja ma
称用杆秤～rɟja ma cçhə
赶集qə jɛ noŋ ɕə
集市thoŋ və re
庙会tɕhu mdʑɛl
学校ɬop tʂa
教室ndʑi ndʑa re
上学ndʑi ndʑa ɕə
放学də zgre
考试rɟju mbre
书包dʑi də pa ku

本子pə ndzə

铅笔sni ɣə

钢笔tɕo snu

圆珠笔juan tʂu bi

毛笔zmo snu

墨snɑ

砚台snɑ bju re

信一封~ dʑi də

连环画huɑ ʂu

捉迷藏qu ru ru sti

跳绳sku lu ɬə

毽子cçhov

风筝fen tsə

舞狮sən gi ntɕhɛm

鞭炮me pha

唱歌ʁlə və

演戏ntɕhɛm

锣鼓rbi

二胡ben woŋ

笛子ʂpro lə

划拳se se

下棋mbru stei

打扑克gu phei qɛ

打麻将mɑ tɕjaŋ ncçə

变魔术ȵə mpri va

讲故事zgru fɕɛ

猜谜语a thi mei thi

玩儿游玩：到城里~ ncçha ra

ʁɟiə ʁɟiə

串门儿thə ȵi qhe ncçha ra

走亲戚ȵi va qhe ncçha ra

十一　动作行为

看~电视tɕhi ke

听用耳朵~ rŋi

lȵi

闻嗅：用鼻子~ no no

吸rən ɣtsə

睁~眼ʁʑe

闭~眼zmɛ

眨~眼mo tshə

张~嘴zʁə

闭~嘴zdən

咬狗~人scçhɛ

嚼tɕja tɕə

咽~下去sqhlu

舔人用舌头~ diɛ la

bqo

含~在嘴里jɑ noŋ gə cçhɛ

亲嘴pau dei

吮吸用嘴唇聚拢吸取液体mtsə ljɛ

吐把果核儿~掉phɛ

吐呕吐：喝酒喝~了phɛ

打喷嚏hɑ ncçho

拿用手把苹果~过来rzu

给他~我一个苹果fkho

摸~头thav thav

伸~手ʑa zjo

挠~痒痒zvɛ zvə

掐用拇指和食指的指甲~皮肉do dʑə

拧~螺丝xtɕi la

拧~毛巾xtɕi la

捻用拇指和食指来回~拨a qe

掰把橘子～开tɕho qha

剥～花生ɣʑɛ

撕把纸～了bu ɣtɕo

折把衣物～好zdɑ tɕɑ

拔～萝卜nɬhi

摘～花fkhuɛ

站站立：～起来rjɛ

倚斜靠：～在墙上ʂtən

蹲～下a qər qər

坐～下ndzu

跳青蛙～起来pqo nɬhə

迈跨过高物mbər rji

踩脚～在牛粪上nthva

翘～腿ʂko ro ro tɕa lɛ

弯～腰ngu lu

挺～胸dʐoŋ dʐoŋ

趴～着睡ndʑɛ lɛ

爬～树ndʑɑ qɑ

走慢慢～ɕə ɕɑŋ

跑别～mɟjə ra

逃逃跑də phji

追追赶scçho cçho

抓～小偷fkhrə

抱把小孩～在怀里nlvaɣ

背～东西ngju

搀～老人khrə

推～汽车ɣkho

摔东西～下来了nə qe

撞人～到墙上了ɣdə

挡你～住我了fkɑ

躲～藏ncçhe

藏钱～在枕头下面gə ndzə

放把碗～在桌子上lɛ

摞把砖～起来rə zdei

埋～在地下zgo

盖把茶杯～上nə ncçi

压用石头～住sthjua

摁用手指按nə sthuan

捅用棍子～鸟窝nduə

mbjo tɕuk

插把香～到香炉里xsi

戳～个洞thi

砍～树fkhvɛ

剁把肉～碎做馅儿xtsɑ xtsə

削～苹果vʑe

裂木板～开了bɛr bjɛ

də bja

皱皮～起来kər kər

腐烂吃的东西～了tsə

擦用毛巾～手ɕə ɕɛ

倒把碗里的剩饭～掉lŋe

扔～了它qe

扔投掷nə qe

掉掉落nə dza

滴水～下来zda

丢钥匙～了də phɛ

找钥匙～到了ɕha

捡～到钱ɕo ʁɑ

提～东西zu

挑～担tɕam

扛把锄头～在肩上tɕam

抬～轿tɕam

举～旗子rə tɕam

rə spjɛr

撑~伞spjɛr

撬把门~开tɕho qha

挑挑选，选择rə mtsɛl

收拾~东西zdə sok

挽~袖子rə ɕjo

涮把杯子~一下khrə khrɑ

洗~头发rʁe

捞~鱼tshu

拴~牛phro

捆~起来ʂcçhe la

解~绳子ji phre

挪~桌子zdo

nthɛ

端~碗rə ze

摔~下来nə dza

掺~水ɣrə

烧~火ɣmə thu

拆~房子mbre

转~圈儿mkhər va

捶~打də ta

打统称ncçhə

打架ncçhə ncçhə

休息nə

打哈欠zʁo ra

打瞌睡ngjav

睡他已经~了rgə

打呼噜qru

做梦rn̥i lɛ

起床də rjɛ

刷牙ɕə rʁe

洗澡rʁe ʁɑ

想思索ntshə sn̥i

想想念ʐdʐən

打算我~开个店və ntshi rə

记得ɳan ba lɛ

忘记də rmə

怕scçɛr

相信我~你jin tɕhe

发愁zjar khu

小心zɛl zɛ nə ve

喜欢qhɛ sɬu

讨厌bɑ tshɑ

舒服凉风吹来很~ scçɑ

难受生理的mə scçɑ

难过心理的zjar khu

高兴qhɑ sɬu

生气tshə pa za

责怪zna ra

后悔ɣdʑu sən ncçi

忌妒mə ren

害羞mə kɑ cçhɛ

丢脸ʐɛn ndʐə

欺负ɳan tshɛ

装~病ŋo khʂɛn

疼ŋo

要我~这个fɕi

有~东西də

没有ma

是ŋə

不是mja

在他~家ɟji

不在mei ɟji

知道hɑ goŋ

不知道hɑ mu goŋ

懂hɑ goŋ
不懂hɑ mu goŋ
会我~开车ri
不会mə ri
认识fshi
不认识mə fshi
行应答语ŋe rə
不行应答语mə ŋe rə
肯~来ŋe
应该~去lɛ və
可以ŋe rə
说jə
ji
话说~ skɛ tɕha
聊天儿kha rda və
叫~喊skhə re
吆喝大声喊skɛ gɛː cçhɛ skhə re
哭zjo ra
骂~人χan ba və
吵架khər tsu
骗~人nɟjiɛ və
哄~人mba bə
撒谎lɛ lɛ və
吹牛lɑ khuɑ
拍马屁rŋa rŋa
开玩笑qhɑ qhɑ thu
告诉fɕɛ
jə
谢谢致谢语zɛl zɛl
对不起致歉语tshə pa ra ti za
再见告别语val val

十二　性质状态

大苹果~ gɛ cçhɛ
小苹果~ ge de
粗绳子~ gɛ lvu
细绳子~ xtsho xtsho
长线~ dʑi
短线~ lji lje
长时间~ mdʑi
短时间~ lji
宽路~ lo
宽敞房子~ gɛ lo
窄路~ xtɕhe xtɕhe
高飞机飞得~ mthu
低鸟飞得~ ʁma
高他比我~ mthu
矮他比我~ de
远路~ tɕe dʑi
近路~ nthɑ ne
深水~ nav
浅水~ bə bə
清水~ doŋ
浑水~ phəl ɣe
圆ʁar ʁar
扁pja pja
方vʐə rgəm dɛn ba
尖skhvɛ skhvɛ
平ɣde ɣde
肥~胖ȵi mba ʁjɛ
瘦~弱ŋqhe
肥形容猪等动物gɛ ʁjɛ
胖形容人ȵi mba ʁjɛ
瘦形容人、动物rʁə bə
黑rȵa rȵa
白phru phru

红 ndji ndji

黄 rn̥ə rn̥ə

蓝 thoŋ scçɑ

绿 rŋə rŋə

紫 rgə mbrə mdoŋ

灰草木灰的颜色 scçɛ scçɛ

多东西~ ɣre

少东西~ ɣzə

重东西~ nʒə

轻东西~ ɣjə ɣje

直线~ dẓoŋ dẓoŋ

陡坡~ gɛ ɣze

弯~曲 ncçho

歪~斜 rjə rjə

厚木板~ ɣʒa

薄木板~ bə

稠稀饭~ ʁdze ʁdze

稀稀饭~ grə grə

密 tshə tshə

稀稀疏：菜种得~ qa ra

亮指光线，明亮 xso xso

黑 n̥ɛ n̥ɛ

热天气 cçhu

暖和天气 xtsɛ

凉天气 ʂkhu

冷天气 ʂkhu

热~水 xtsɛ

凉~水 ʂkhu

干~衣服 ɣro ɣro

湿~衣服 ɬə ɬə

干净 xtsoŋ ma

脏 me xtsoŋ

快刀子~ skhvɛ skhvɛ

钝刀子~ mei skhvɛ

快走路~ mɟjo

慢走路~ vɛ lve

早来得~ a ɕha

晚来~了 də sqhrə

晚天色~ ɣmə ʁnɛ

松 ɬho ɬho

紧 χsə χsə

容易 jɛ jɛ

难 ʂka

新 xsər ba

旧 rn̥oŋ ba

老人~ dɑ

年轻人~ lo tɕhoŋ

软食物~ ndvə ndvə

硬食物~ rgi rgi

烂腐~ nə tsə si

煳 də scçhu si

结实家具~ gɛ ngə

破衣服~ bu tɕu

富 rɟjə gɛ cçhɛ

穷 n̥am tɕu va

忙 cçhɛ mə cçhɛ

闲 tsho su su

累 ʂka

疼 ŋo

痒 zan tɕhan

热闹 ʁrə ʁrə tɕhen tɕhen

熟悉 sə she

陌生 mu sho

味道 dẓə ma

气味dzə̥ ma

咸tshɛ kə

淡tɕhə lə brɛ lə ma

酸zgo zgo

甜thə thə

苦sn̥a sn̥a

辣rzɑv

鲜dzə̥ ma gɛ ʓo

香gɛ ʓo

臭nə no

馊də zgo

腥nə no

好人品~ ʁjɛ

gɑ ʁji

坏人品~ qhə mɛ

差质量~ qhə mɛ

对ŋe

错ɣdei

漂亮ʁjɛ

丑ʁzu qhɛ

勤快ja ga ɕa

懒gɛ ɣtɕɛl

乖tɕiɛ thə

顽皮ɕi ŋɛl

老实vden ba

ʓən pa

傻rə ma cçi sə

笨rə ma cçi si

大方ʓa gɛ cçhɛ

小气tshə pa za gɛ jiɛ

直爽dən ntshə si də ji mkhən

犟gɛ du

十三 数量

一ro

二ɣne

三xsu

四ɣʓə

五nɢvɛ

六xtɕho

七zn̥e

八rjɛ

九ngə

十zʁa

二十ɣnə shqha

三十xsu shqha

一百rjə

一千stoŋ mphra

一万khrə

一百零五rjə wu nɢvɛ

一百五十rjə wu nɢvɛ shqha

第一doŋ bu

二两ɣnə s̥so

几个χɛ ʑi

俩你们~ ɣne

仨我们~ xsu ɣɛ

个把a rgə

个一~人ɣe

匹一~马rgə

头一~牛rgə

头一~猪lu

只一~狗rgə

只一~鸡lu

只一~蚊子lu

条一~鱼qha

条一~蛇qha

张一~嘴rgə

张一~桌子lu

床一~被子rgə

领一~席子pɑ

双一~鞋phro

把一~刀qhɑ

把一~锁qhɑ

根一~绳子qha

支一~毛笔qha

副一~眼镜tɕha

面一~镜子lba

块一~香皂lu

辆一~车rgə

座一~房子rgə

座一~桥qha

条一~河qha

条一~路qha

棵一~树qha

朵一~花lu

颗一~珠子lu

粒一~米lu

顿一~饭dʑi

剂一~中药qhə

股一~香味gɛ ʑɛ

行一~字zgral

phrei

块一~钱khʂə

毛角：一~钱stoŋ

件一~事情rgə

点儿一~东西a mtɕhɛ

些一~东西a mtɕhɛ ʑi

下打一~ ɣru

会儿坐了一~ a ʑɛr ʑi

顿打一~ dʑi

阵下了一~雨a ʑɛr

趟去了一~ ndʐə

十四　代副介连词

我ŋa

你n̥i

您尊称n̥i

他thə

我们ŋa ji

咱们ŋa ji

你们~去n̥i n̥i

他们~去the n̥i

大家~一起干xsən bə

xsən bə tho lo

自己我~做的roŋ

别人这是~的mə zde

我爸ŋa ji a pa

你爸n̥i ji a pa

他爸the ji a pa

这个ə də

那个ro də

哪个lo də

谁sə

这里a də qhe

那里thə qhe

哪里lo rə

这样a də pei

那样thɛ pei

怎样a tɕhi pei

这么thə pei

怎么a tɕhə pe

什么这是～a tɕhə

什么你找～a tɕhə

为什么a tɕhə

干什么a tɕhə və gu

多少χɛ ʑi

很今天～热gɛː cçu

非常比上条程度深：今天～热be le ji

更今天比昨天～热su na

太这个东西～贵，买不起jin na

最弟兄三个中他～高zə

都大家～来了xsən mə

一共～多少钱？ a tɕɛ

一起我和你～去a tɕɛ

只dan te

刚gɛ gɛ

刚我～到gɛ gɛ

才你怎么～来χo we

tɕhu ȵi va

就那我～去tɕhi ge

经常a sȵi sȵi

ji tɕhi tɕhi

又他～来了wu

wo

还他～没回家xha vʑi

再你明天～来wu

也我～去da

je

反正wu

没有昨天我～去ma

不～是mja

别你～去nə di ɕə

甭不必：您～客气mə ɕi

快天～亮了ji lɛ

差点儿a tɕhɛ ʑi

宁可da

故意～打破的qo tsu na

随便ȵi sɛ

tɕhi ȵɛ go ȵɛ

白～跑一趟ro ʑi ma ma

肯定ŋə ma

ŋu ɕhɑ ɕhɑ

可能～是他干的a ŋu da

一边～走，～说ʑɛ

ʑɛ ʑɛ

和我～他都姓王re

和我昨天～他去城里了re

pha

对他～我很好gi

往你们～那里去lo rə

向～他借一本书gɛi

gi

按～你说的做də

替～她咨询the ji ska va

如果la

na

不管da

第二节

《中国语言资源调查手册·民族语言（藏缅语族）》扩展词

一　天文地理

天~地 mqo

阳光 ɣbu

日出 nə tso gə tsuo

日落 ɣbu də zbjən

彗星 zgre ma

北极星 mə zpji ɕi re

七姐妹星 zdɛn mɛ ʁə ɕi

光~线 ɣu

影子 rɑ ɳɑ

刮风 xpə rju

风声风呼呼声 xpə rju skɛ

打雷 scçɑ lə

响雷霹雳 sthok

大雨 mə qhi gɛ cçhɛ

小雨 mə qhi gɛ de

毛毛雨 mə qhi zə zə

暴风雨 tɕhɑ dʐɑ

雨声 mə qhi skɛ

下雪 kha va qhe

雪崩 goŋ nə tɕe

雪水 goŋ tɕhə

结冰 lvo tɕhɑ

融化雪~了 dʑə

乌云 zdo

彩云 spə ndʑa

蒸汽水蒸气 zblɛv

地 ɮə 总称

土地 ɣʑə ma

坡地 qɑ ʁə ɮə

荒地 ɮə rŋa

山地 la

平地平坦的土地 xtho lo

地界田地的边界 ɮə mtshən

庄稼地 ʐə ma
沼泽地 nɑ wa
坝子山中的平地 spo
地陷 sa thei
海 mtshu
田总称 ɮə
梯田 ɮə
田坎 ɮə zgro
秧田 ɮə
试验田 tshɛ tshɛ və re ɮə
小山 la gɛ de
荒山 la
雪山 gaŋ rə
山顶 ʂtsi
山峰 ʂtsi
山腰 la skɛ
山脚 la cçhi
阴山指山背阴一面 sə nɑ
阳山指山朝阳一面 çər kha
岩洞 ra wu
岩石 ra
花岗岩 ra
鹅卵石 ɣɮər ɮei
平原 xtho
spo
滑坡 çhu va la
陡坡 la rze
悬崖峭壁 rɑ
石板 ɣɮə zbrɛ
小河 ɣrə gɛ de
河水 ɣrə
上游河的～ rə nkhvɛ
下游河的～ nə nkhvɛ
旋涡河里的～ ɣrə ncçəl
泡沫河里的～ ɬtçhɑv
泉水 ʁvgrə tçhə
清水与浊水相对 ɣrə gɛ doŋ
瀑布 rɑ tçhə
草原 spo
rtsa thaŋ
沙漠 ɣn̥o qɑr
峡谷 loŋ ba
泥石流 sa ʐu
地洞 ra wu
洞口 ra wu
山路 tçɛ
岔路 tçɛ qɑ vɑ
大路野外的 tçɛ gɛ cçhɛ
小路野外的 tçɛ gɛ de
公路 tçɛ
桥 dzo
石桥 rgə mar dzo
渡口 grə lɛ re
菜园 grə jo
果园 çoŋ tok ra va
尘土干燥的泥路上搅起的 ɦɫɛ
红土 xtshə ndji
粉末 ɦɫɛ
渣滓榨油剩下的～ ʁɟji ʁɟja
煤渣炭燃烧后余下的东西 mei ʁɟji ʁɟja
锅烟子 zeil n̥a
金 xser
银 rŋəl
铜 rɑ

铁 tɕo
锈 ʁjɑ
生锈 gə ʁjɑ
钢 tɕo
锡 ʑiɛ ȵi
铝 ha joŋ
铅 ʑe ȵe
玉 ɣju
翡翠 ɣju su
玛瑙 pei ma ra ga
玻璃 ɕɛl
硫黄 sel bu
碱 bəl dok
火药 ɣmə ʑə
硝做火药的～ ba tsa
火种 ɣmə sȵe
火光 svo
shvo
火焰 ɣmə ɣʐo
火塘 thap go
thap ɣjo
打火石 ɬtɕɑ mɛr
山火 qɑ ʁə ɣmə
火把 mbər dɛ
火星火塘里的 ɣmə vʒɛ
火舌火苗 ɣmə vʒɛ gɛ dʑi
火灾 ɣdʑɛv
火石 ɬtɕɑ mɛr
火铲 ska mba
汽油 snəm
油漆 mtshə
井水～ ɣrɛ mɛr
沸水 ɣrə lə
温水 ɣrə ɣdʑər
碱水 thik khə

二 时间方位

春天 nə kha
su kha
夏天 vʑar kha
秋天 ʂtshav kha
冬天 ʂtsu kha
过年 lu sɛr
过节 lu sɛr
每年 kvo
上半年 lu stot
下半年 lu smat
闰月 rdza ɬak
二月 rdza va ɣȵi pa
三月 rdza va hsəm pa
四月 rdza va wʑə pa
五月 rdza va rŋa pa
六月 rdza va tʂuk pa
七月 rdza va wdən pa
八月 rdza va rɕɛt pa
九月 rdza va rgə pa
十月 rdza va ptɕə pa
十一月 rdza va ptɕə htɕək pa
十二月 rdza va ptɕə ɣȵi pa
每月 slə
月初 phru
月底 ȵa
元旦 rɟja lu sɛr
初一 phru ro

初二phru ɣne
初三phru ɣshu
初四phru ɣʒə
初五phru nɢvɛ
初六phru xtɕho
初七phru zn̥e
初八phru rjɛ
初九phru ngə
初十phru zʁa
昼夜指白天黑夜gə zə sn̥ɛ lɛ
半天sn̥ɛ qhər
古时候ʁna
东ɕər
南ɬhu
西nəp
北bjoŋ
正面ŋə ste
反面ʁə n̥u
附近thɑ ne
周围mthav kha
对岸河的～ʁɑ si
门上挂在～ʁɑ tɕha
楼上jo ʁo
楼下n̥ə və
角落墙的～staŋ gu
在……后ɕu
在……前ŋə
在……之间bər ma

三　植物

杨树ma ʁə
　sŋon ma
枫树gər ji
白桦zɛi
桑树grən brə
冷杉zbru
槐树ji shu lə phu
青冈栎sqhre
万年青wan nian tɕhin
檀香tsen den
树皮nɑk dʑə dʑɑ
树枝qa rva
树干sdoŋ po
树梢jɑ kha
根树～ ʂko
树浆mɑ ʁə ʑə ʑə
年轮树的～lə phu lu tshɛ
松球lə kə da
松针ba lə rə mu
松脂rdzo
松香rdzo
松包松树枝头上的果实lə kə da
松明可以点燃照明tɛ si
桐油ɣda tɕhə
火麻一种扎人的植物ɣtsɛl vu
西瓜ɕi kuɑ
桃核ʂqhə qhrɑ
葡萄rgə mbrə
樱桃ɛn ti
枇杷phi pha
壳核桃～dʑi dʑɑ
核儿枣～ʂqhə qhrɑ
菠萝po lo
香蕉ɕaŋ tɕiau

芭蕉 ba tɕiau

柠檬 niŋ mən

柑子 tɕu tsə

橙子 tʂhen tsə

山楂 ʂan tʂa

果皮统称 ɕoŋ tok dʑi dʑa

果干晒干了的果实 ɕoŋ tok ɣro ɣro

杏仁 ʂqhə qhrɑ

葵花籽未去壳的 kuɑ tsə

荆藤 ʁɮə prei

瓜蔓 dʑa ra

艾草 tʂhen ɛi

仙人掌 ɕan ren tʂaŋ

狗尾草 rŋə rŋa

含羞草 rŋə rŋa

车前草 tɕo grei

草根 ʂko

青苔 rgə spe

菊花 rgə ba me tok

桂花 guei huɑ me tok

杜鹃花 ta ma me tok

月季花 jue tɕu me tok

海棠花 tshɛ me tok

水仙花 suei ɕan me tok

鸡冠花 ha lə me tok

葵花 ȵi ma me tok

桃花 khə mbə me tok

茉莉花 mo li me tok

花瓣 me tok lba lə

花蕊 me tok noŋ sȵu

芦苇 rtsa khə ɕa

菖蒲 tshaŋ phu

水葫芦 ɣrə noŋ rdzi

鸡油菌 a la lmo

茶树菇 lmo

红菌 lmo ndji

黄菌 lmo rȵə

松茸 sqhe lmo

毒菇 lmo do

瓜籽西～ kuɑ tsi

籽菜～ ɬə

莲子 ba ma me tok ji sɬə

荷叶 ba ma me tok lba lə

薄荷 ɣrə ɬtshav

枸杞 gou tɕi

藠头 tɕiau thou

蒲公英 rɑ dʑva

灵芝 lmo

银耳 si ȵə

竹根 ʁɮə ʂko

竹节 ʁɮə ʂtsho

竹竿 ʁɮə bə cçha

柳絮 rɟjɛ rbə

篾条编篮子的～ ʁɮə

发芽 rə rmi si

结果树上～ ɕho to ji ɕə

成熟～透了 ɮən

开花 me tok bro

吐须 sȵɛ lnɛ

凋谢 sȵi va

粮食统称 mbre mbrə

种子 sɬə

秧植物幼苗的统称 jaŋ jaŋ

稻穗 mbre sȵi lmɛ

抽穗 sn̥i lmɛ
大米脱粒后的 mbre
小米细小的 mbre ʑə ʑə
糯米 tɕou mi
红米 mbre ndji ndji
秕谷 ʑu gu
稗子 ʑu gu
糠 lmə ma
玉米苞玉米棒子 ji me pau pau
玉米秆 ji me bə cçha
玉米须 ji me sn̥u va
青稞 çi
çiɛ re
燕麦 ʁwə
荞麦 zbrə və
苦荞 zbrə və
麦芒 sn̥u va
麦穗 sn̥i lmɛ
麦茬麦秆割过余下的部分 bər dʑi dʑɑ
荞花 zbrə və me tok
荞壳 zbrə və dʑi dʑɑ
苎麻 tɕhi ku
蓖麻 ji
豆子统称 sn̥u
豆秸 sn̥u bə
豆芽 təu ja
四季豆 si tɕi təu
豆苗豆类的幼苗 sn̥u ʁə
扁豆 rjɛ sn̥u
冬瓜 toŋ kuɑ
苦瓜 kuɑ kuɑ sn̥a sn̥a
青菜 rŋə rŋa
菜花一种蔬菜 huɑ tshɛ
空心菜 khoŋ çin tshɛ
苋菜 zdər ʁə
蕨菜 zbər ʁə
卷心菜统称 la ha be
苦菜 tshɛ sn̥a sn̥a
蒜苗 skə
青椒 ho tsav
红椒 ho tsav ndji ndji
干辣椒 ho tsav ɣro ɣro
萝卜干 lɛ pu ɣro ɣro
萝卜 lɛ pu
根茎菜的～ ʂ̥ko

四　动物

野兽 rə dɑ
ɣtɕən kzan
狮子 sən gi
豹 rzo
大熊猫 dəm
狗熊 ɣrɛ
熊掌 dəm ʒ̥a
熊胆 dəm skrə
野猪 phɑ rgu
獒藏～ kə ta
豺狗 pha ra
豪猪 χpɛl
鹿 ʂ̥tsɛ
鹿茸 sman ra
麂子 zʒ̥ə
狐狸 dʑvɛ

狼 spjoŋ kə

黄鼠狼 ʂte le

水獭 ʂsəm

旱獭 ʂsəm

野牛 qrə

broŋ

mdʐoŋ

牦牛 ʁjɑ

挤～牛奶 tshu

骆驼 rŋa mu

驼峰 rŋa mu roŋ zga

大象 ʁloŋ bə tɕhe

象牙 be su

象鼻 ʁloŋ bə tɕhe ji sni

松鼠 qhe fcçə

金丝猴 ɣzə mdə

啄木鸟 sə bə qo qo

sə qɑ qɑ

布谷鸟 ku gu

斑鸠 scçhɛl ʁu

燕子 qhar

野鸡 mə ɣra

老鹰 bjɛr gə

鹰爪 bjɛr gə nə ldzə

猫头鹰 khuk

孔雀 rma pja

鹦鹉 ne tsu

画眉鸟 kha va ɣzə

白鹤 ɣdʑə

鸟蛋 ɣzə zgə ŋa

鸟笼 ɣzə mbjo

麝 ʁɛl

麝香 ʁɛl ʂtsi

野兔 rve qe

毒蛇 mphri

蟒蛇 du zbrə

水蛇 ɣrə mphri

眼镜蛇 zgu ɕhɛl

菜花蛇 mphri

竹叶青 mphri

蛇皮 mphri dʑə dʑa

七寸 mphri

蛇胆 mphri skrə

蛇洞 mphri rɑ wu

田鼠 a rɑ

母老鼠 fcçə

蜥蜴 qe

壁虎 tɕhə vɣi

蜈蚣 n̥i phrei va

蝎子 du ba ra mgo

头虱 ɕu

虮子虱卵 ɕə

蝗虫蚱蜢 tshɛl bə

蚕丝 doŋ skə

地蚕土壤里吃土豆、花生的虫子，色白状如蚕 bu χu

蜂总称 stɑ rbu

蜂窝 stɑ rbu mbjo

蜂王 stɑ rbu sboŋ

蜂箱 stɑ rbu rgam

蜂蜡 sn̥u sn̥a

飞蛾 ba bə lɛ

萤火虫 ɣmə ɕɛl
白蚁 skhru
蚁窝 skhru mbjo
蚁蛋 skhru zgə ŋa
田蚂蟥 ʂ̥ko ba bə
山蚂蟥 ʂ̥ko ba bə
牛虻 stsɑ bɑ
蠓墨蚊 bu khu
臭虫 ndzʅ ɕho
毛毛虫 ba bə
蛔虫 ɕaŋ tɕu
肉蛆 ɕɛ bə
屎蛆 scçɑ pa ɕɛ bə
滚屎虫屎壳郎 və ɕɛ
绿头蝇 və za
蜘蛛网 a mə qɑ rɑ mbjo
织网蜘蛛～ mbjo tɕa
乌龟 ȵaŋ tɕo ma
蟹夹蟹螯 du ba ra mgo
蜗牛 zdo bə cça
海螺 ʁlo
蝌蚪 ʐɑ me
泥鳅 ʁjə
金鱼 xser ȵa
带鱼 ʁjə
鲈鱼 ʁjə
鱼鳍鱼翅膀 ʁjə ɕo spɑ
鱼刺 xtɕhə
鱼子鱼卵 ʁjə zgə ŋa
鱼苗 ʁjə ze
鱼饵 ʁjə tshu scçet ba bə
鱼鳔 ʁjə ɣvu lu

鱼鳃 ʁjə ji ȵə
剖鱼 ʁjə ntɕə
钓鱼竿 ʁjə tshu bə cçha
皮子 dʑə dʑa
毛 spə pa
羽毛 spə
角 qrə mbə
蹄子统称 sei ki
发情动物～ rga ra
产仔动物～ scçe
开膛剖开宰杀动物的腹部 spja
交尾 nə mɬhe
蝉脱壳 mbjo
水牛 ma χe
黄牛 ŋə mɛ
公牛 pə ke
牛犊 rje ze
牛角 qrə mbə
牛皮 ɣʒə
牛筋 grə
牛垂皮 rə sthu sthu
牛打架 vdə ɣdə
牛反刍 zul
公马 rdɛ phu
母马 rɛ mɛ
马驹 re kve
马鬃 zei va
绵羊 lɑ ʁɑ
山羊 tshɛ
公羊 tɛ phu
母羊 tshɛ lmɛ
羊羔 tshɛ ze

羊毛 zmo
羊皮 tshɛ dʐə
公驴 krə phu
母驴 krə lmɛ
看家狗 kə ta
哈巴狗 ha ba
猎狗 ɕɛ cçhə
疯狗 khə lʁɑ
狗窝 khə mbjo
冠鸡~ thər ɕɑ
鸡仔 ɣə ra ze
鸡爪 ɣə ra nə ldzə
鸡屎 ɣə ra khrɛl
鸡胗 ɣə ra ʁbro
蛋壳 zgə ŋa dʐə dʐɑ
蛋清 zgə ŋa noŋ sn̥u
蛋黄 zgə ŋa noŋ sn̥u
鸡内金 ɣə ra noŋ tɕə
嗉囊鸟类暂存食物的膨大部分 ɣzə shok
脚蹼 ʂko
蜕皮 ndʐɛl
叮蚊子~ scçhe
蜇蜜蜂~ mdzɛr
爬~电杆 ndʐa qa
叫牛~ mbu

五　房舍器具

楼房 jo
木板房 kə lba jo
砖瓦房 rɟa jo
碓房 jo
磨坊 rɑ tɑ
仓库 ʁnɛ khõ
棚子 ka pei
草棚 mbjo gu
　rdzi ka pei
窑炭~ doŋ zʐi khõ ba
碉楼 mkhar
山寨 qɑ ʁə rə və
屋檐 dʐa ka
屋顶 jo ʁo
梁 ʁdu ʂta
椽子 ndʐɛ rə
立柱房屋中间的主要支柱 ldzə
榫头 sə ʁə ze
门 ʁɑ
寨门 stɑ rgu
门口 ja qhe
闩门~ ʁɑ tɕɑ
篱笆竹木条~ ɣjo
栏杆 ɣjo
桩子 ʁər
级梯的~ skhro
木料 ndʐɛ mɛ
圆木 ndʐɛ mɛ
板子 kə lba
墙板 ɟoŋ ra
楼板 grə lam
木板 kə lba
天花板 nam ju
门板 ʁɑ lba
墙壁 ɟoŋ
围墙 ɟoŋ
砌墙 zde thu

砖墙 sa pa zde
土墙 ɟjoŋ
城墙 ɣtɕɑ re
石墙 zde
房间 ɕɑ
外间 ɕɑ ji phi
里间 ɕɑ noŋ
箱子统称 rgɑm
木箱 mə si rgɑm
皮箱 la rgɑm
衣柜 rgɑm
饭桌 χo pei
小板凳 pən ti ze
棕垫 rɛ nʒə
电视 dian ʂə
冰箱 lvo rgɑm
洗衣机 dzə gə rʁe re
电灯 dian den
灯泡 phɑu tsə
电线 dian ɕan
开关 cçhi zgrə
油灯 mɑ na ku və
灯罩油灯的～ shvo khɛ lav
灯芯 zdu ɕi
灯花烧过的灯芯 ku və me tok
灯笼 den loŋ
松明灯 te si ji shvo
电池 dian tʂhə
钟 tɕhə tshu
盆洗脸～ phən tsə
镜子 ɕɛl zgu
风箱 khru mu

篮子 pu ru
瓜果盘专用于盛放瓜果的 zdɛr
背篓背小孩的～ rza qhə
袋子装粮食的～ khuɛn
麻袋 ɕiɛ ti
钩子挂东西用的 zŋo re
抹布 rtsu nɛn
手纸便后用的 ɕok və
蓑衣 tshər
斗笠 phu tɕe
雨衣 tɕhɛ ʁɛ
炉子 rɟjə thɑp
吹火筒 ɣmə ɣmɛ mbə tu
火钳 skɑ mba
铁锅 nɢə lu
铝锅 χa joŋ nɢə lu
砂锅 be loŋ
小锅 nɢə lu ze
锅盖 khɛ lav
锅垫圈 loŋ tʂhɑ
ko tɕhuan tsi
三角架柴火灶的～ san tɕo
锅铲 ko tʂhan tsə
刷子 ʂua tsə
锅刷 tsu su
调羹 tɕo ɣje
勺子 scçoŋ
木勺子 ŋɢuɛ
饭勺 mbre tɕo ɣje
砧板 tshɛ ban
饭碗 qhə zi
大碗 qhə zi gɛ cçhɛ

小碗 qhə zi gɛ de
木碗 mə si qhə zi
筷子筒 ɣdzɛr khə jo
盘子大的 zdɛr
碟子小的 zdɛr ze
刀总称 pə rzi
剪刀 tɕian dzə
刀刃 pə rzi ji ɕə
缺口刀刃上坏掉缺少的一块 khɛ ɕhu
刀面 pə rzi rŋa
刀背 pə rzi qhau
刀鞘 pə rzi mbjo
柴刀 vli
磨刀石 fsi lu
瓦罐 be loŋ
杯子统称 dəm bə
dɛn nbə
玻璃杯 ɕɛl dəm
酒杯 a rɑ qhə zi
茶杯 dza dəm
蒸笼 loŋ tʂhɑ
笼屉 laŋ thi
箅子 ko tɕhuan tsi
甑子 mbre nqhɑ jo
捞箕笊篱 qa rve
烧水壶 ɣbə tɕo
臼窝 də gu
碓杵 zʐɛ lek
工具统称 tɕa kha
铁锤 tɕo ɣbo
锯子 ɕa re
推刨 mbər le
钻子 ɣɟji khu lu
凿子 xtsɛv
墨斗 thu khõ
尺子 tʂhə dzə
铁丝 tɕa skə
纺车 zgre tʂi
织布机 no skhi
纺线 zmo phi
梭子 rɑr mɛ
针眼 khap ɣn̥ək
顶针 zdu
枪 nɑ tɕho
子弹 rdi ɣi
子弹头 rdi mgo
子弹壳 rɑŋ bə tu
土铳火枪 bu ba nɑ tɕho
炮 rtse bom
bom
长矛 ʁgrə
弓箭弓与箭的统称 χi ɣʐə
弓 χi ɣʐə
箭 ɣʐə və
毒箭 duk ɣʐə və
箭绳弦 χi sku
马笼头 rɛ zʁə
马嚼子 rɛ ʂtsho
马鞭 zja ɬtɕɑ
马鞍 zga
脚蹬马鞍上的～ jo ftɕən
前鞧固定马鞍用的～ goŋ tho
后鞧固定马鞍用的～ zmɛl
缰绳 kha dɛn

缝纫机 zu mkhur

箍桶~，名词 ɣdu skər

柴草枝叶柴 mə si ʐ̩ə ʐ̩ə

锉子 xuo re

槌子 ʁbo

锥子 scçi

车轴风车或独轮车的 mkhur lu

铃打~ ndʐ̩ə və

蒲团 doŋ va

手表 tɕhi tshu

眼镜 ɕhɛl mi

扇子 loŋ ju

拐杖 bu dzə

篦子用来篦虱子用的~ ɕə tə ʁə ɣʑa

钱包 rdu ku

大烟罂粟 rgə də va

烟头 də va

烟丝 də va noŋ sn̥u

烟斗 də ra

水烟筒 ɣrə də ra

烟嘴 də ra kha

烟锅 də va nɢə lu

竹签 ɣʒə

水桶 ɣdu

洗衣粉 bə to

花瓶 me tok dɛn nbə

花盆 me tok qho ma

刀架 pə rzi zɲo re

刨花 mbər le sə ʐə

锯末 sə mu

水磨 rɑ tɑ

筲箕 χjo

磨盘 vu rgə

磨眼儿 rɑ tɑ ɣɟi

小钢磨 tɕo rɑ tɑ

老虎钳 ska mba

推剪 ro

剃头刀 ʁə vʐ̩o pə rzi

剃须刀 khɛ spə vʐ̩o scçet pə rzi

棉被 phu ke

被里 phu ke noŋ ɕiɛ

被面儿 phu ke phi ɕiɛ

毯子 rɛ nʒə

枕巾 ʁur pa re

枕芯 ʁur noŋ sn̥u

水池 ɣrə rjo

沉淀物澄清后沉在底层的东西 ɣcçi ɣcça

大刀 ʂkoŋ mgrə

小刀 pə rzi ze

匕首 zɛ dʐ̩ə

铁箍 tɕo ʁɑr

门帘 zgo jo

火镰 ɬtɕɑ mɛr

炭火盆 me rɑ ma

瓶塞儿 dɛm bə khɛ lav

水碓 dʑa tə ku

木臼 mə si kha dʑa tə ku

水碾 rɑ tɑ

拖拉机 tho la tɕi

驮架 boŋ zgra

靠背椅~ ʂtən re

牙刷 ja ʂuɑ

牙膏 ja gɑu

收音机 ʂəu jin tɕi

手机 ʂəu tɕi

飞机 ɣnam dʐə

六 服饰饮食

布总称 khɛ ser

棉布 khɛ ser

麻布 ɕɛl ti

灯芯绒灯草绒条绒 la rgə loŋ rgə

线总称 re skə

毛线 zmo zkə

棉线 re skə

麻线 sa ma ra rtsa

线团 skə rtɕi

绸子 ta mtʂu

皮革 ɣʑə

皮袄 tshɛ rə

上衣 stoŋ pho

内衣 noŋ dʑɑ

夹袄 zbjə rma

外衣 dʑi ba

单衣 dzə gə bə bə

长袖 və zʑa gɛ dʑi

夹衣 zbjə rma

短袖藏袍女式 və zʑa ma

扣眼 vzo vzo ɣɟi

袖口 və zʑa

衣襟 ku va

大襟 phji tɕam

小襟 noŋ tɕam

裙子 tɕhun tsə

绣花名词 me tok vzu

花边 ku va me tok

领子 ku va

衣袋 khõ pop

内裤 noŋ thoŋ khu

裤裆 toŋ khu rta

布鞋 ku tsə ɣzi

靴子 dʑə ʂta

草鞋 rtsi kha ɣzi

皮鞋 goŋ mar ɣzi

胶鞋 ʂu tɕau ɣzi

鞋底 ɣzi cçhi

鞋后跟 mɛ rn̥u

鞋带 ɣzi rji

草帽 tɕe

皮帽 tshɛ ʐɑ

棉帽 re bər tɕe

手套 ʑa ɕəp

腰带 ndə ʂcçe

围腰帕 mthav va

绑腿兵~ ʂko skə

带子统称 ndə ʂcçe

头巾 pɑ re

头绳 ʁə stɕa

镯子 lɛ ki

耳环 loŋ thu

项链 ske rɟɛn

珠子 mphri va

粉化妆用的 ŋa ʁa ma lə

食物总称 za ma

ngə lə

肉总称 bjoŋ noŋ

肥肉 bjoŋ noŋ gɛ ɣjɛ

瘦肉ɕɛ no
肉皮bjoŋ noŋ dʑə dʑa
排骨no qɑ rɑ
剔骨头bjoŋ noŋ phjɛl ji
扣肉vɛ gu
腊肉vɛ gu ɣro ɣro
熏腊肉vɛ gu
五花肉vɛ gu
炖肉bjoŋ noŋ zlu gu
坨坨肉一块一块的肉bjoŋ noŋ lo lo
猪腰子va rɣə lu
锅巴qə cçɑ
粉丝细条~ fen thiau xtsho xtso
米线米粉mbre kha fen thiau
粉条粗条~ fen thiau gɛ lvu
粉皮片状~ fen thiau dʑə dʑa
面片儿pə ta tsɛl
粑粑ko tha tsə
烧饼ɣmə və le khe
月饼xuɑ mok mok
素菜rŋə rŋa zən tu
荤菜bjoŋ noŋ zən tu
咸菜jan tshai
酸菜scçə bə
豆豉təu ʂə
汤总称khu va
米汤mbre khu va
肉汤bjoŋ noŋ khu va
菜汤tshɛ khu va
舀汤khu va nə re
豆腐干tə fu ɣro ɣro
面筋ʂlə

糖总称khan da
白糖bji ma ka ra
冰糖ɕɛl ka ra
红糖χaŋ thaŋ
瓜子儿guɑ tsə
茶总称dʑa
浓茶dʑa gɛ ʁjɛ
油总称snəm
板油ʂtshi ʂtsha
猪油va ʂtshi
油渣ʂtshi ʂtsha doŋ sn̥u
菜籽油mɑ rnɑ
芝麻油mɑ rnɑ
花生油mɑ rnɑ
八角ba go
桂皮guei phi
花椒ɬtshav
胡椒面儿rɟja ɬtshav
豆腐渣dəu tsa
面糊ba tɕhə
麻花大~ mkhen dzei
酥油茶səp ma dʑa
牛奶ɬhə
酒总称a rɑ
蛇胆酒mphri skrə a rɑ
酒曲ʁɟji
冷水ɣrə ʂkhu
蒸饭mbre nqhɑ
夹生饭mbre xsə xsə
白饭mbre
硬饭mbre rgi rgi
软饭mbre ndvə ndvə

碎米mbre pha ma

咸蛋tshɛ khə zgə ŋa

寡蛋zgə ŋa

粽子tsoŋ tsə

凉粉liaŋ fər

搅团面做的糊糊bə rɑ

七　身体医疗

身体统称ɣzuk pu

个头boŋ khɛ

皮肤dʑə dʑa

皱纹rə mu sthu sthu

肌肉ɕɛ net

血液se

骨头rə ra

骨髓ʂkoŋ ɬham

肋骨rə ra

脊椎gər ʂtsho

头盖骨qɑ bə lɑ

肩胛骨poŋ rə ra

踝骨rə ra

内脏统称noŋ tɕə

心zjar

肝shi

脾spe

肺ʂtshe

肾腰子rɣə lu

胃ʁbro

胆skrə

筋krə

脉ʂtsa

血管ʂtsa

肠子va və

大肠va və gɛ dʑi

小肠va və xtsho xtsho

发髻mɬhe cça

头顶ʁə rcçi

头顶旋涡脑旋rtɕi mɛr

脑髓dva

后脑dva qə le

囟门χsu

白发ʁə phru lɛ

鬓角ʁə skran

睫毛mo rme

气管qva

食道qva

喉结qva tɕho

酒窝ʁlə ʁlə qə lə

颧骨khər

太阳穴ȵɛ rtsa

眼皮mo tɕha

单眼皮mo ju a qhɑ

双眼皮mo ju a tɕha

眼角mo qrə

眼白mo phru

眼屎mo ʂcçɑ

耳孔ȵə ɣɟi

耳垂ȵə ɣbɑ

耳屎ȵə ʂcçɑ

痰sqhɛr

鼻孔sni ɣɟi

鼻尖sni ʁə

鼻梁sni

鼻毛sni spə pa

鼻屎sni qhɛ
门牙ɕə
犬齿mtɕhə va
臼齿ɕə gɛ cçhɛ
齿龈rn̥il
牙缝ɕə χɛ ma
牙垢ɕə ʁə ʁja
假牙ɕə ʂkhrɑm ba
小舌vʑ̥ɛ ze
舌尖vʑ̥ɛ ʁə
兔唇khɛ ɕu
人中tɕha rmu xcçu gu
络腮胡ɣcçɛ ɣu rɑ
八字胡kha spə
乳头ne ne
乳汁ne ne
胸脯ʁɑ lo
腰dʑup
小腹vop
手心ʑ̥a xcçi
手背ʑ̥a ʁu n̥u
手茧子ɣrə ʁbro
手腕ʑ̥a ʂtsho
汗毛spə pa
汗毛孔spə ɣʝi
粉刺脸上的～rɲa dɛi
痱子rɲo
指纹ʑ̥a rə mu
虎口lɛ mɛr bər ma
倒刺指甲下方的翻起的小皮dʑi mu
腋窝phjɛ kə və
腿肚子ɣdə
胭窝ɣdə qə le
脚心mɛr ba
脚趾ʂko lɛ ma
脚印ʂko dʑɛ
响屁xɕa
闷屁rve
稀屎ʂcçɑ xpɑ
膀胱bu si
子宫də vdə mbjo
阴道stə
阴毛stə spə
睾丸ʂɬu pa
汗xɕi
汗垢ɣə ʁja
唾沫vʝə
医院smɛn khõ
药店smɛn zʑi re
中医tʂoŋ ji
西医smɛn khõ
小病nɛ ge de
大病nɛ ge cçhɛ
内伤ɣzuk pu noŋ ji nɛ
外伤phi nɛ
药总称smɛn
药丸smɛn lo lo
药粉smɛn ʑə ʑə
药水smɛn ɣrə
药膏smɛn mɛn lə
药酒smɛn rɑ
草药smɛn rtsa
蛇药mphri smɛn
毒药duk smɛn

开药方 smɛn ji dʑi də ra
熬药 smɛn zʒə qu
搽药 smɛn ma
动手术 sbjɛn
麻药 zuɛl smɛn
补药 ɣzuk pu phen scçet smɛn
忌口 za rtsa
治~病 smɛn scçhə
呕干~ phɛ re mei tɕiɛ
发冷感冒前兆时~ ʂkhu dən zə
打冷战发疟疾时~ ʂkhu dən ncçhə
感冒 ɕi ɕuɛn thɛ
传染 nɛ mthən
头晕 mgu ju mkhur
头疼 ʁə ŋo
按摩 ɣzuk pu thɛ thɛ
穴位 rtsa
发汗 xɕi nə tɕiɛ
牙痛 ɕə ŋo
抽筋 rtsa grə grə
抽风 gə lɛ lə
瘟疫 ŋo qhɛ
哮喘 ʂtshə
麻风 ʁdzə bə
天花 nɛi jul
水痘 mbru
疟疾 vo zbjoŋ
麻疹 lə rɣə
痢疾 vo zbjoŋ
中风 tɕjo ru gə ʑi si
大脖子病 vʒe gɛ cçe ji nɛ
骨折 rə sn̥en
脱臼 ʒa ʂtsho də χei si
伤口 wmɛ
痂伤口愈合后结的~ wmɛ ɕu
疮总称 spə vje
痔疮 χsu thi də χa
冻疮 wmɛ də ɕiɛ
起泡 ɣrə bro
水泡 ɣrə bro
血泡 se mbru
流鼻血 smɛ se
梅毒 rɟja nɛ
伤痕未好的 wmɑ
胀肚子~ ŋɣbe
麻手发~ zuɛl
僵硬 rgi rgi
伤受~ wmɛ
出血 se nə xɕer
淤血 se qhɛ
茧手上长的老~ də ɕiɛ go si
雀斑 gə ja si
麻子 mbar tsha
胎记 rta
结巴 lgo va
脚气 ʂko tsə
灰指甲 nɛ ldzə scçɑ scçɑ
瘌痢头癞子 mdzə bu ʁə
左撇子 ʁje gu ma
六指 ldzə dʐuk
近视眼 mo mu cça mkhən
老花眼 mo mei xsi rə
白内障 mo noŋ phur gə χa si
鸡眼脚茧病 zo

独眼mo pha ʐɑ va

对眼ɕiɛ ste

斜眼ɕiɛ ste

歪嘴ɣmur rjə rjə

瘫痪də grə grə

八　婚丧信仰

招赘bə thoŋ mqhə

接亲la ja mqhə

抢婚mphro lo

离婚kha kha və

胎ge de dʑə

胎衣ge de mbjo

脐带vop cçjɛ

小产də grei

打胎qɛ

寿命tshe roŋ

岁数kvo

送葬ln̥i phɛ

遗体ln̥i

寿衣də sɛ si ji dzə gə

火葬ln̥i bər rɛ

火葬场ln̥i bər rjɛ re

土葬ln̥i zgu

天葬ɕa mbroŋ

坟地rdə sa

灵魂ʁrnam ɕi

法术mthən və

作法mthən və

命运le

打卦mphru mu

拜菩萨phjal mtshɛl

佛陀soŋ rɟje

鬼ɣjə

祸ba tɕha

仙ɬa

巫师mthən və mkhən

ɬa vbep mkhən

巫婆mthən və mkhən sme

ɬa vbep mkhən sme

经书tɕhu dʑi də

龙mbru

xɬə

许愿smən lɛm rɟjiɛ

还愿smən lɛm rɟjiɛ ɮaŋ

占卜rtsi ncçhə

供祭品ɬa mtɕho

鬼火ɣjə rmə

凤凰rma bja

九　人品称谓

高个儿boŋ ke gɛ cçhɛ

光头ʁə dʑiɛ

老太太vu da

老头子ɣdzə və

年轻人lu tɕhoŋ

小伙子lu tɕhoŋ

姑娘rgə rga

熟人sə shɛ

生人mə shɛ mkhən

富人joŋ gu va

穷人ȵɛ mtɕu va

工人vzu pa

官总称xpən

头目 mgu xpən

土司 rɟjɛl bə

医生 smɛn ba

猎人 rŋan pa

屠夫 tɕə tɕjan mkhən

老板 tshoŋ xpun

强盗 dʑɑ xpɑ

土匪 dʑɑ xpɑ

骗子 khʂɛn ba

胖子 ŋjaŋ ba gɛ jiɛ

民族族群自称 bu ba

bud ba

汉族 rɟja

老百姓 mə ser

姓 szmi

主人 vdɑ xpə

兵 ʁma ʁmɛ

老师 ge gen

学生 dʑi dʑɑ mkhən

敌人 zgra

伙伴 vdʑə vdʑə

裁判 bər ba

摆渡人 grə pa

酒鬼 rɑ ɟji

证人 ȵi xspon

鳏夫 phu sa də χɑ

寡妇 jə xsa ma

接生婆 vop cçjɛ və mkhən

国王皇帝 rɟjɛl bə

王后皇后 rɟjɛl mu

头人 mgu xpən

石匠 rdo vzu

篾匠 ʁɮə mɬhe mkhən

铁匠 mgar ra

渔夫 ʁjə tshu rɟja

中人中间人 ɣcçəl gu dzu mkhən

流浪汉 ɣcçhər ma

叛徒 phi rɑ noŋ rtsa

本地少数民族藏族对他族的统称 rɟja

私生子 ʁde le

囚犯 ɣrtsoŋ ba

赶马人 rɣi qe mkhən

长辈统称 gɛ gu

曾祖父 a pe

曾祖母 ve ve

大舅 a ʑo gɛ cçhɛ

小舅 a ʑo ze

大舅母 a ʑo ji jo və

小舅母 a ʑo ze ji jo və

兄弟 rmə sti

姐妹 rmə sno

堂兄 a te

堂弟 ɕɛ ȵi gɛ de

堂姐 a da

堂妹 sno gɛ de

表姐 a da

表妹 sno gɛ de

表哥 a te

表弟 ɕɛ ȵi gɛ de

子女 ze sme

侄女 tshɛ mu

外甥女 tshɛ mu

孙女 sən ni

外孙女 sən ni

祖宗rtsa rɟjə

孤儿vi va bə rɟjə

母女俩ma zə ɣne

男朋友pə ŋa vdʑə

女朋友sme vdʑə

大舅子jo və ji a te

小舅子jo və ji ɕɛ n̥i gɛ de

大姨子jo və ji sqhe gɛ cçhɛ

小姨子jo və ji sqhe gɛ te

兄弟俩mə ste

夫妻俩zɑ bɑ

姐妹俩smə qhe

曾孙sən sən

母子俩ma zə

父女俩pha zə

婆家jo da pə

亲家n̥e xsər

亲家公n̥e xsər ji ɣdzə vu

亲家母n̥e xsər ji vu da

父子vɑ zə

父女pha zə

母子ma zə

母女ma zə

十　农工商文

种水稻mbrɛ ɮə

播种ɦlə sphro

点播qə lə noŋ ɦlə mkhən

撒播ɦlə sphro

犁田ɕi

种田ɮə ɮə

栽种tsoŋ spo

耙田ɮə ndʑə və

挖地ʁnu

锄地bjɛn

除草第三次除草zn̥iɛ ra

收割scçə

开荒spo cçhi

浇水ɣrə sphro

肥料χɕə

施肥χɕə rə

沤肥χɕə thər

掰玉米ji me khvɛ

杠子抬物用的pə cçha

楔子楔ɕhɛp

连枷ʁɮe

连枷把n̥a rtsa pə cçha

连枷头rɑ rɟjə

锄柄ʂka ma lu

铁锹mgo n̥i

铲子jaŋ tʂhuan

犁头qo

犁铧ɕu

犁架qo ndʐɑ

犁弓qo skə

犁把qo lu

铡刀ɕoŋ nthu

耙～地ɮə cçhə

牛轭ʁɮe

打场ɣdoŋ ʑə

晒谷ɕi fkhji

晒谷场ɣdoŋ ʑə

风车loŋ mkhur

碌子整地用的ʂə guei

麻绳sa ma ra rtsa

撮箕tsho tɕi

木耙zʐɛ

鞭子ʐa ɬtɕɑ

牛鼻绳snɑ ʂtɑ

筐phu ru

dou dou

粗筛指眼大的筛子ɕja zbja

细筛指眼小的筛子krɑm tshɑ

圈儿统称，名词khu

牛圈khu

马棚rte mkhoŋ

羊圈tshɛ mkhoŋ

鸡窝ɣə ra mbjo

笼子ru re

猪槽va lgə

木槽khə tsi

谷桶ɣdo

碾米mbre ɣdʐu

舂米mbre də ta

猪草va dzi

猪食va thi

利息scçe

买rə

卖zʐə

交换物物～mbjə zmbjə

价钱goŋ

借钱phjo dzə rŋi

还钱xsev

讨价goŋ dɛn

还价goŋ dɛn

出租ɣla

债bə len

赢～钱gə jiɛ

输～钱də sɬu

戥子厘秤thər nɑ

秤钩rɟja cçhə

秤盘rɟja ma

秤星rɟja mo

秤砣rɟja ɣdu

火车huo tʂhe

汽车tɕhi tʂhe

船总称grə

渡船专门用于摆渡用的～grə

划船grə scçho

邮局dʐə də be mkhən

jou dian tɕi

电话dian huɑ

机器tɕi tɕhi

属相lu

子属鼠ɣbi va lu

丑属牛ɣloŋ lu

寅属虎stɑ lu

卯属兔ji ʐu lu

辰属龙mbru lu

巳属蛇zbʐə lu

午属马rte lu

未属羊lək lu

申属猴spri lu

酉属鸡wɕa lu

戌属狗cçhə lu

亥属猪pha lu

国家rɟjɛl khav

政府si ʐoŋ
乡政府ɕjaŋ tʂen fu
省行政区划的～ʐen tɕhen
县行政区划的～rdzoŋ
村行政～rə və
印章统称，名词thil
私章个人用的roŋ thil
记号标记ʂtɑ
证据den ʂtɑ
黑板χe pan
粉笔fen bi
笔sni ɣə
纸ɕok və
书dʑi də
念书dʑi də dʑi
小学ɬop tʂa
中学ndzən ra
大学ndzən ra gɛ cçhɛ
请假goŋ ba ʐu
放假də lɛ
毕业dʑin dʑa rŋa ma də χa
荡秋千a la rgen mgo
踩高跷ʂə ʂko
吹口哨si cçhə
唱调子民族地区说唱的一种形式ʁlə və
练武术ncçhə ncçhə bjo
打弹弓than pen tsə qɛ
翻筋斗χu tsu me le
潜水ɣrə və nə ve
跳舞ʐe ndʐu rɟjav
锣mkhɑr ŋa
钹tɕhaŋ loŋ

鼓rbi
腰鼓rbi ze
琴tɕhin
镲小钹tɕhaŋ loŋ ze
箫ja ɣli
号吹～rɑ doŋ
唢呐ja ɣli
口弦sqar
簧口弦～sqar
哨子吹～sei cçu cçu
喇叭kha pɑ
戏演～ntɕhɛm
木鱼rɟja la ma qə te le
照相bar ncçhə
相片bar
颜色tshu kha
射击qɛ
墨水snɑ
墨汁snɑ
糨糊bɑχ tɕhə
地图sa tʂa
图画rə mo
涂改joŋ rɑ
字写～dʑi də
算～数tsu ndʐu
数～数tsu ndʐu
加snɛ
减dʑə dʑə
乘sɟjəl thar
除ɣgo thar
球总称ba lo
倒立tɕhi tɕhi

对歌ʁlə ɕu tshɛ

唱山歌ʁlə və

棋子统称ɕur

比赛rɑ rə

游泳ɣrə dʑuɑ

骑马rɣi cçhi

钓鱼ʁjə tshu

燃烧~火bə rjɛ

哈气rɣu χɛ

十一 动作行为

浮木板~出水ɣrə tɕha bjo

流~淌xɕɛr

飞~翔bjo

住~在家里ndzu

来~家里ʐɛ

吹用口~气ɣmɛ

拉~木头ndʑi ndʑə

挖nqhu ra

ʁnu

捉猫~老鼠fkhrə

挠用手~痒痒zna

圈转一~ skhər va

刺用针~穿ndən

搓~手掌ʐav zʐɛ

榨~油ɣdʑu

抹~糨糊ʑɑ lɑ

笑qhɑ

旋转mkhər va

沉~入水底ɣrə və nə ve

浸泡zbap

漏~雨zda

溢~出xɕɛr

取名rmu smə

晾衣fkhji

补~衣服phe le ncçhə

裁~剪衣物dzᶕa

织~毛衣nthɑ

扎用针~ mdɛr

砍柴mə si khvɛ

淘米mbre rʁe

洗碗rʁe

搅拌sto zʐə

焖~米饭zʁe

炖~牛肉zʁe

烤~火mtshɛ zʐu

腌~泡菜zbap

饱吃~ də fkə

醉喝~酒də jɛ

打嗝zgu rə tɕi

讨饭phə ɕə

酿酒a ra phauv

搬家jo spo

分家ndzᶕə ndzᶕə

开门scçhi

关门ʁɑ və

洗脸rʁe

漱口ɕə rʁe

做鬼脸ɣjə rŋa və

伸懒腰ju ra

点灯shvo snə

熄灯shvo qhə

说梦话rn̥ə loŋ

醒睡~ də zbrə

晒太阳nə stso ntshɛ zʒu

烤火ɣmə ntshɛ zʒu

暖被窝phu gai ntshɛ zʒu

等待ji rn̥i

走路ʂkoŋ thoŋ ɕə

遇见~熟人gə dʑoŋ

去我~街上买东西ɕə

进他~来gə χa

出他~来də χa

上来从下面~ rə χa

下去从上面~ nə ji

争~地盘stu tu

吃亏做买卖~ pham

上当rɟji ʑiɛ

道歉thu lu ɕak

帮忙ʁu

请客ndʐu ba mqhə

送礼ka va kho

告状ʑə

犯法khren ʁa den ngrəl

赌博ɣcçər lɛ

坐牢tsoŋ khõ noŋ ndzu

砍头ʁə khvɛ

吻~小孩儿bau sdi

呛ʂtshe noŋ ɣrə ɕə

呼气rɣu lɛ

抬头ʁə rə fcçhi

低头ʁə zgo

点头sxɛ xɛ

摇头ʁə sxɛ xɛ

摇动sxɛ xɛ

招手ʒa sxɛ xɛ

举手ʒa cçhə

笼手指双手~在袖子里ʒa nə bə tɕɑ

拍手ʒa zpja

握手wo ʂəu

弹手指~ de le

掐~手do tɕə

抠~手zuɛl rzu

牵~一条牛mtshi

扳~手腕ʒa ɕuk tshar

捧~水rə khev

抛~物nə qe

掏从洞中~出来mthɑ qə

骟~猪ftɕe

夹χtɕər

抓znɑ

甩nə qe

搓~面条nʒev

跟~在后面ɕu ɕə

跪~在地上rŋə dzu

踢~了他一脚ʂtshu

躺~地上gə cçi ɟja

侧睡sha sha rgə

靠~在椅子上睡着了ʂtən

遗失də phɛ

堆放spo lo

叠~被子zda

zda tɕak

摆~东西lɛ

搬spo

塞堵~ χfsthə

sthə

抢~东西stu

砸~骨头xtsɑ xtsə

刮~胡子vʐo

揭~锅盖rə χɑ

翻~地npha sɬhe

挂~书包zŋo

包~东西mbjo la

贴zbjɛr

割khvɛ

锯~木头dʐɑ

雕~花ʂku

ʂku tɕa

箍~桶ɣdu skər

装~口袋ŋkhə

卷~席子dʐəl

染~花布mtshə

吓~人ɣɟje rɟjə

试~衣服tshe tshe

换~灯泡zbjə mbjə

填~土sthi

留~在我这里lɛ

使用sbjɛ

顶用角~χdə

刨食zʐə lji

晒衣fkhji

摘菜khvɛ

切菜tsuo

烧开水ɣrə lə zʐə

熬~茶zʐə qu

烘~烤mtshɛ zʐu

蘸~辣椒mtsan

溅~了一身水də tshə qɑ

洒水ɣrə sphro

返回mkhər va

到达~北京ʐe

招待mqhə

认罪khes də lən

包庇phjoks və

卖淫χthə zʐə

偷盗skə

毒~死duk

听见də ntɕhi

偷听ndzə ndzə rŋi

看见ɣdu

瞄准ntshɛ tshɛ

剐蹭nə ʐrə jiɛ

啃~骨头ndʐɛ lɛ

磕头phjav mtshɛl

拖在地上~着走tshə zɲɛ

拍~肩zbjɛ la

托用手~ fcçhə

压双手~ nthvɛ

抽~出thɛ bɛ

勒~在脖子上wshi

抖~袋spə ʂqha

拄~拐杖shu

垫~在地上gə nʐə

划刀~ a tshɛi

锉~锯子fsi

钻~在地洞里gə rje

捂用手~住嘴sphu

渗~透zdap

滤~沙子mtshɑ

叼~烟ʂcçhɛ

叉腰rə scçoŋ si

赤膊grə rvu

敲打qə zthe
撒娇jiɛ me
呻吟zgrə
仰睡vɟil vɟil nə bər
喂草rdzi mə
放夹捕捉猎物方式sthu lɛ
装索套捕捉猎物方式sthu lɛ
拔毛spə pa nɬhi
燎毛scçu
剥皮剥动物皮ɣʑɛ
烧砖sa pa bə rjɛ
烧窑jau tsə bə rjɛ
烧石灰ʂə xuei bə rjɛ
刷墙ɟjoŋ ʐɑ lɑ
穿针ʁər rɟav
绣花me tok nthɑ
缠足ʂko ʂcçhə la
磨刀fsi
劈柴krə
酒醒a rɑ rə doŋ
闩门ʁɑ ɕap ncçhə
剪指甲nɛ ldzə khvɛ
掏耳朵ȵə thav qhə
动身ɕə ɕɑŋ
赶路ɕa ra ma ra ɕə ɕɑŋ
让路tɕɛ tɕiɛ
劝架bər və
报恩gɑ ʁji və
报仇ɕiɛ le ɣgər va
照顾gɛ ʁji və
收礼phɛ mbɛ ʁqɛ
抢劫stu

杀人vdzi sɛ
劳改ɣrtsoŋ ʑiɛ
鞭打zbə cçha
胜利də cçha
失败ma cçha
瞪~着双眼ste ste
拽用绳子~ mtɕə mtɕə
捋~袖子ɕi ɕiɛ
搁~东西lɛ
揣~在怀里ŋkhə
携带zu
扒~土qho ra
蹦~跳pqo nɬhə
跺脚nthva
打滚rgə zʒe
扑猫~老鼠ɬə
粘~贴gə mbjɛr
剖~膛开肚zbjɛ
劈~开tɕja qru
漆~桌子tshə
搓~绳nʒav
钉~钉子lda
绞~索ɕjoŋ tha
vgek tha
蒙~眼sphu
胡打麻将~了gə jiɛ si
和下象棋~了mdʐa mdʐa də tɕiɛ
发脾气spru thoŋ
赌气rɣu ʁɟjoŋ
生长rə χa si
打猎rŋa
蛀虫子吃ʁnɛ wu ngə

系围裙 mthav va zə

打结 χtɕhu ste

认得 suo

伤心 zjar khu

讨喜 rtɕjɛ sən zbro

恨～了他一眼 mo zə

满意 vdut pa də

着急 sən tshə

理睬 ʑja rə

担心 sən nɛ

放心 san pa cçɑ

愿意 vdut pa də rə

变自动 mɟjər

使动 zɟjər

恼火 tshə pa za

心痛 zjar ŋo

记仇 sn̥oŋ ŋər

害～人 zŋə və

反悔 vtɕu sən scçi

可惜 ʂqhvo la

声音 skɛ

喊～话 skhə re

问～话 rjɛ

答应 khe len

介绍 a jə ra

回答 len ncçhə

造谣 skɛ ɣcçhɛ

打听 a rjɛ ra

十二 性质状态

凸 mbər mbər

凹 qə le

正 ŋə ste

反 ʁə n̥u

斜 rjə rjə

横 pren pren

竖 dʐoŋ dʐoŋ

活～鱼 xsə xsə

满水～ rə xsɛ

足分量～ doŋ

光滑 mdʑan mdʑan

mblan mblan

冷清 mdʑa ma ma

浊水浑～ phəl ɣe

空～的盒子 stoŋ ba

嫩～～的青草 zə ze

生～的食物 xsə xsə

熟饭～了 mu

mə

乱脏～ phu ɣcçɛ nə zə

真 ŋə ma

假 ʂkhran pa

暗光线～ ʁnɛ ʁnɛ

闷热 tsɛ zn̥i kha

破碗～了 sn̥iɛn

缩蜷～ qər qər

困了 rn̥ɛv

瘪压～了 pja pja

倒～着放 χtɕhi χtɕhi

纯 daŋ ma

枯叶子～了 rn̥e le

潮～湿 ɣʒən

强身体～ gɛ ʁjɛ

弱身体～ gɛ du

焦烧～ cçhu

清楚gɛ xsi

模糊ʁnɛ ʁnɛ

准确khrə me

tak tak

耐用gɛ grə

空闲cçhɛl

涩zuɛl zuɛl

脆suɛi suɛi

霉烂nə tsə si

不要紧mə ʁɑ

方便jiɛ jiɛ

浪费ʂqhvo la

疏忽大意tɕhi ȵɛ guo ȵɛ

顺利lei lɛ ɕə

聪明ruk pa ga tsha

狡猾ʁɟjau cçi

大胆spɛ cçhɛ

胆小spɛ de

慌张bo bo

麻利ɕə lɑ

节俭mə zbra

厉害gɛ cçu

勇敢cçu

可怜rga va

麻烦ɣkɛ le

光荣bo rtsoŋ

孤独mkhər ma

亲跟姐姐很～mtɕɑ

齐心sən tɕuk

贪心zjar gɛ cçhɛ

拖拉做事情～mdʑɛ ra

十三　数量

十一ʁɑ vro

十二ʁɑ ɣne

十三ʁɑ xsu

十四ʁɑ ɣʒə

十五ʁɑ nɢvɛ

十六ʁɑ xtɕho

十七ʁɑ zȵe

十八ʁɑ rjɛ

十九ʁɑ ngə

二十一ɣnə sqha ro

四十ɣʒə sqha

五十nɢvɛ sqha

六十xtɕhə sqha

七十zȵe sqha

八十rjɛ sqha

九十ngə sqha

一百零一rjə wu ro

百把个rjə və kha dʐoŋ

千把个stoŋ mphrɑ kha dʐoŋ

左右十个～kha dʐoŋ

三四个xsu lu ɣʒə lu

十几个zʁa ro ɣe

十多个ʁɑ zʁa ɣe

第二aŋ ɣȵi pa

第三aŋ hsəm pa

大约thi ʑi gə

半个～苹果pha

倍两～ȵi loŋ

串一～葡萄mphri va

间一～房rgə

堆一～垃圾zde

节一~甘蔗lde

本一~书pen

句一~话rgə

庹两臂伸开后的长度ɕo

拃拇指和中指伸开两端间的宽度cçə

斤重量单位rɟja ma

两重量单位ʂso

分重量单位ʑu

厘重量单位skar ma

钱重量单位thu

斗一~粮食mbo

升一~米tɕa

寸一~布ʑu

尺一~布tʂhə dzə

丈一~布tʂaŋ

亩一~地mbo

里一~地li

步走一~ bɛr

次玩一~ ndʐə

十四 代副介连词

这些近指ə də ȵi

那些中指the ȵi

那些远指thə qhe

那些更远指a khu thə ȵi

哪些lo tə

我俩ŋa ɣne

咱俩ŋa ɣne

他俩thə ɣne

人家别人mə zde ȵi

每人a ɣe ɣe

多久她~回来xe ʑi

人们vdzi ȵi

到底~是谁dan ba

差不多thə ʑi gə

起码mɛ rtsa

马上roŋ sa

先~走ŋə

后~走ɕu

一直他~没来xɑ ʑi

从前ʁna

后来ɕu

来不及mə ɬɛ rə

来得及ɬɛ rə

偷偷地ndzə ndzə

够足~ doŋ

真ŋə ma

好人~ ʁjɛ

难~看ɣzuk qhɛ

完全tɕha tshoŋ

全部xsən bə

难道tɕhi ke

究竟ma rtsa

也许mu sə

一定~是他ŋə mei ŋə ma

暂时tɕoŋ ʑɑ

互相ro ro qhe

居然~是他ŋu gi

də ŋu si

趁~现在快去hɑ vdu gi

像~他那样thə bei

mdʐa mdʐa

sɛ

归~你管ȵi ji khə ʑɛ

第三节

其他词

一　天文地理

霹雳 thok
烟炊~ mkhə
岭 ʂtsi
浪花 ɣrə rdav
大地 sa ʑən
阳光 nə stso
流星 rɟjəd zgre
地上 xtho
森林 nɑk
大海 rcçaŋ mtsho
山洞 ra wu
鲜水河 xɕɛr ɣrə
柳日河 ɣljo ɣrə
黄铜 rɑ
红铜 zoŋ
蜜蜡 spu ɕhiɛ
宝贝 nar bu
珊瑚 bji rə
石簧 ɦur rdo
绿松石 ɣju
木炭 doŋ zʑi
裂缝 ɣzer
九眼珠 ɣzək
珍珠 mə tiek
地方 sa tɕha
气候 mər ŋa
白云 zdo
彩云 ndʑa zdo
暴雨 tɕhɑ dzɑ
雨滴 ɣrə zda
田地 ɣʑə ma
田边 ʄə ʁɛ
水里 ɣrə noŋ
路旁 tɕɛ ʁɛ

路上tɕɛ tɕha

树下lə phu və

大河ɣrə gɛ cçhɛ

小溪ɣrə zɛ̥

河谷loŋ ba

大坝子spo gɛ cçhɛ

小坝子spo gɛ de

山坡la

洞衣服上有～ɣɟji

泉眼tɕhə mik

污水phə ɣɛi

石碑rdo rəŋ

寨子统称rə və

家指居所jo

大石包ʐə dʑə phoŋ

二 时间方位

时间tɕhi tshu

  dus tshu

新年lu xsɛr

曾经ŋə kha

  zda

一月rdza va doŋ bu

一个月a slə

两个月ɣnə slə

三个月xsu slə

四个月ɣʐə slə

五个月nɢvɛ slə

六个月xtɕho slə

中间bar ma

首先zə ŋə

其次thɛ ɕu

第四wʑə pa

十万khrə lə zʁa

百万khrə lə rjə

千万khrə lə stoŋ mphra

哪儿lo rə

过来gə tɕiɛ

汉地rɟja nak

印度rɟja dkər

方向phjok

家乡pha jul

排队dpoŋ ka

这时hɑ vdu

那时the tɕha

那天the sn̥i

最后zə ɕu

一会儿a ʑɛ ʑi

晌午sn̥i xcçən

南方ɬhu ŋɛ phjok

北方bjoŋ ŋɛ phjok

西方nəp ŋɛ phjok

东方ɕər ŋɛ phjok

三 植物

杂草rŋə rŋa

檀香tsen den

花红一种水果xa xoŋ

莲花pe ma me tok

藏红花dzu ɣzoŋ me tok

狼毒花mtshu mu me tok

格桑花skəl ɣzõ me tok

金子花草原上一种金黄色的花xser tɕhə me tok

铃铛花drul və me tok

根呷花一种粉红色的花 gən ɣgav me tok

雪莲花 rdza̧ kha me tok

喇叭花紫红色、粉红色 rjɛ ji me tok

野樱桃 an ti

根确树海棠树 gən tɕho lə phu

哲朵草原上的一种花 tsɛi tok

道孚水麦 stɑ wə tɕhə dzu̧o

庄稼 thok

圆根 rɑ ʐə

贝母 pe mu

虫草 bə rtsa̧

树林 lə phu nɑk

果树 ɕhoŋ tok lə phu

苹果树 phjən ko lə phu

桃树 khə mbə lə phu

梨树 li tsə lə phu

桑叶 grən brə lba lə

菜叶 tshɛ lba lə

树叶 lə phu lba lə

桑葚 grən brə

树疙瘩树上的～ mqhro

嫩草 rdzi rtsa zə zə

青草 rŋə rŋa

小辣椒 ho tsav ze

四　动物

四脚蛇 tɕhə vɣi

獐子 zʐə

豺狼 mpha ra

雪猪 spe

骡子 xtɛ

野牦牛 mdzo̧ŋ

牛粪 ʁn̥ɛ

牛粪饼用牛粪做的燃料 ʁn̥a lbja

犏牛 xə

奶牛 ŋə mɛ

马 rɣi

小绵羊 lɑ ʁɑ ze

小山羊 tshɛ ze

小鸡 ɣə ra ze

雕 bja rgə

公的 pho

母的 mu

小猫 tsə lə ze

小狗 khə te ze

小兔 rve qe ze

公麂子 zʐə

母麂子 mu zʐə

小麂子 zʐə ze

狼仔 spjoŋ kə ze

猪屎 va xɕə

羊粪 tshɛ khrɛl

猪皮 va dʑə dʑɑ

鸡头 ɣə ra ʁə

鸡腿 ɣə ra ʂko

鸡毛 ɣə ra spə pa

牲畜 ɕuk zok

公母 pho mu

土猪子 mɬe

五　房舍器具

窗子 ʂku ɣɟi

街 ɣkə jɛ

板壁 boŋ lep

崩科道孚民居的标志性建筑 boŋ kho

地基 zdi rmu

锅庄～建筑 sgor dzo

监狱 ɣrtsoŋ khõ

房顶 jo ʁo

房檐 tʂa ka

帐篷 gur

牛毛帐篷 zbra

桌子 χo pei

剪刀 tɕɛn tau

铜水缸 zoŋ ŋa

铜瓢 zoŋ və

皮口袋 qhvɑ

铜质挤奶桶 zu kha

铜瓶 bər le

铜扁酒壶 zwɛ dem

手纸 ɕok və

斗～里有麦子 mbo

财产 rɟjə nor

长剑 ʂkoŋ mgrə

斧头 lvi

刨子 mbər le

藏毯 zden

垫子 mbɛl

圈套 sthu

铁链 tɕo bri

弯刀 ɕhoŋ ntu

铁锤 tɕo ʁbo

武器 ntʂhoŋ tɕha

旗子 tɕhi tsə

dar tɕha

院子 ɟja ra

屋角 jo staŋ gu

门外 ʁɑ phi

粮仓 mdzod

房梁 jo ji ʁdu ʂta

门边 ʁɑ khe

锅 nɢə lu

网蜘蛛～ mbjo

弹弓 than pen tsə

木刻版 par ɕin

兵器 mtshon tɕha

茶盘 dʑa zdɛr

打茶桶 dʑam doŋ

茶馆 dʑa khõ

餐厅 zɛ khõ

六　服饰饮食

哈达 khɛ dar

补丁 lphe le

氆氇 mphruk

皮衣 ɕa tsɑ

氆氇长袍 mphru dʑə ba

无袖长袍 və zʒa ma

长袖长袍 khep cçoŋ

嘎机未婚女子发式 ʁga tɕi

妇女发型 ɣnə ʁə

嘎乌护身符 ga vu

嘎乌嘎迦男子斜挎在身上的护身符 ga vu kar ɣtɕak

耳环男子～ rna loŋ

僧袍 ɣzən ɕe

库爱古女子腰饰 nkhvo sgu

恰玛女子腰饰 tɕha ma

杰普女子腰饰 tɕiɛ pu

鲁绒女子腰饰lo zoŋ

佩刀男子腰刀jin khe pə rzi

奶渣ɣtɕhə va

糌粑wdʑu

酥油mar ja

奶茶ɬhə dʑa

清茶dʑa doŋ

牛油茶ʂtshi dʑa

锅盔cçe se

米酒tɕhõ

帕子洗脸～pɑ re

毡子垫的～rɛ nʒə

衣服tsə gə

丝线doŋ skə

行李tɕa ka

猪肉vɛ gu

猪头va ʁə

牛肉bjoŋ noŋ

七　身体医疗

个子boŋ ge

牙龈so ʂtsa

骨节ʂtshɛ ʂtsho

脊椎骨sgol ʂtsho

脚腕ʂko rtshu

臀部ɣphə

腮khər

小舌vʒɛ ze

络腮胡子rɟjau vu ra

脓spə

污垢ʁə ʁja

吃坏了～肚子də ʁdu

生命shok

仇人zgra

手印ʒa the

白沫吐～vjɟə grə

手脚ʂko ʒa

手臂boŋ

手指缝lɛ mɛ χa

大腿brɛ

脚后跟ʂko mɛ rn̥u

脚趾甲ʂko nɛ ldzə

龅牙mtɕhə va

心～眼好san pa

黑眼球mo rəl rn̥a rn̥a

脏病khõ nɛ

生～病ŋo

癫痫ɣza

闹～肚子vop zbjoŋ

晕mgu ju mkhur

八　婚丧信仰

婚礼stu rmu

诞生ŋkhroŋ

祝福smən lɛm

福禄ɣjoŋ

意愿vdut pa

施咒fthən

敬龙王xɬə mtɕho

“六字箴言”简称ma ni

神龛tɕhus gra

曼扎mɑ ndʐal

佛像skə ndʐa

地狱ɣn̥al va

痛苦zdu sŋɛn
咒语sŋɑ
记号ʂtɑ
礼物phɛ mbɛ
习俗ndʐu lu
转经mkər va
幸福ɣde scçi
scçi bu
烧香soŋ thu
发誓ŋə sti
佛法tɕhu
宗教tɕhu vlu
stan pa
僧伽hgen ɣdən
扎巴僧人、僧徒grwa pa
世间ndʑək rten
良辰zgrel ɣzoŋ
龙达rlo rta
护法神sruŋ ma
金刚rdo rdʑi
神山hne
煨桑糌粑soŋ wdʑu
煨桑台soŋ ko
胆量xpɛ
痕迹sthi
誓言mna
香名词，点的～spu
卦mphru mu
拜phjal mtshɛl
财神nor ɬa
dzam bhə la
寺院rgən ba
庙宇ɬa khõ
宝塔mtɕhu rten
酥油灯ntɕhu rme

九　人品称谓

老头儿ɣdzə və
牧民mbro ba
裁缝vzu ba
藏族bu ba
bud ba
蒙古族sok bu
病人ŋo mkhən
na pa
女病人ŋo rme
女佣ʁjo mu
佣人pu tsa
女王rɟjɛl mu
妇女sme
家庭cçhim tsho
du kha
家乡pha jul
画师ɬa vzu
外人phi vdzi
瘦子rʁə bə
军人ʁmɑ mə
军队ʁmɑ
学者pen dʐə ta
mkhe pa
后代bə rɟii
小孩子ge de
家人jo vdɑ xpə
能人mkhes pa

地主 sa vdak

前辈 gɛ gu

子孙~后代 bə rɟii

大人他是~ gɛ cçhɛ ma

大臣 ɣlən po

领导 mgu tʂhi

十　农工商文

第一次除草 bjɛn

第二次除草 rɣu

第四次除草 tsha ra

灌溉 zdə

牛皮绳 scçə bri

年盖农具 lɛn ke

银圆 loŋ juan

徭役 vu lag

语言 skɛ

文字 dʑi də

英语 jiŋ tɕi skɛ

汉语 rɟja skɛ

藏语 bud skɛ

藏文 bud ju

作业 dʑi də

琵琶 tam bu ra

弦子 ʑe ndʐu

歌庄跳~弦子 ŋgre lek

球 ba lo

唐卡 thoŋ kha

生活 mtsho va

谚语 xtam xpi

故事 zgru

鸡笼 ɣə ra ru re

生意 tshoŋ

办法 vlu

会议 mtshok

谣言 skɛ ncçho

传说 fɕɛ vlu

大事 dən da gɛ cçhɛ

小事 dən da gɛ de

本事有~ cçu

想法 ntshə stoŋ

工作 le ska

十一　动作行为

交给 xtɛ

坐敬语 ɣʑuk

超过 ɬe

ɣɬe

害怕 scçɛr

拦住 fkɑ

投掷 vqe

越过 vge

注入 vrə

催促 zbə bə

搅动 zlə rji

戴~帽子 tɕe

驮~东西 scçə

燃烧 bə rjɛ

点燃 snə

溶化 də dʑə

ʁʑu jiɛ

哈气 ɣvu χɛ

准备 dʐa dʐi və

耽误 tho

步行 ʂkoŋ thoŋ

来敬语phep

通过mthar

完成zgrəv

听话ji ja ŋe

剩下ɬak

雇用zɣu

转让zɟjər

拜托zʁu la

嘱咐zʁu la

关～牛mru

存放mlo

团年～聚餐thə ʁ̞ə və

打扮khe və

争抢jɛ mə jɛ

stu

洗漱ʂkhru

进～出bdɛr bj

滚～核桃sə lə ʁ̞e

赛马rta χsrjuɣ

养育xsu

捡～球mphri va

敲响qə zthe

恩情dzən tɕhin

结～果子ji we

披～衣服mphjar ji

孝顺ȵiɛ tɕu

舀～水khev

毁塌房子～rdəv

熏mkhə

发霉də ku

蜷缩qər qər

浸泡nbər

罚款tɕhɑ pɑ khɛ

放生tshe tər

带～路mtshi

倒掉水～lŋe

弄倒～墙nə sɬhe

吹～灰尘ɣmɛ

吹～喇叭zbre

搀扶khrə

缠线skəl jɛ

挨近xtɕɛr

思想sən

思考ntshə sȵi

爱他～玩儿rga

充满gõ

惊奇ha lɛ

凝视mkhʐə

集合mtshok

释放vlɛs

能他～行cçha

计划ɣtɕhar ʁʐɑ

叫喊qəp ɣje

约定俗成ʂkhrə

收回mqo

取出thɛ bɛ

清除mphɛl

倒掉～垃圾mphɛl

一样和她～mdʐa mdʐa

舍不得məz bra

恶心skru

起～名字zmu

舒服ga scçɑ

响敲～qə zthe

安装~机器sprɛ
戴~耳环ncçhə
符合~要求tɕha pe thu
疯发~ rə lʁa
拱猪~地ɣlu
估计tshɛ tshɛ və
居住ndzu
卡住fkhja
聋耳朵~ mbji
磨~面ɣdʑu
驱赶thɛ bɛ
痊愈病~ dʐɑ
射中~箭靶gə ʂɬhə
生~孩子scçe
生~疮ɣmɛ də xa
隐瞒ndzə
召集skhə re
找到~东西rei
蜇蜜蜂~了一下mdɛr
指~路zni
清洗skhʐi skhra
埋葬zgo
命令fkav phap
承诺khe len
砍刀ɕhan mto
读~课文ŋvslaɣ
拿出thɛ bɛ
出力ɕuk thɛ
蹬用脚~了一下ʂtshu
散~开zgrəv
解~开phre
掉落瓦片~下来dza

瞎眼~ qə
烂腐~ tsə
过~藏历年və
教书dʑi də ʑi ʑɛ
逛ncçha ra ɕə
接~电线tɕhɑ
落~下dza
亮天~ bji
鼓~起ŋɣbe
赶~走thɛ bɛ
赶~牛qe
偷看ntsɑ dzə
听说dən tɕhi
像长得~ sɛ
下~雨qhe
当~老师və
盖~房子phu
关~起来mru
积~肥fso
缝~衣服wzu
唠叨dva ra
逗~小孩儿rtse
拦~住fkɑ
撒~尿lɛ
忍住fsən
忍不住fsən mə cçha
做我去~饭və
炒~菜rŋə
赶马rɣi qe
得到gə ʑə si
完吃~饭了tshər
碎碾~ ʑə ʑə və

抓猫～了他的手znɑ
扫～地dər ɣrje
低～头zgo
绕～了一圈mkhər va
搂～抱nlvaɣ
交把书～给他ster
让～孩子玩儿phrə
求～别人帮忙re va rɟjak
骂架khər tsu
相遇thuk
互助ʁo ʁo
哈欠zʁo ra
瞌睡ngjav
睡着dən ngjav
做官mgu tʂhi və
打～电话ncçhə
起来站～ də rjɛ
想要～买一双运动鞋fçi ntshə
愁发～ zjar khu
挣脱də sʒu
要～努力çi
讲～话fçɛ
议论fçɛ
吵闹ʁrə ʁrə
骑～马cçhi
乘～坐汽车ndzu
钓～鱼tshu
砍～柴khvɛ
洗～脸rʁe
酿～酒phauv
搬～家spo
砍～树khvɛ

震动xjo si
坍塌ʁle
朝～着phjok
用使～工具sbjɛ
包～起来mbjo la
劝～架bər
滚在地上打～ rgə zʒe
劈雷～ ncçhə
长孩子～大了jor
适应vdzʅek vdzʅik
涂抹ɣma
动～了一下lo ʁle
借rŋi
赔偿xshav
碾～压nthvɛ
划～船scçho
写～字ra
照射svo ncçhə
沿～着mthav kha
吃饭za ma ngə
喝水ɣrə thi
打鼓rbi qə zthe
保护soŋ
做～工və
成家tçhi və
铲除ma mkhən və
蹦跳pqo nɬhə
睡着djev
卡住khja
散～会də gzʅen
脱落gvɛ
背～小孩nlpəɣ va

惊动 sphz̩ər
吞～口水 sqlu
按～住 sthvɑ
散会 zgrəv
凋谢 ŋqlə
发蔫花儿～ χsni
划伤 χsmɑ
张嘴 ŋzʁe
打～枪 fqe
裁剪 vdz̩a
举手 ɮa rphiɛ
刷牙 ɕə rʁe
带领 mkhi
仇怨 sn̥oŋ ŋər
输液 ʁɑr sjan la
挨打 zbə cçha
煮 zlu gu
冷战 s̩khu dən
赋税 s̩ts̩hɛl
揉面 s̩lə lne
捆住 s̩cçhe la
捡到 də z̩zi
剁细 xtsɑ xtsə
戳穿 xcçhi
弄错 ɣdei
结～果子 ɣɕə
拔掉 nɬi
存放 mlo
旋转 mkər va
用计 nɟjiɛ və
折叠 ltep
掉出来 də lχa
跳跃 pjo la
解释 ngrel
吐（使动）s̩phɛ
搅浑 ftsuk
挑拨 ftsuk
浪荡 ŋvzgra
飞 ɣmbjəm
凝固 ŋʁrkha
守卫 ŋvsruŋ
兽夹 ŋvsthu
撒～种子（使动）nsphre
吞咽 nsqhlu

十二　性质状态

亮光 svo swu
牢固 gɛ ngə
新鲜 xsər ba
锋利 skhvɛ skhvɛ
活的～鱼 xsə xsə
死的 də sɛ si
明亮 xso xso
难吃 mi ɮo
老实 vden pa
圆坨坨 ʁlo ʁlo
绿油油 rŋə daŋ daŋ
静悄悄 ndz̩ɑ mɑ mɑ
黑乎乎 ɣnɛ qu qu
灰扑扑 scçɛ χa χa
空荡荡 stoŋ χa χa
红彤彤 ndji phu phu
亮堂堂 xso laŋ laŋ
活生生 xsə roŋ roŋ

白花花phru sə sə
灰扑扑phə ɬɛ ɬɛp
冷飕飕ʂkhu sɳa sɳa
热烘烘xtsɛ xoŋ xoŋ
多的mdʐa me
  gɛ ɣre də
悄悄地ndzə ndzə
真实ŋə mi ŋə ma
益处phən tho
马虎tha ftɕha
踏实这个人很～ spo xtsoŋ
好人他是个～ gɑ dzɑ
和睦gɑ dʐa
瘸腿～ ʐɑ
疯～癫lʁa
尖溜溜skhvɛ skhvɛ
红艳艳ndji phu phu
硬邦邦rgi svɛ svɛ
湿漉漉ɬə ɣçɕe ɣçɕe
臭烘烘no χe χe
光秃秃scçɛ ther ther
酸溜溜zgo tɕhu tɕhu
黄灿灿rɳə thiŋ thiŋ
花～衣服khra khra
黑天～ ɳɛ
天黑ɳɛ mər
哆嗦～发抖nkhra tɕa
肥沃gɛ ʁjɛ
好喝thi ʁjɛ
难喝thi ʂka
好看ɣzuk ʁjɛ
难看ɣzuk qhɛ

辛苦ʂka
腥臭nə no
心眼坏这个人～ zjar qhɛ
心狠sən gɛ rgi
难讲fɕɛ ʂka
吝啬ser sna
吃光ngə tshər
昌盛tar

十三　数量

个一～竹签qha
代一～人rgə
只一～手镯qha
只一～脚qha
种一～烟sna
件一～上衣bjɛ
个一～磨lu
包一～东西pa ku
把一～草ʂper
杆一～秤qha
杆一～枪qha
顶一～帽子lu
块一～肉lu
盘一～菜zdɛr
块一～田rgə
样一～宝贝sna
个一～凳子qha
个一～磨rgə
封一～信lba
罐一～酸菜be loŋ
把一～盐ʂper
根一～肠子qha

排一～树 zgral
架一～飞机 lu
碗一～饭 qhə
伙一～人 toŋ
抱一～柴 nlvaɣ
捧一～水 spɛ
杯一～水 dəm bə
本一～书 pen
道一～题 rgə
滴一～水 zda
家一～人 rgə
盒一～火柴 χo
塘一～鱼 rgə
截一～路 zde
回来一～ ndʐə
趟来一～ ndʐə
眼看一～ mo ɕɛl
遍读一～ ndʐə
口咬一～ scçhɛ
脚踢一～ ʂtshu
把一～麦子 ʂper
寸一～土地 ʐu
尺一～布 tʂhə dzə

十四　代副介连词

独自 khər ma
相同 mdʐa mdʐa
ɣtɕu
突然 mei gə gə
为了～他 tɕiɛ lə kha
də
ka va
否则 dan de
因为……所以 tɕhu
tɕhi ge
re ge
tɕhi re
然后 thɛ ji ɕu
tɕhi ge
re ge
tɕhi re
tɕhu
或者 sa
sɛ…da
la
jin mə na
要么 jin mə na
də mja la
dan de
像长得～他 sɛ
mdʐa mdʐa
而且 xav ʑi
除了 tan de
ma ɣtok
不仅 mu tshər
mu tsi
必定 ŋu ɕhɑ ɕhɑ

第五章 语法

第一节

词类

按照词汇意义与句法功能，可以将尔龚语的词语分为名词、代词、数词、量词、动词、形容词、副词、助词、连词、语气词、叹词、拟声词等12类。下面就各词类的语法特点做简要的描写。

一 名词

名词是表示人和事物名称的词。

（一）名词的类别

名词按其所指不同，分为指人名词、指物名词、时间名词、亲属称谓名词、专有名词、方位名词等6种类型。

1. 指人名词。例如：

vdzi 人　　sәm nә pa 农民　　tshoŋ pa 商人

mbro pa 牧民　　rgә rga 姑娘　　ndẓu ba 客人

ge de 小孩　　rgә rgu 老年人　　lɑ ɕie pa 手艺人

2. 指物名词（包括动植物等）。例如：

ɕi 青稞　　rgә ma 石头　　lә phu 树

ɮe 麦子　　ɬop tṣa 学校　　sɳu 豌豆

ɬә ɣnә 月亮　　ɬhә 牛奶　　ṣtsɑ dẓu 面粉

3. 时间名词。例如：

nә kha 春天　　ṣtshav kha 秋天　　a vә ʑa 去年

ga ɕha 早晨　　ɕu 以后　　ndẓә ŋә vi 前年

kvo 年，岁　　sn̥i 日子，天　　gə zə 晚上

4. 亲属称谓名词。例如：

大部分亲属称谓名词的词根前需要加前缀a。少部分称谓词不带前缀a，这部分词有4种情况：一个是单音节形式，如sno“妹妹”；二是词根加后缀的派生词，如tshɛ və“侄子”；三是词根加词根的复合词，如ɕɛ n̥i ze“弟弟”；四是重叠式，如ve ve“奶奶”。再如：

a mə 妈妈　　a pa 爸爸　　tshɛ mu 侄女

a pe 爷爷　　a ne 姑姑　　sme 女儿

a te 哥哥　　a ja 姨妈　　a ʑo 舅舅

5. 专有名词。包括人名、地名、村落名等。例如：

rə və 村寨　　zə̥ sn̥i 城关　　lo zoŋ 洛绒人名

zwa 瓦日地名　　la loŋ 乡下　　fkoŋ ser 孔色地名

xɕɛr ɣrə 鲜水河　　ɣge ɕi 格西地名　　zə̥ sn̥i loŋ ba 道孚沟

6. 方位名词。尔龚语的方位名词，可分为一般方位名词和特殊方位名词两类。一般方位名词如ŋe ste“前”、ʁə n̥u“后”、ʁje“左”、ʁcçhə“右”、noŋ“里面”、phi su“外面”、bar ma“中间”等，这些都与其他语言的方位词无异，此处不再做详细介绍。

尔龚语中的特殊方位词是道孚先民根据自己所处的山水等特殊的地理环境创造出的一套独具特色的地域方位词。道孚藏族大多居住在鲜水河流域的峡谷地带，除盆地外，多有群山环绕，鲜水河、柳日河等横贯其间，道路顺河，盘山而行，一边靠山，一边靠水，所以在道孚先民的概念里形成了一些独特的方位概念，并由此构成了一套特殊的方位词。这些方位词与动词的方位范畴有着密切的联系。这套特殊方位词共有6个，表示6个方位。即：直上方、直下方、上游方、下游方、趋山方、趋水方。详细情况如表5-1所示：

表5-1　尔龚语特殊方位词表

方位概念					
垂直方向		河流方向		趋山和趋水方向	
直上方	直下方	上游方	下游方	趋山方	趋水方
rə-ro	nə-ro	rə-nkhvɛ	nə-nkhvɛ	khə-tɕha	ʁə-tɕha

（二）名词的构形特征

1. 性或性别范畴

尔龚语的字性原则与藏文字性组织法（rtaks kyi vjuk pa）相近，可以分为阳性、中性和阴性三类。其字性需要根据发音时气流的强弱、发音器官肌肉的松紧，以及具体的辅音、

元音、辅音韵尾等具体情况而定，是相对于字性而言，因此，尔龚语在名词方面无严格意义上的性的语法范畴及形式，但有自然属性的表示方法。尔龚语的指人名词及指称动植物的名词，除了靠完全不同的形式表示外，大部分情况下要前加或后加表示性别的词缀pho、pa、bə“雄”或mu、mə、rme“雌”等以示区别。例如：

a pa　爸爸　　rɟɛl bə　国王　　na pa　病人

a mə　妈妈　　skɛ mə　尼姑　　rɟɛl mu　女王

ŋo rme　女病人　　phu bja　公鸡　　mu bja　母鸡

2. 数范畴

尔龚语的名词有单数、双数和多数之分。单数可以用名词的零形式表达，也可在量词前加数词a表示；双数需要在名词后添加数词ɣne表示，多数在名词后加ȵi表示。

（1）尔龚语里用前缀a加在量词前，表示单位数量“一”。例如：

a rɟja ma　一斤　　a rgə　一个　　a mbo　一斗

a ʂso　一两　　a thu　一钱　　a pen　一本

（2）在名词后加ɣne“二”表双复数。例如：

ndʐu ba　客人　　ndʐu ba ɣne　两个客人

va　猪　　va ɣne　两头猪

（3）在名词后加ȵi“些”表示多数。例如：

ndʐu ba　客人　　ndʐu ba ȵi　客人们　　ȵi va　亲戚　　ȵi va ȵi　亲戚们

va　猪　　va ȵi　猪多数　　vdzi　人　　vdzi ȵi　人们

3. 小称范畴

名词的小称范畴，在尔龚语中一般用后加词缀ze来表示。例如：

va　猪　　vɛ ze　猪崽　　tshɛ　山羊　　tshɛ ze　山羊羔

nɢə lu　锅　　nɢə lu ze　小锅　　kə ta　狗　　kə ta ze　狗仔

4. 领属范畴

领属范畴指的是客观事物之间的领有和被领有关系。在尔龚语里，这种关系是由名词后面加上ji来表示的。例如：

ŋa ji a mə　我的妈妈　　ŋa ji a pa　我的爸爸　　thi ji a te　他的哥哥

ȵi ji a pe　你的爷爷　　ȵi ji tɕe　你的帽子　　mə zde ji tɕa ka　别人的东西

5. 从属范畴

从属范畴是领属的一种特殊形式。当名词与人称代词发生从属关系时，原来的领属代词和属格助词可以合并为一个音节。主要有两种情况：

（1）ŋa + ji = ŋɛ。例如：

ŋa　ji　pɑ　re = ŋɛ　pɑ　re　我的帕子

ŋa ji dzə gə＝ŋɛ dzə gə 我的衣服

（2）thə＋ji＝the。例如：

thə ji ɕo ɣdu＝the ɕo ɣdu 他的雨伞

thə ji tɕa ka＝the tɕa ka 她的东西

（三）名词的语法功能

1. 名词做主语。例如：

ndzu̥ ba n̥i ʒ̊ɛ si.

客人 PL 来 SUFF

客人们来了。

qhə zi noŋ mbre a xsɛ nə rə si.

碗 里 饭 满满 DIR 盛 SUFF

碗里盛满了饭。

以上两例中ndzu̥ ba n̥i“客人们”、qhə zi noŋ“碗里”是各自所在句子的主语。

2. 名词做宾语、表语。例如：

thə wu sta rga gə rə.

3sg ERG 核桃 DIR 买

她买了核桃。

a də ta ma me tok ŋə rə.

这 杜鹃花 是 FPRT

这是杜鹃花。

以上两例中sta rga“核桃”是宾语，ta ma me tok“杜鹃花”是表语。

3. 名词做定语。例如：

a te ji le khõ ŋə rə.

哥哥 GEN 单位 是 FPRT

是哥哥的单位。

thə n̥i mə zde ji tsə gə mə ɕi rə.

3pl 别人 GEN 衣服 NEG 要 FPRT

他们不要别人的衣服。

以上两例中a te“哥哥”、mə zde“别人”是各自所在句子的定语。

4. 名词做状语。例如：

qɑ ʁə tɕha vdzi a ɣe ɟi rə.

山 上 人 一 CLF 有 FPRT

山上有一个人。

thə n̥i　qhɑ si　stu rmu　və　gə　rə.
3pl　明天　婚礼　举行　PRT　FPRT
他们明天举行婚礼。

以上两例中qɑ ʁə“山”、qhɑ si“明天”是各自所在句子的状语。

二　代词

（一）代词的类别

尔龚语的代词可分为人称代词、指示代词、疑问代词、泛指代词、反身代词、定指代词等类别。

1. 人称代词

人称代词有第一人称代词、第二人称代词和第三人称代词之分。这3类人称代词除单数和复数形式外，还有双数形式。其中，单数为词根形式；双数加ɣne“二”；复数第一人称代词加ji，第二人称和第三人称代词加n̥i“些”。代词的各种形式如表5–2所示：

表5–2　尔龚语人称代词“数”范畴表

人称	数		
	单数	双数	多数
第一人称	ŋa 我	ŋa ɣne我俩	ŋa ji我们
第二人称	n̥i 你	n̥i ɣne你俩	n̥i n̥i你们
第三人称	thə 他	thə ɣne他俩	thə n̥i他们

尔龚语人称代词在句中使用，充当各种句子成分时有格的变化。其代词的格可以分为主格、领格和宾格，分别用韵母屈折变化和附加成分的方式来表达。具体情况如表5–3所示：

表5–3　尔龚语人称代词“格”范畴表

数	人称			
	人称	主格	领格	宾格
单数	第一人称	ŋa我	ŋɛ我	ŋa我
	第二人称	n̥i你	n̥i你	n̥i你
	第三人称	thə他	the他	thə他

续表

<table>
<tr><th rowspan="2">数</th><th colspan="4">人称</th></tr>
<tr><th>人称</th><th>主格</th><th>领格</th><th>宾格</th></tr>
<tr><td rowspan="3">双数</td><td>第一人称</td><td>ŋa ɣne 我俩</td><td>ŋe ɣne 我俩</td><td>ŋa ɣne 我俩</td></tr>
<tr><td>第二人称</td><td>n̥i ɣne 你俩</td><td>n̥i ɣne 你俩</td><td>n̥i ɣne 你俩</td></tr>
<tr><td>第三人称</td><td>thə ɣne 他俩</td><td>the ɣne 他俩</td><td>thə ɣne 他俩</td></tr>
<tr><td rowspan="3">多数</td><td>第一人称</td><td>ŋa ji 我们</td><td>ŋe ji 我们</td><td>ŋa ji 我们</td></tr>
<tr><td>第二人称</td><td>n̥i n̥i 你们</td><td>n̥i n̥i 你们</td><td>n̥i n̥i 你们</td></tr>
<tr><td>第三人称</td><td>thə n̥i 他们</td><td>the n̥i 他们</td><td>thə n̥i 他们</td></tr>
</table>

2. 指示代词

指示代词指代人、事物、处所及方式等。尔龚语中，指示代词主要有两个，近指用ə də“这”，远指用thə“那”。指示代词都可做第三人称代词使用。

（1）指示代词有单数、双数和多数之分。

尔龚语的指示代词后面可加词缀-ɣne和-n̥i分别表示双数和复数。例如：

ə də 这　　ə də ɣne 这两个　　ə də n̥i 这些

thə 那　　thə ɣne 那两个　　thə n̥i 那些

（2）指示代词有近指、远指之分。例如：

a də qhe 这里近指　　a wu thu qhe 那里远指

（3）指示代词还可以按照所指事物是否是亲眼所见加以分类。例如：

ə də 这亲见、近指　　a də qhe 这未亲见、近指

thə 那亲见、远指　　thə qhe 那未亲见、远指

3. 疑问代词

疑问代词，分别指代未知的人、事物、处所、数量、时间等。疑问代词根据其所代替的对象不同可分为以下几类：

（1）指代人的疑问代词：sə“谁”

（2）指代事物的疑问代词：a tɕhə“什么”

（3）指代处所的疑问代词：lo rə“哪儿”

（4）指代数量的疑问代词：χɛ ʑi“几”“多少”

（5）指代时间的疑问代词：sə də“何时”

4. 泛指代词

（1）泛指代词泛指单个或集体的人或事物。例如：

mə zde 别人，某人单数　　mə zde n̥i 别人，某些人复数

xsə bə tho lo　大家　　　　roŋ roŋ sə sə　各自

ro də　另外的　　　　ro thə　另外的

（2）把指人疑问代词sə重叠后也可用来泛指未知人的复数，如sə sə“哪些人”（指好几个人）。

（3）词根语素-a“一个……”在定语环境中可泛指单数不定指的人和物（包括动物）；同样，a tɕhə“什么”也可泛指未知的事或物。

5. 反身代词

在尔龚语中，khər ma“独自”不仅可以单独使用，还可以用作反身代词。此外，还有一个不受人称限制的反身代词roŋ或roŋ roŋ“自己”，既可以单用，也可用于任一人称代词之后。这两个反身代词都有单数、双数和多数之分。其用法与人称代词后缀基本相同。详细情况如表5-4所示：

表5-4　尔龚语反身代词表

人称	数		
	单数	双数	多数
第一人称	我自己 ŋa khər ma ŋa roŋ	我俩自己 ŋa ɣne khər ma ŋa ɣne roŋ	我们自己 ŋa ji khər ma ŋa ji roŋ
第二人称	你自己 n̥i khər ma n̥i roŋ	你俩自己 n̥i ɣne khər ma n̥i ɣne roŋ	你们自己 n̥i n̥i khər ma n̥i n̥i roŋ
第三人称	他自己 thə khər ma thə roŋ	他俩自己 the ɣne khər ma the ɣne roŋ	他们自己 thə n̥i khər ma thə n̥i roŋ

6. 定指代词

定指代词用途广泛，其主要用途是置于名词性词组后，表示其所指事物是说话人或说话双方已知的一个有定事物，相当于英语的the，但只能译为汉语“的”字结构中的“的”。例如：

ŋa roŋ ji də　我自己的　　　　n̥i n̥i də　你们的

xsən bə tho lo ji də　全部人的　　　　n̥i ma ji də　尼玛的

（二）代词的构形特征

1. 人称代词、指示代词、疑问代词、反身代词等都可以重叠，重叠后均具有强调或突出某个体的意思。例如：

ə də　ə də　tɕho də　də di　ji.

这个 这个 一直 不要 说

不要老说这个这个的。

2. 人称代词、指示代词、反身代词等都有单数、双数和多数之分。具体例子见前，这里不做赘述。

3. 疑问代词中指人的代词，其语法特征与人称代词相同，在“数”“领属”“格”等方面都有形态或形式上的变化。例如：

n̥i a də qhe ji lo də də fɕi rə?

2sg 这里 LOC GEN 哪个 PRT 需要 FPRT

你需要这里的哪几个？

n̥i n̥i χɛ ʑi ɣe ɟji?

2pl 多少 CLF 有

你们有多少人？

（三）代词的语法功能

1. 代词做主语。例如：

thə wu skhə re gə ɟji rə.

3sg ERG 喊 PRT 在 FPRT

她在喊。

a də ŋa ji ŋə rə.

这 1sg GEN 是 FPRT

这是我的。

以上两例中thə“她”、a də“这”是各自所在句子的主语。

2. 代词做宾语。例如：

ŋa thə də nə zbə cçha.

1sg 3sg PRT DIR 打

我打了他。

ŋa thə gi a jiɛ ra mo!

1sg 3sg PRT 说一下 PRT

我给他说一下！

以上两例中thə“他”分别是各自所在句子的宾语。

3. 代词做定语。例如：

the ji ʥi də la də phɛ si.

3sg GEN 书 PRT DIR 丢 SUFF

他的书丢了。

ŋa ji dʑi də mə zde gi fkho lə ŋu.

1sg GEN 书 别人 PRT 给 NMLZ 是

我的书是给别人的。

以上两例中the“他”、ŋa“我”分别是各自所在句子的定语。

三 数词

（一）数词的类别

1. 基数词

按构词的方式不同分为单纯基数词和复合数词两类。

（1）单纯基数词

ro 一　　ɣne 二　　xsu 三　　ɣʒə 四

nɢvɛ 五　　xtɕho 六　　zn̥e 七　　rjɛ 八

基数词ro“一”不能与量词结合，能与量词结合的是a“一”。例如：

a tɕha 一双　　a rgə 一座　　a dʑi 一顿　　a qhə 一碗

a qha 一条　　a lu 一颗　　a zgral 一排　　a pɑ 一张~纸

（2）复合数词

复合数词是由ro“一”至ngə“九”、zʁa“十”、rjə“百”、stoŋ mphra“千”、khrə/khrə lə“万”等组合而成。

十位数与个位数组合成复合数词时，语音形式与单用时不同，“十一”至“十九”中的“十”由zʁa变成ʁɑ。例如：

ʁɑ vro 十一　　ʁɑ ɣne 十二　　ʁɑ xsu 十三　　ʁɑ ɣnə 十四

ʁɑ nɢvɛ 十五　　ʁɑ xtɕho 十六　　ʁɑ zn̥e 十七　　ʁɑ rjɛ 十八

“二十”以上的十位数数词，不是由个位数语素与“十”组成，而是由个位数语素与另一个十位语素sqha组成。即“几十”中的“十”由zʁa变成sqha。例如：

ɣnə sqha 二十　　xsu sqha 三十　　ɣʒə sqha 四十　　nɢvɛ sqha 五十

xtɕhə sqha 六十　　zn̥e sqha 七十　　rjɛ sqha 八十　　ngə sqha 九十

其中，“几十几”的表达形式，除了“一”用ro外，其他直接加数词表示。例如：

ɣnə sqha ro 二十一　　xsu sqha nɢvɛ 三十五　　ɣʒə sqha ngə 四十九

nɢvɛ sqha ɣʒə 五十四　　xtɕhə sqha xsu 六十三　　rjɛ sqha ɣne 八十二

除“一百”外，百位数组成方式与“二十”以上的十位数数词构成相似，即由个位数语素与另一百位数语素rjə组成。例如：

rjə　一百　　　　ɣnə rjə　二百　　　　xsu rjə　三百

ɣʐ̥ə rjə　四百　　　　nɢvɛ rjə　五百　　　　xtɕho rjə　六百

表达千位、万位数时，除stoŋ mphra a rgə“一千”中的“一”必须用a“一”与量词rgə“个”组合外，其他的表达形式均为单位词在前、个体位数在后，其形式与藏语相似。例如：

stoŋ mphra a rgə　一千　　　　stoŋ mphra ɣne　两千　　　　stoŋ mphra xsu　三千

stoŋ mphra ɣʐ̥ə　四千　　　　khrə lə xtɕho　六万　　　　khrə lə rjɛ　八万

“一百”以上至“二百”以下的不同位数的数词相连时，中间用连词wu“和”连接。

rjə wu nɢvɛ　一百零五　　　　rjə wu nɢvɛ shqha　一百五十

rjə wu xsu shqha　一百三十　　　　rjə wu xtɕho shqha　一百六十

表达“二百”以上，“一千”以下的“几百零几”的数量时，百位数和个位数上的数词直接相连接。例如：

ɣnə rjə rjɛ　二百零八　　　　xsu rjə xtɕhə　三百零六

ɣʐ̥ə rjə nɢvɛ　四百零五　　　　nɢvɛ rjə zn̥e　五百零七

表达“二百”以上，“一千”以下的“几百几十”数量时，不同位数的数词直接相连。例如：

ɣnə rjə rjɛ sqha　二百八十　　　　xsu rjə xtɕhə sqha　三百六十

ɣʐ̥ə rjə nɢvɛ sqha　四百五十　　　　nɢvɛ rjə zn̥e sqha　五百七十

2. 序数词

（1）尔龚语常用的序数词如下。例如：

zə ŋə　首先　　　　thɛ ɕu　其次　　　　doŋ bu　第一　　　　hsəm pa　第三

bar ma　中间　　　　zə ɕu　最后　　　　ɣn̥i pa　第二　　　　wʐ̥ə pa　第四

（2）尔龚语表示“月份”的序数词如下。例如：

rdza va doŋ bu　一月　　　　rdza va hn̥i pa　二月

rdza va hsəm pa　三月　　　　rdza va wʐ̥ə pa　四月

3. 倍数词

表达倍数时，ndo ma n̥i loŋ“倍”在前，个体位数在后，后面可加量词rgə“个”表示。例如：

a n̥i loŋ　一倍　　　　nɢvɛ n̥i loŋ　五倍

ndo ma rjə　一百倍　　　　ndo ma stoŋ mphrɑ a rgə　一千倍

4. 分数词

常用“数词 + lu量词 + noŋ ge + 数词 + lu量词”格式来表示。例如：

ɣʐə lu noŋ ge a lu　四分之一　　nɢvɛ lu noŋ ge a lu　五分之一

xsu lu noŋ ge a lu　三分之一　　ɣnə sqha lu noŋ ge a lu　二十分之一

5. 约数（概数）

（1）常用两个相邻的数词相加表示。例如：

vdzi xsu ɣʐə ɣe　三四个人

sni ɣə nɢvɛ xtɕho qha　五六支笔

（2）在数词后面加phər tɕhiɛ“大概”、khɛ dzo̧ŋ“大约”、ɬak“多余”、mə tshɛr“不止”等表示。例如：

phər tɕhiɛ ɣʐə nɢvɛ ɣe ɟji　有四五个人　　nɢvɛ sqha sn̥i mə tshɛr　不止五十天

nɢvɛ sqha ɬak 五十多个　　rjə khɛ dzo̧ŋ　大约一百

（二）数词的构形特征

1. 数词和量词结合构成数量词组。一般数词在前，量词在后。例如：

a lba　一面（镜子）　　a qha　一条（河）　　a tɕha　一对（耳环）

a rgə　一座（房子）　　a ndzə̧　一次　　a lu　一颗（珠子）

2. 数词一般可重叠（包括基数词和序数词）。例如：

the n̥i　gi　xsu　skɛl　xsu　skɛl　nə　ndzə̧ ndzə̧.

3pl　PRT　三　CLF　三　CLF　DIR　分配

给他们各分成三份。

du kha　ge ɣe　ji　ɣnə rjə　ɣnə rjə　nə　ndzə̧ ndzə̧.

户　每个　GEN　两百　两百　DIR　分配

每户各分两百。

3. 计数数词与计量数词“一”有别。

表示“一”的基数词是ro，但修饰量词时不用ro，而用a“一”。例如：

a ndzə̧　一次　　a tɕha　一双　　a dʑi　一顿

a rgə　一个　　a mbo　一斗　　a lu　一粒

（三）数量词的语法功能

1. 数量词做定语。例如：

jo　noŋ　vdzi　rjɛ　ɣe　ɟji　rə.

家　里　人　八　CLF　有　FPRT

家里有八个人。

ɣrə　noŋ　ʁjə　xsu　qha　ɟji　rə.

水　里　鱼　三　CLF　有　FPRT

水里有三条鱼。

以上两例中ɽjɛ ɣe“八个”、xsu qha“三条”分别是各自所在句子的定语。

2. 数量词可做宾语。例如：

lu ɣɮə sqha tɕiɛ si.

年龄 四 十 变成 SUFF

年龄到四十了。

dʑi də zʁa pen də.

书 十 CLF 有

有十本书。

以上两例中ɣɮə sqha“四十”、zʁa pen“十本”分别是各自所在句子的宾语。

3. 数量词可以直接修饰名词，其位置在名词后面。例如：

mar ja a ɽja ma 一斤酥油　　çok və a lba 一张纸

dzo a qha 一座桥　　ɣə ra a lu 一只鸡

四 量词

（一）量词的类别

尔龚语中量词比较丰富，可分为名量词和动量词两种。

1. 名量词

（1）个体量词

个体量词大多来源于名词，如qhə zi“碗”、rgɑm“箱子”、çɑ“房间”、khõ“空”、lu“个”等。这部分个体量词除含计量意义外，还可以表示所指事物的形状等意义。例如：

mbre a qhə 一碗饭

饭 一 碗

du kha a ɣe 一户人家

人家 一 个

dʑi də a rgɑm 一箱书

书 一 箱

lba lə ɣnə lba 两片树叶

树叶 两 片

çɑ ɣne 两间屋子

屋子 两

çok və xtɕho lba 六张纸

纸 六 张

（2）时间量词

尔龚语中时间量词相对来说较为丰富，有表示月份、月数、天数和年的数量词。

表示“月数”时，在基数词后面加slə“月”一词表示。例如：

a slə 一个月　　ɣnə slə 两个月　　xsu slə 三个月

ɣɮə slə 四个月　　nɢvɛ slə 五个月　　xtɕho slə 六个月

表示“天”时，在基数词后面加sn̥i“天”一词表示。例如：

a sn̥i　一天　　ɣnə sn̥i　两天　　nə sqha sn̥i　二十天

xsu sn̥i　三天　　ɣʑə sn̥i　四天　　rjə sn̥i　一百天

表示“年”时，在基数词后面加kvo“年”一词表示。例如：

a kvo　一年　　ɣnə kvo　两年　　xsu kvo　三年

ɣʑə kvo　四年　　nɢvɛ kvo　五年　　xtɕho kvo　六年

（3）双数量词

双数量词是表人或物成双成对出现的量词。例如：

ɣzi　a　phro　　一双鞋　　ʑa　a　tɕha　　一双手
鞋　一　双　　　　　　　　手　一　双

loŋ thu　a　tɕha　　一对耳环　　mo　a　tɕha　　一双眼睛
耳环　一　对　　　　　　　　眼睛　一　双

（4）集体量词

集体量词的使用与所修饰的名词的性状有关，这类量词多与指示代词或数词一起修饰名词。如mphri va“串”、zde“堆”、spɛr“把”、ɣva“抱”等。例如：

rdə rda　a　zde　　一堆垃圾　　kha mda　a　spɛr　　一把糖
垃圾　一　堆　　　　　　　　糖　一　把

vdzi　a　zgral　　一排人　　me si　a　ɣva　　一抱柴
人　一　排　　　　　　　　柴火　一　抱

（5）度量衡量词

①表示长度的度量衡量词。例如：

a　bɛr　də　ɕə　　走一步　　tʂhə dzə　pha　　半尺
一　步　DIR　走　　　　　　尺　一半

a　cçə　　一拃（拇指和中指伸开两端间的宽度）
一　拃

②表示质量的度量衡量词。例如：

khə mbə　a　rɟja ma　一斤桃子　　ɕoŋ tok　ɣnə　rɟja ma　　两斤水果
桃子　一　斤　　　　　　　　水果　二　斤

ɕɛl ka ra　ɣnə　rɟja ma　二斤冰糖　　lmo　xsu　rɟja ma　　三斤蘑菇
冰糖　二　斤　　　　　　　　蘑菇　三　斤

③表示容量的度量衡量词。例如：

mbre　a　tɕha　　一升（批）米　　ʑe　nɢvɛ　mbo　　五斗麦子

米　一　升　　　　麦子　五　斗

ɕi　a　mbo　一斗青稞　　ɕiɛ re　ɣnə　mbo　两斗青稞

青稞　一　斗　　　　青稞　两　斗

④表示钱币的单位量词。例如：

khʂə　a　rgə　一元钱　　stoŋ mphrɑ　rjɛ　八千元

钱　一　元　　　　千　　八

stoŋ　a　rgə　一角钱　　khrə lə　ɣʒə　四万元

钱　一　角　　　　万　　四

（6）不定量词。例如：

ngə　lə　a mtɕhɛ　一点儿吃的　　ɣrə　a　zda　一滴水

吃　NMLZ　一点儿　　　　水　一　滴

mar ja　a tse　一点儿酥油　　mɑ rnɑ　a mtɕhɛ ʑi　一点儿清油

酥油　一点儿　　　　清油　一点儿

2. 动量词

表示动作行为的数量或次数。动量词比名量词少，其词序为："数词 + 量词 + 动词"。动量词一般位于所修饰动词之前。例如：

a　ndzə　nə　tɕhi ke　看了一次　　a　ndzə　ɕə　zda　去过一次

一　次　DIR　看　　　　一　次　去　曾经

xsu　ndzə　də　jə　说了三次　　a ʑɛr ʑi　ji　ndzu　坐一会儿

三　次　PREF　说　　　　一会儿　PREF　坐

（二）量词的构形特征

1. 一般不能单独使用，必须与数词结合后才能出现在句子中。例如：

thə　dʑi də　ɣnə　pen　də　gə　ʒɛ.

那　书　两　CLF　PRT　DIR　来

把那两本书拿过来。

ŋa　a də　qhe　khʂə　nɢvɛ sqha　də.

1sg　这里　LOC　CLF　五十　有

我这有五十元。

2. 量词可重叠，尤其是名量词，且可单独做句子成分。例如：

sni sni　天天　　lu lu　个个　　qha qha　根根

rja rja　夜夜　　lu lu　颗颗　　bɛr bɛr　步步

此外，数量词重叠后，包含有"每"的意思，如a sni sni"每天"、a qha qha"每根~绳子”、a ldən a ldən “每筒～木头”、a bɛr a bɛr “每步”、bei ndʐə ndʐə “每次”等。

3. 在某些情况下，数词可以不带量词直接修饰名词。带量词与否依不同的数词而定。如数词为“一”时，普遍需要带量词，并且量词与数词a “一”结合。数词为“二”或“二”以上时一般可以不带量词，具体情况因语言环境而定。例如：

tɕe a lu　一顶帽子　　tɕe ɣnə　两顶帽子　　ge de a ɣe　一个小孩

ɣə ra a lu　一只鸡　　ɣə ra ɣnə　两只鸡　　ge de ɣnə　两个小孩

4. 有些个体量词有摹状意义

有一部分个体量词除含计量意义外，还含有不太精确的摹状意义。例如lu “个”主要修饰圆形类的事物，如鸡蛋、米、石头等；qha “条”主要修饰长形类事物的名词，如“绳子、棍子、刀、桥、笔”等；lba“张，片”主要修饰薄片类事物的名词，如“纸、页、树叶”等；rgə “个”主要修饰块状和抽象类的事物，如“房子、信”等。再如：

ɕok və a lba　一张纸　　lba lə ɣnə lba　两片树叶　　kə lba a lba　一张木板

sni ɣə a qha　一支笔　　mbre a qhə　一碗饭　　rgə ma a lu　一个石头

（三）量词的语法功能

1. 构成数量词组做定语。例如：

rɑ　tɕha　lɑ ʁɑ　a　rdoŋ　ɟji　rə.

悬崖　上面　绵羊　一　CLF　有　FPRT

悬崖上面有一群绵羊。

thə　wu　sta rga　ɣnə　lu　nə　ngə.

3sg　ERG　核桃　两　CLF　DIR　吃

他吃了两个核桃。

以上两例中a rdoŋ “一群”、ɣnə lu “两个”分别是各自所在句子的定语。

2. 构成数量词组做宾语。例如：

thə　xsu　qhə　nə　ngə.

3sg　三　CLF　DIR　吃

他吃了三碗。

a kvo　nə　xsu rjə　xtɕhə　sqha　ɴɢvɛ　sni.

一年　是　三百　六　十　五　天

一年有365天。

以上两例中xsu qhə “三碗”、xsu rjə xtɕhə sqha ɴɢvɛ sni “三百六十五天”分别是各自所在句子的宾语。

3. 构成数量词做补语。例如：

thə　mdu　xsu　ndʐə　də　ɕə.

3sg　康定　三　CLF　DIR　去

他去了康定三次。

ŋa　thə　də　ɣnə　ndzə̥　ncçhə　zda.

1sg　3sg　PRT　两　CLF　打　曾经

我打过他两回。

以上两例中xsu ndzə̥“三次”、ɣnə ndzə̥“两回”分别是各自所在句子的补语。

五　动词

（一）动词的类别

依据类别意义（Class-Meaning）、形态特征、句法功能的不同，我们可把动词分为行为动词、心理动词、能愿动词、存在动词、判断动词、趋向动词等若干类型。

1. 行为动词

表行为动作的动词。例如：

ngə　吃	ɕi　走	rgə　睡	ngju　背
rə　买	bə rjɛ　烧	və　做	zʁe　煮

2. 心理动词

表心理活动的动词。例如：

qhɑ sɬu　高兴	hɑ goŋ　知道	zdzən　想念	ntshə sn̥i　思考
zjar khu　难过	rga　爱	bɑ tshɑ　讨厌	scçɑ　舒服

3. 能愿动词

表示主观意愿和能力的动词。例如：

ŋe　可以	mu ŋe　不行	ri　会	ndu pa də　愿意
cçha　能	mu ɕi　不需要	znə　敢	mu znə　不敢

此外，尔龚语中还有一些动词也可表达能愿意义，如fɕi“需要”、jin tɕi mə n̥i“必须”、a ŋu da“是不是”、a mə ŋu“可能是”或ŋu gə də“可能是”、ŋə kha或zda“曾经”、ŋe rə“可以”、ji le“快要”等。例如：

thə　ji　me tok　ga ʁjɛ　fɕi　gə　rə.

3sg　GEN　花　好看的　需要　PRT　FPRT

他要好看的花。

n̥i　də　rmə　si　ŋu　gə　də.

2sg　PREF　忘　SUFF　是　PRT　可能

你可能是忘了。

4. 存在动词

尔龚语中表示存在意义的动词主要有5个。

（1）də“有”

də用于表领有、归属或附属于人或物的事物的存在。例如：

ȵi ȵi thə qhe gɛ ɮo ngə lə a də?

2pl 那儿 LOC 好吃 吃 NMLZ QUES 有

你们那儿有好吃的吗？

ȵi dʑi də ra scçet snɑ a də?

2sg 字 写 NMLZ 墨水 QUES 有

你有写字的墨水吗？

（2）ɟji“在”

ɟji用于表示有生命物的存在，或表示存在于容器或一定的范围内。例如：

qɑ ʁə ji və tshɛ rjə wu rjɛ lu ɟji rə.

山 GEN 下面 山羊 一百零八 CLF 有 FPRT

山下有108只羊。

ȵi ȵi jo khɛl ma χɛ ʑi lu ɟji?

2pl 家 牛 多少 CLF 有

你家有多少头牛？

（3）sti“在”

sti用来表可移动的存在。例如：

qɑ ʁə də qɑ thi bar ʁə li xsu sqhɑ ɬɑ ʑi gə sti rə.

山上 ABL 山下 之间 ABL CLF 三十多 APPR 有 FPRT

山上到山下有三十多里地。

dʑo tsi tɕha qhə zi lu rə lɛ si sti rə.

桌子 上 碗 CLF DIR 放 SUFF 在 FPRT

桌子上放着一个碗。

（4）xi“在”和ndʑə“有”

xi、ndʑə用来表固定附着于他物的事物的存在。例如：

ə də ʁjə də su də mjɛ da nɢvɛ rɟja ma ndʑə rə.

这 鱼 PRT 再不是 CONJ 五 CLF 有 FPRT

这条鱼至少有五斤重。

a də ɣrə ji tɕhe lo mi nɢvɛ ʑi gə ndʑə rə.

这 河 GEN 宽度 CLF 五 APPR 有 FPRT

这条河最多有五米宽。

5. 判断动词

尔龚语最常用的判断动词是ŋu或ŋə“是”，否定形式是mja“不是”、ma“没有”。例如：

tshun tʂu rən də vdzi bo ɣtsoŋ ɣe ŋə rə.

村主任 PRT 人 好的 CLF 是 FPRT

村主任可是个好人。

thə bu ba ŋə rə， rɟja mja rə.

3sg 藏族 是 FPRT 汉族 NEG FPRT

他是藏族，不是汉族。

6. 趋向动词

尔龚语最基本的趋向动词是ʑe“来”和ɕə“去”。以此为基础可衍生出如下一些复合趋向动词：

rə ʑɛ 上来　nə ɕə 下去　gə χa 进来　də ɕə 过去

gə ʑe 过来　jə ɕə 过去　də χa 出来　rə χa 上来

（二）动词的构形特征

1. 趋向范畴

（1）趋向动词的种类

① rə- 指向上趋向，表示行为动作向上进行。例如：

ɣkho 推　rə ɣkho 往上推

qe 扔　rə qe 往上扔

② nə- 指向下趋向，表示行为动作向下进行。例如：

ɣkho 推　nə ɣkho 往下推

qe 扔　nə qe 往下扔

③ gə- 指离心趋向，表示行为动作向离心方向进行。例如：

ɣkho 推　gə ɣkho 往那边推

qe 扔　gə qe 往那边扔

④ jə- 指向心趋向，表示行为动作朝向心方向进行。例如：

ɣkho 推　jə ɣkho 往这边推

qe 扔　jə qe 往这边扔

⑤ ɣə- 指向心趋向，只用于少数动词前。例如：

ɣkho 推	ɣə ɣkho 往这边推
qe 扔	ɣə qe 往这边扔

⑥ də- 指不定趋向。例如：

ngə 吃 də ngə	ɕə 走 də ɕə
qe 扔 də qe	phro 拴～牛 də phro

（2）趋向前缀的来源

趋向前缀来源于方位词。例如：

rə ro 向上方	nə ro 向下方
jə ro 这方	gə ro 那方

（3）趋向前缀还可以继续虚化，虚化后可用以表已行体或命令式。例如：

rə tɕe 已戴	nə ncçhə 已打	gə ncçhe 已躲
nə dza 已掉	də thi 已喝	də fkə 已饱

2. 人称和数的语法范畴

尔龚语的动词做谓语时，可以通过附加词缀、内部屈折、重叠等手段来综合表现主语和宾语的人称和数。人称分第一、第二、第三人称，数分单数、复数。动词加了表示人称和数的附加成分以后，词干也会发生一些变化；由于韵母的情况不同，其变化特点也有所不同。下面就以句中动词和名词的关系简单地加以举例说明。

（1）动词在句中跟一个名词词语发生主谓或动宾关系。例如：

ɕə 去	ɕo-ŋ	（我）去	ɕə ɕo-ŋ	（我们）去
	ɕi-n	（你）去	ɕə ɕi-n	（你们）去
	ɕə	（他）去	ɕə ɕə	（他们）去

变化规则：

① 第一人称单数：词干元音变 o，加后缀 ŋ。

② 第二人称单数：词干元音若为 ə 则变 i，若为 ɛ 则变 e，其他元音不变，加后缀 -n。

③ 第三人称单数：与动词原形相同。

④ 第一、二、三人称复数：单音节词干变为双声的双音节词干，第一音节韵母元音变为 ə。（u 在第二、三人称形式中不变）第二音节元音变化及添加后缀分别与第一、二、三人称单数相同。同时，第一、二、三人称复数添加前缀有强调、命令或表示已行体的作用。

（2）动词在句中跟两个名词词语发生主谓或动宾关系。例如：

xi 穿（鞋）	xu	（我）穿	xo-ŋ	（我们）穿
	xi	（你）穿	xi-n	（你们）穿

	f-xi	（他）穿	f-xi	（他们）穿
ngə 吃	ngu	（我）吃	ngə go-ŋ	（我们）吃
	ngi	（你）吃	ngə gə-n	（你们）吃
	ngə	（他）吃	ngə gə	（他们）吃

变化规则[①]：

① 第一人称单数：不加后缀-ŋ。原形动词词干元音若为i、ə需变作u；若为e、ɛ则需变作o；若为u、o则不变；若为ɑ则需变作o；若为a一般则不变。

② 第二人称单数：不加后缀-n。与原形动词一样，原形动词词干元音为ə或ɛ的则分别变为i或e，其他元音不变。

③ 第三人称单数：声母为单辅音的原形动词词干前需加前缀-f、-v（清辅音前加-f，浊辅音前加-v)，声母为复辅音的词干不加前缀。

④ 第一、二、三人称复数词干一般不变为双声式双音节[②]，只在避免歧义或强调与动作有关的人或物为多数时才变为双声式双音节。如声母为复辅音，仅基本辅音重叠。老年人的话里多用双声的双音节，可见双声式双音节是较古的复数表达手段。这样，在不采用双声式双音节手段时第三人称复数与单数同形。

另外，与第一种类型不同的是，词干元音为ə或ɛ的，其第二人称复数形式不需变作i或e，如以上ngə“吃”这个例子所示。若原形动词词干为叠音或双声式双音节，仅后音节按上述规则变化即可。例如：

ncçhə ncçhə 打	ncçhə ncçhu	（我）打	ncçhə ncçhoŋ	（我们）打
	ncçhə ncçhi	（你）打	ncçhə ncçhən	（你们）打
	ncçhə ncçhə	（他）打	ncçhə ncçhə	（他们）打

若原形动词词干韵母带辅音韵尾，在变第一人称复数时将原韵尾去掉，再加人称后缀ŋ，其他人称和数形式按上述规则变化，但第二人称复数不加后缀n。例如：

xsav 还（钱）	xsav	（我）还	xsaŋ	（我们）还
	xsav	（你）还	xsav	（你们）还
	xsav	（他）还	xsav	（他们）还

（3）动词在句中跟3个名词词语发生主谓或动宾关系。例如：

kho 给	kho	（我）给（他）	khoŋ	（我们）给（他）

① 参看黄布凡等（1991）。

② 指由两个音节组成且两个音节声母相同的联绵词。

kho	（你）给（他）	khon	（你们）给（他）
fkho	（他）给（他）	fkho	（他们）给（他）
khon	（我、我们）给（你）		
fkhon	（他、他们）给（你）		
khoŋ	（你、你们）给（我）		
fkhoŋ	（他、他们）给（我）		

其变化规则与第二种类型的不同点是：第二种类型只表现主语的人称而不表现宾语的人称，而此种类型却需视主语和间接宾语（后加格助词gi作为标志）人称的不同而分别表现主语或宾语，或同时表现主语和宾语的人称。当间接宾语是第三人称时，动词只表现主语的人称。当间接宾语是第一、二人称时，动词的后缀要表现间接宾语的人称，能加前缀f、v的动词（即声母为单辅音的动词）还要表现主语的人称。此外，无论是第二种类型或第三种类型，都不区分宾语（包括直接宾语和间接宾语）的数。

3. 时范畴

尔龚语的时范畴可分为过去时、现在时、未来时3种，采用在动词词干前或词干后添加附加成分来表达，有时也可运用词干内部屈折变化的手段来表达。

（1）过去时

存在3种情况：

① 在动词前面加前缀də表达；

② 或者在动词前面加前缀də的同时又在动词后面加后缀si表示；

③ 在动词后加后缀zda表示。例如：

汉义	动词	过去时	第一人称单数
买	rə	də rə	（我）已买
走	ɕə	də ɕə si	（我）已走
观看	n̥i ka	n̥i ka zda	（我）已看过

（2）现在时

同样存在3种情况：

① 在动词前面加前缀gə；

② 在动词后面加后缀gə和存在动词ɟji（第一人称单数变为ɟjoŋ）“在”来表示；

③ 直接用动词原形表示。

汉义	动词	现在时	第一人称单数
买	rə	gə rə 或 rə gə ɟjoŋ	（我）买

走	ɕə	gə ɕə或ɕə gə ɟjoŋ	（我）走
做	və	və	（我）做

（3）未来时

在动词后面加后缀gu表示，句子的主语是第二、三人称时还需加助词rə。例如：

汉义	动词	未来时	人称
买	rə	rə gu	（我）要买
买	rə	rə gu rə	（他）要买

以上是3种时态的表达方式。

需要注意的是，尔龚语的时间范畴与人称、数也有一定联系。下面我们就用"走"这个动词为例，来说明动词3种时态的表达方法及其与人称、数范畴表达的关系。例如：

数	人称	过去时	现在时	未来时
单	一	də ɕo-ŋ	ɕə gə ɟjo-ŋ	ɕo-ŋ gu
	二	də ɕi-n	ɕə gə ɟji-n	ɕi-n gu rə
	三	də ɕə	ɕə gə ɟji rə	ɕə gu rə
双	一	də ɕə ɕo-ŋ	ɕə gə ɟji ɟjo-ŋ	ɕə ɕo-ŋ gu
	二	də ɕə ɕi-n	ɕə gə ɟji ɟji	ɕə ɕi-n gu rə
	三	də ɕə ɕə	ɕə gə ɟji ɟji rə	ɕə ɕə gu rə

4. 式范畴

（1）命令式

尔龚语动词的命令式主要采用在动词前面或后面加附加成分的方式构成，或以屈折、附加语气助词，以及个别动词词干双声的变化方式构成，有单数和复数之分。动词词干的变化与人称范畴的变化相同，所以前加成分则用表趋向的前加成分兼表命令。例如：

汉义	动词	单数	复数
喝	thi	ji thi	ji thi thi-n
吃	ngə	nə ngə	nə ngə gə-n

（2）禁止式

用"趋向前缀＋前缀di或rə或nə＋命令式词干"的形式表示。例如：

rə di xi （你）别穿	rə di xi-n （你们）别穿
də di ʁɛ （你）别来	də di ʁɛ-n （你们）别来
nə di ngə （你）别吃	nə di ngə-n （你们）别吃

（3）祈使式

一般用"趋向前缀＋词干"的形式表示。例如：

汉义	动词	祈使式
喝（茶）	thi	ji thi
穿（衣）	gə	rə gi

5. 态范畴

态范畴分自动态、使动态和互动态3种。

（1）自动态和使动态

① 附加前缀

在自动态词干前加前缀来表示使动：清声母前加s-，浊声母前加z-。例如：

自动	使动	汉义	自动	使动	汉义
mu	smu	熟	spja	zbjɛ	剖开
ʑə	zʑə	烧开	nə	snə	点燃

此外，还可以通过附加趋向前缀表示使动态。例如：

自动	使动	汉义	自动	使动	汉义
rjɛ	də rjɛ	起来	bjɛ	də bjɛ	裂
mkhər va	nə mkhər va	转	dʑə	də dʑə	溶化

② 附加后缀

尔龚语也可在动词词干后面加后缀sphrə或də sphrə来表示使动。例如：

自动	使动	汉义	自动	使动	汉义
rjɛ	rjɛ sphrə	起来	mkhər va	mkhər va sphrə	转动
bjɛ	bjɛ sphrə	裂开	χa	χa sphrə	出来

③ 辅音交替

变换词干声母的辅音也能用来区别自动态和使动态。例如：

自动	使动	汉义	自动	使动	汉义
tɕhiɛ	brɛ	断绳子～了	ʁle	sɬhe	倒塌墙～了
mɟjər	zɟjər	变化	ʁjə	xɕə	断棍子～了

（2）互动态

互动态均以动词词干的重叠形式构成。例如：

动词	互动	汉义	动词	互动	汉义
ncçhə	ncçhə ncçhə	打架	ʁɟiə	ʁɟiə ʁɟiə	玩耍
qhɑ	qhɑ qhɑ	笑	phji	phji phji	逃跑

6. 疑问和否定的表达

（1）疑问式

未来时和现在时疑问句加前缀a，未来时a加在动词词干前，现在时加在存在动词前。过去时将趋向前缀元音变为长元音eː，同时整个音节读升调。例如：

a xi gu （你）穿吗？	xi gə a ɟji-n （你）在穿吗？	reː xi （你）穿了吗？
a f-xi gu rə （你）穿吗？	a f-xi gu （你）穿吗？	reː xi si （你）穿了吗？

a除作为前缀表示疑问外，还可做后缀表示疑问。例如：

前缀	后缀	汉义	前缀	后缀	汉义
a xi gu?	xi gu a?	（你）穿（鞋）吗？	a fkhvɛ gu?	fkhvɛ gu a?	（你）砍吗？
a thi gu?	thi gu a?	（你）喝吗？	a rʁe gu?	rʁe gu a?	（你）洗吗？

（2）否定式

尔龚语的否定式是在动词前加前缀mja、ma、mei、mu、mə等构成。例如：

mei ɕoŋ 不去	mei ɮɛ 不来	hɑ mu goŋ 不知道
ma 没有	mja 不是	mə fshi 不认识

7. 动词的名物化

尔龚语动词的名物化是通过动词后面加lə“的”、mkhən“……人”、scçet“……工具”、re“……地方”、re qhe“……地方”等后缀构成。例如：

动词	互动	汉义	动词	互动	汉义
thi	thi lə	喝的	ngə	ngə lə	吃的
ncçhə	ncçhə scçet	打的工具	zʁe	zʁe lə	煮的
fçɛ	fçɛ mkhən	说的人	ʁə ro	ʁə ro re qhe	理发的地方

（三）动词的语法功能

尔龚语动词在句子中不仅可以充当谓语核心，而且还可以充当主语和定语。

1. 动词做谓语

尔龚语动词做谓语时，动词有人称和数、趋向、时、体、式和态等语法形态的变化。

ŋa　le ska　və　gə　ɟjoŋ.

1sg　劳动　做　PRT　在

我在劳动。

ŋa　χa du　qɑ ʁə　mə si　khvɛ　gə　ɟjoŋ.

1sg　现在　山上　柴火　砍　PRT　在

我正在山上砍柴。

ndʑin tɕia mkhən ge de n̥i xsən bə toŋ ʑə noŋ cçha ra gə ɟji rə.
读书 NMLZ 小孩 PL 全部 操场 里面 玩耍 PRT 在 FPRT
学生们在操场上玩耍。

以上3例中və“做”、khvɛ“砍”、cçha ra“玩耍”分别是各自所在句子的谓语或谓语核心。

2. 动词充当主语。例如：

fɕɛ jɛ, və ʂ̥ka.
说 容易 做 难
说容易，做起来难。

ʁrə ʁrə tɕhən tɕhən, mə scçɑ.
吵吵闹闹 NEG 舒服
吵吵闹闹，不好。

ra jɛ jɛ ŋə rə, ʂ̥ku ge ʂ̥ka gə ŋə rə.
画 容易 是 FPRT 雕刻 PRT 累 PRT 是 FPRT
画容易，雕刻却很累。

以上3例中fɕɛ“说”和və“做”、ʁrə ʁrə tɕhən tɕhən“吵吵闹闹”、ra“画”和ʂ̥ku“雕刻”分别是各自所在句子的主语。

3. 动词名物化后可以充当定语。例如：

ncçhə scçe pə cçha də gə ɮɛ.
打 NMLZ 木棍 PRT DIR 来
把打的木棍拿来。

tɕhi khe mkhən də ŋa ji n̥i va ŋə rə.
看 NMLZ PRT 1pl 亲戚 是 FPRT
看的是我们亲戚。

skɛ tɕha fɕɛ mkhən də thə ji a pa ŋə rə.
话 说 NMLZ PRT 3sg GEN 爸爸 是 FPRT
说话的那个人是他爸爸。

以上3例中ncçhə scçe“打的”、tɕhi khe mkhən“看的”、skɛ tɕha fɕɛ mkhən“说话的”分别是各自所在句子的定语。

六 形容词

（一）形容词的类别

尔龚语的形容词分为表示性质、状态、不定数量等类别，下面分别做简单的描写。

1. 表示性质的形容词。例如：

tshɛ khə 咸	ʂka 难	xtsoŋ ma 干净
nə no 臭	ʁjɛ 漂亮	ru pa ga tsha 聪明

2. 表示状态的形容词。例如：

mɟjo 快	vɛ lve 慢	dʑi 长
gɛ lvu 粗	xtsho xtsho 细	lji 短

3. 表示色彩的形容词。例如：

rn̥a rn̥a 黑	phru phru 白	thoŋ scçɑ 蓝
ndji ndji 红	rn̥ə rn̥ə 黄	rgə mbrə mdoŋ 紫

4. 表示不定数量的形容词。例如：

ɣre 多	ɣzə 少
gɛ ɣre 很多	ɣzə ɣzə 很少

（二）形容词的构形特征

1. 形容词一般可以重叠使用，重叠后表示程度加深。例如：

zgo zgo 酸	thə thə 甜	rgi rgi 硬
sn̥a sn̥a 苦	rzɑv rzɑv 辣	ndvə ndvə 软

此外，部分形容词还可以带修饰成分。一般是双音节叠音修饰词加在形容词后面，使事物的性状变得更加形象、生动，同时也增加了形容词的表达功能。其中对声音和性状的描写较多。例如：

phru sə sə 白花花	rŋə daŋ daŋ 绿油油	ʁnɛ qu qu 黑乎乎
xso laŋ laŋ 亮堂堂	ndʑɑ mɑ mɑ 静悄悄	xsə roŋ roŋ 活生生

2. 级的范畴

尔龚语形容词的级范畴是通过在词干前加前缀ski、gɛ、zə等来表示的。例如：

普通级	比较级	强调级	最高级
ndji红	ski ndji比较红	gɛː ndji特别红	zə ndji最红
phru白	ski phru比较白	gɛː phru特别白	zə phru最白
mthu高	ski mthu比较高	gɛː mthu特别高	zə mthu最高

3. 形容词的名物化

尔龚语一般可在形容词词干后加词缀də等表示形容词的名物化。例如：

gɛ cçhɛ də 大的	gɛ ʁmɑ də 矮的	gɛ de də 小的
rgi rgi də 硬的	rn̥oŋ ba də 旧的	ʁar ʁar də 圆的
xsə xsə də 活的	xsər ba də 新的	ndvə ndvə də 软的

（三）形容词的语法功能

尔龚语形容词在句子中不仅可以充当定语、状语和谓语核心，而且还可以充当补语、主语和宾语。

1. 形容词做定语。例如：

thə　wu　gɛː mɟjo　ɕə　də　ŋa　mə　ɬe　rə.

3sg　ERG　很快　走　PRT　1sg　NEG　赶上　FPRT

他走得很快，我跟不上。

nɑk　noŋ　la　rə da　gɛ ɣre　ɟji　rə.

森林　里面　PRT　动物　很多　有　FPRT

森林里有很多动物。

以上两例中gɛː mɟjo“很快”、gɛ ɣre“很多”分别是各自所在句子的定语。

2. 形容词做状语。例如：

gɑ ʁji　nə　ndʑin tɕia!　好好学习！

好好　DIR　学习

vɛ lve　də　ɕə!　慢走！

慢慢　DIR　走

以上两例中gɑ ʁji“好好的”、vɛ lve“慢慢的”分别是各自所在句子的状语。

3. 形容词做谓语。例如：

形容词除自身具有的修饰功能外，在句中还可以做谓语使用。例如：

sbjɛ　jɛ jɛ，　tshu　ʂ̥ka.

使用　容易　挣（钱）　难

用（钱）容易，挣（钱）难。

pə sn̥i　gɛ cçu　ʂ̥khu　rə.

今天　特别　冷　FPRT

今天特别冷。

ə də　zdɛr　mei　cçhɛ　rə.

这　盘子　NEG　大　PRT

这个盘子不大。

以上3例中jɛ jɛ“容易”和ʂ̥ka“困难”、gɛ cçu ʂ̥khu“特别冷”、（mei）cçhɛ“（不）大”分别是各自所在句子的谓语或谓语核心。

4. 形容词做补语。例如：

thə　wu　mɟjə ra　tɕhu　ɕə　də　mɟjo　rə.

3sg　ERG　跑步　CONJ　走　PRT　快　FPRT

他跑步过去很快。

thə dʑi də ra mei mɟjo rə.

3sg 字 写 NEG 快 FPRT

他字写得慢。

以上两例中mɟjo“快”分别是各自所在句子的补语。

5. 形容词做主语。例如：

形容词一般不能单独做主语，其后应添加名物化标记或定指标记，才可充当主语。例如：

gɑ ʁjɛ də rə lɛ, gə qhə mɛ də dən mbe.

好 NMLZ 放下 不好 NMLZ DIR 带走

好的放下，不好的带走。

phru phru də ʁjɛ rə, rn̥a rn̥a də mei ʁjɛ rə.

白色 NMLZ 好看 FPRT 黑色 NMLZ NEG 好看 FPRT

白色的好看，黑色的不好看。

以上两例中gɑ ʁjɛ“好”和gə qhə mɛ“不好”、phru phru“白色”分别是各自所在句子的主语。

6. 形容词做宾语或表语。例如：

ŋa ji phru phru， n̥i ji ndji ndji.

1sg GEN 白色 2sg GEN 红色

我的是白色，你的是红色。

ŋa n̥ɛ n̥ɛ də a tsɛ da mi rga.

1sg 黑色 NMLZ 一点儿 PRT NEG 喜欢

我不喜欢黑色的。

以上两例中phru phru“白色”和ndji ndji“红色”做表语，n̥ɛ n̥ɛ də“黑色的”做宾语。

七 副词

副词是表示动作、行为、变化和状态发生或进行的时间、频率、程度、范围、性状、语气等意义的词。

（一）副词的类别

按照副词在句中的表义功能，可以将其分为程度副词、范围副词、性状副词、时间副词、否定副词、语气副词等类别。

1. 程度副词

常见的程度副词有gɛ“很”、a tɕhɛ ʑi“稍稍”、zə“最”、tɕhi mɛ də mɛ“非常”、gɛ cçu“多么”、su“更加”、thə bei ʑi gə“差不多”等。例如：

thə wu dʑi də tɕhi ke də tɕhi mɛ də mɛ qhɑ sɬu rə.

3sg ERG 书 看 PRT 非常 喜欢 FPRT

他非常喜欢看书。

ə də dzə gə ji tshu kha də a tɕhɛ nav rə.

这 衣服 GEN 颜色 PRT 稍微 深 FPRT

这件衣服的颜色稍微深了一点。

2. 范围副词

常见的范围副词有xsən bə“全部”、tɕha tshoŋ“所有的”、xsə mə“都”、a tɕɛ“一起”等。例如：

thə ȵi xsən bə a tɕɛ ncçha ra ɕə ɕə.

3pl 全都 一起 玩儿 去

他们全都一起去玩儿了。

ndʐ̥u ba ȵ̥i xsən bə ɮɛ si.

客人 PL 全都 来 SUFF

客人们全都来了。

thə ji ge de ȵ̥i xsən bə phi su cçha ra gə ɟji rə.

3sg GEN 小孩 PL 全部 外面 玩儿 PRT 在 FPRT

她的孩子们全都在外面玩儿。

3. 性状副词

常见的性状副词有vɛ lve“慢慢地”、gɛ mɟjo“快快地”、gɑ ʁji“好好地”、ndzə ndzə“悄悄地”、bo bo re re“慌慌张张”、gɛ cçu“非常”等。例如：

thə ndzə ndzə thə ji ɕu gə ɕə.

3sg 悄悄地 3sg GEN 后面 DIR 去

他悄悄地跟了过去。

thə wu gɛ mɟjo ɕə də ŋa mə ɬe rə.

3sg ERG 快快地 走 PRT 1sg NEG 超过 FPRT

他走得太快我跟不上。

4. 时间副词

常见的时间副词有roŋ shɛ“马上”、do tɕi“立即”、do ji“立刻”、hɑ vdu“此时”、

χo ke“现在”、go mu“刚才”、ŋə“先”、ɕu“后”、a sȵi sȵi“每天”、ji tɕhi tɕhi“经常”、be la dən ndʐə̣“经常”、wu“再”等。例如：

ŋa ji　hɑ vdu　ɕə ɕɑŋ!
1pl　现在　出发
我们现在出发！

ŋa　do tɕi　ɮɛ　mo!
1sg　马上　来　PRT
我马上来！

thə　wu　ji tɕhi tɕhi　bei tɕiŋ　dən da　zgrəv　nə　ve　gə　rə.
3sg　ERG　经常　北京　事情　做　DIR　去　PRT　FPRT
他经常去北京出差。

5. 否定副词

常见的否定副词有mə、mɛ、mu“不”，mei ɕi“不要”，ma“没有”，mja“不是”等。例如：

thə　ji　ma　ɕə　da　ŋe　rə，　ȵi　ji　ma　ɕə　kha　mu　gʐə.
3sg　DIR　NEG　去　CONJ　可以　FPRT　2sg　DIR　NEG　去　PRT　NEG　行
他不去也行，但你不去不行。

a mə　mei　ɮɛ　gə　rə.　a mə　xav ʐi　ma　ɮɛ.　ȵi　də di　ɕə.
妈妈　NEG　来　PRT　FPRT　妈妈　还　NEG　来　2sg　不要　走
妈妈不会来了。妈妈还没回来。你不要走。

6. 语气副词

常见的语气副词有ŋə mei ŋə ma“真正的”、ɕha ɕha“必定”、phər tɕhiɛ“大概”、tɕhi ge“然后，就”、jin tɕi mə ȵi“无论如何”、ŋə ma“真的”等。例如：

thə　ɮɛ　ɕha ɕha　ŋu.
3sg　来　肯定　是
他肯定会来的。

ə də　qhe　ŋɛ　thə　qhe　bər　phər tɕhiɛ　tɕhi tshu　a　rgə　ɕə　fɕi　rə.
这　LOC　ABL　那　LOC　之间　大概　时间　一　CLF　走　需要　FPRT
从这到那儿大概需要走1个小时的路程。

ȵi　jin tɕi mə ȵi　ə də　də　gɑ ʁji　nə　və　mo!
2sg　无论如何　这个　PRT　好　DIR　做　PRT
你无论如何都要把这个做好！

thə ŋə ma ɮɛ si a?

3sg 真的 来 SUFF QUES

他真的来了吗?

7. 追加性副词

常见的追加性副词有da“也”、wu“又，再”等。例如：

ŋa da ə də pei dzə gə bjɛ də.

1sg 也 这样 衣服 CLF 有

我也有一件这样的衣服。

ȵi wu ncçha ra çin gə a?

2sg 又 玩儿 去 要 QUES

你又要去玩儿吗?

（二）副词的构形特征

1. 副词在句中主要做状语。例如：

bo bo ma, vɛ lve nə və.

慌张 NEG 慢慢 DIR 做

不要慌，慢慢地做。

thə vdzi də ŋə ma gɑ dzɑ ɣe ŋə rə.

那个 人 PRT 真的 好 CLF 是 FPRT

那个人真的是个好人。

thə wu ʂkoŋ thoŋ çə də bo bo ma və tçhu vɛ lve gə tçiɛ gə

3sg ERG 步行 走 PRT 不慌不忙 做 CONJ 慢慢 DIR 来 PRT

ɟi rə.

在 FPRT

他不慌不忙地，慢慢地步行回来。

以上3例中bo bo ma“不要慌”和vɛ lve“慢慢”、ŋə ma“真的”、bo bo ma“不慌”和vɛ lve“慢慢”分别是各自所在句子的状语。

2. 副词的重叠

副词可重叠，重叠后表程度或语气的加重。例如：

a ndʐə mu tshər wu a ndʐə də ji da mei rŋi rə ha!

一 CLF NEG 完 又 一 CLF 来 说 也 NEG 听 FPRT PRT

说了一次又一次，都不听呀!

thə dʑi dʑɑ mkhən mja rə, ge gen da mja rə, a tɕhə və mkhən
3sg 学习 NMLZ NEG FPRT 老师 也 NEG FPRT 什么 做 NMLZ
ŋu da hɑ mu goŋ rə.
是 CONJ 不知道 FPRT
他不是学生，也不是老师，也不知道是干什么的。

3. 有些副词可以与别的副词连用。例如：

a də da zə ʁjɛ də ŋə rə.
这个 也 最 好看 NMLZ 是 FPRT
这个也是最好看的。

a də je zə cçhe də ŋə rə.
这个 也 最 大 NMLZ 是 FPRT
这个也是最大的。

八 助词

助词可以分为格助词（结构助词）、名物化助词、语气助词和其他助词四大类。虽然它们数量不多，但应用范围却非常广泛，用法也很复杂。

（一）格助词

格助词是用来指明句子成分，或说明句子成分之间结构关系的虚词，它们不能单独运用，不能单独充当句子成分。尔龚语中常用的格助词有属格助词、施事格助词、为格助词、从格助词、工具格助词、比格助词、对象格助词等12类。下面分别举例做简要说明。

1. 属格助词

属格助词主要是ji形式出现，用在名词或代词后，表明其前面的名词或代词与后面的名词或代词是领属关系。例如：

a mə ji dzə gə.
妈妈 GEN 衣服
妈妈的衣服。

ŋa ji dʑi də.
1sg GEN 书
我的书。

ə də ŋe ji dʑə pa ŋə rə, ro də ȵi ji də ŋə rə.
这 1sg GEN 衣服 是 FPRT 那个 2sg GEN NMLZ 是 FPRT
这是我的衣服，那是你的。

2. 施事格助词（作格）

施事格助词主要有wu等形式，表示动作是由其前面的名词或代词发出的。例如：

a mə wu zɑ ma və gə ʄji rə.

妈妈 ERG 饭 做 PRT 在 FPRT

妈妈在做饭。

thə wu qɑ ʁə broŋ gə ɣdu zda si.

3sg ERG 山 野牛 来 看见 EXP SUFF

他在山上看见过野牛。

thə wu qə jiɛ noŋ bjoŋ noŋ rə nə ve gə rə.

3sg ERG 街 里面 肉 买 DIR 去 PRT FPRT

他要去街上买肉。

3. 从格助词

从格助词主要是ŋɛ。另外，表示路程之间的距离还可以用ŋɛ…bər“从……到……之间”、də…bar ʁə“从……到……之间”来表示。例如：

ȵ̥i lo rə ŋɛ ȴʒɛ?

2sg 哪里 ABL 来

你从哪来？

ɕər ŋɛ nə stso gə χa.

东方 ABL 太阳 DIR 来

太阳从东方升起来了。

stɑ wə ŋɛ ɬa sa bər.

道孚 ABL 拉萨 之间

从道孚到拉萨之间。

4. 同格助词

同格助词主要是re、pha的形式，表示前后连接的两个词在语法上是平等的属性。例如：

phjən ko re khə mbə, sta rga lo də gə rə da ŋe.

苹果 COM 桃子 核桃 哪个 来 买 CONJ 可以

苹果跟桃子，还有核桃，买哪个都行。

pə sȵ̥i mə qhe qhi gə rə, a pe re ve ve ɣne mkər va mei ɕə gu.

今天 雨 下 PRT FPRT 爷爷 COM 奶奶 俩 转经 NEG 走 PROS

今天外面下雨，爷爷和奶奶不去转经。

ŋa a mə pha zɑ ma və gə ɟji.

1sg 妈妈 COM 饭 做 PRT 在

我跟妈妈在做饭。

5. 工具格助词

工具格助词主要是kha等形式，主要表示使用某种工具做事情。例如：

bi kha dʑi də ra.

笔 INST 字 写

用笔写字。

ɣdzɛr kha tshɛ zn̥o.

筷子 INST 菜 夹（拈）

用筷子夹菜。

the n̥i wu nɢu lu gɛ cçhɛ ma kha za ma və gə rə.

3pl ERG 锅 大的 INST 饭 做 PRT FPRT

她们用大铁锅做饭。

6. 处所格助词

处所格助词用以表达动作、行为发生或开始、结束的场所、方位或范围。常见的处所格助词主要有ʁa、qhe等。例如：

lə phu ʁa rɣi ɣne gə phro si.

树 LOC 马 两个 DIR 拴 SUFF

树上拴着两匹马。

n̥i n̥i pə sn̥i ji ɕu ro ro ʁa ro rəm nə və mo!

2pl 今天 GEN 后面 相互 LOC 帮助 DIR 做 PRT

你们今后一定要互相帮助！

thə qhe ɣnə ɣe ncçhə ncçhə gə ɟji rə.

那儿 LOC 两 CLF 打架 PRT 在 FPRT

那儿有两个人在打架。

7. 对象格助词

对象格助词用以表达动作行为所涉及的对象。对象助词主要有gi等形式。例如：

thə gi də fkho!

3sg PRT 来 给

给他！

ŋa ge gen gi də joŋ.

1sg 老师 PRT 来 说

我对老师说了。

ȵi thə gi de jən?

2sg 3sg PRT QUES 说

你给他说了吗？

8. 随格助词

随格助词pha用以表达随从在后面的动作行为。例如：

ȵi ŋa pha a ʐen gu?

2sg 1sg COM QUES 来 PROS

你跟我来吗？

thə pha də di ɕə!

3sg COM 不要 走

不要跟他走！

ȵi a ʑɛr gə nə gi ŋa thə pha kha rda rgə və mo.

2sg 一会儿 DIR 休息 PRT 1sg 3sg COM 谈话 CLF 做 PRT

你先休息休息，我（试着）跟她谈谈。

9. 为格助词（受益格）

为格助词主要有kha、scçet、də等，表示行为动作所要达到的目的或针对的对象。例如：

mə ser ji dən da kha a ru mu ru və.

人民 GEN 事情 BEN 勤奋努力 做

为人民服务。

ndʑin tɕia ɕə scçet phjo dzə tshu gə ɟi rə.

读书 去 BEN 钱 挣 PRT 在 FPRT

为了读书去挣钱。

kha su scçet le ska və.

糊口 BEN 劳动 做

为了生活劳动。

pə sȵi tshɛ rə rzu scçet də qhɑ si qa ʁə də ʂkhu la gə ɕi rə.

今天 羊皮袄 带 BEN BEN 明天 山上 PREF 冷 PRT 穿 要 FPRT

今天带皮袄，是为了明天在山上冷的时候穿。

10. 于格助词

于格助词主要有la等形式，表示人、物存在于某处所。例如：

jo noŋ la ndzʉ ba gɛ ɣre ɮɛ si.
家 里面 PRT 客人 很多 来 SUFF
家里来了很多客人。

stɑ wə la skɛ mə rgən ba xsu xi.
道孚 PRT 觉母寺院 三 有
道孚有三座觉母寺院。

ɣrə noŋ la ʁjə ɟji rə.
水 里 PRT 鱼 有 FPRT
水里有鱼。

11. 位格助词

位格助词主要用在名词或名词性短语后，表时间、处所、方式、条件和对象等。尔龚语中常见的位格助词主要有la等形式。例如：

ŋa ji ɕɛ n̥i ze la stɑ wə ɟji.
1sg GEN 弟弟 小 PRT 道孚 在
我最小的弟弟在道孚。

thə n̥i la dian jin n̥i ka ɕə.
3pl PRT 电影 看 去
他们看电影去了。

qhə zi noŋ mbre la rə xsɛ si.
碗 里面 饭 PRT DIR 满 SUFF
碗里的饭装得满满的。

12. 比格助词

比格助词主要用sna，在比较级中还可用ski、su等，表示或标明其前面的成分是所比较的对象。例如：

thə ŋa sna boŋ ge su cçhɛ rə.
3sg 1sg COMPR 个子 更加 高 FPRT
他比我更高。

rŋəl sna xser ji goŋ ski cçhɛ rə.
银子 COMPR 金子 GEN 价格 比较 贵 FPRT
金子比银子贵。

a te　ɕɛ n̥i　sna　gɛ　thu　rə.

哥哥　弟弟　COMPR　稍微　高　FPRT

哥哥比弟弟高多了。

（二）名物化助词

1. 名物化助词lə

用于动词性词语后，表示动作所涉及的事物。例如：

thə　tɕhi ke　lə　ŋə　rə.

那　看　NMLZ　是　FPRT

那是看的。

ə də　ngə　lə　ŋə　rə.

这　吃　NMLZ　是　FPRT

这是吃的。

ngə　lə　thi　lə　ʁɑ　zjar khu　mu　ɕi　rə.

吃　NMLZ　喝　NMLZ　LOC　担心　NEG　要　FPRT

吃的、喝的都不愁。

2. 名物化助词si

用于过去时后面，表示动作已涉及的事物。例如：

thə　wu　nɑk　noŋ　rzo　gə　ɣdu　zda　si.

3sg　ERG　森林　里面　豹　DIR　看见　EXP　SUFF

他在森林里看见过豹子。

ɣrə rjo　noŋ　ʁjə　snɑ mu snɑ tshoŋ　rə　χsu　si.

水 池　里面　鱼　各色各样　DIR　养　SUFF

水池里养着各色各样的鱼。

dɛn nbə　noŋ　ɣrə　la　rə　xsɛ　si.

瓶子　里面　水　PRT　DIR　满　SUFF

瓶子里装满了水。

3. 名物化助词mkhən

用于动词性词语后，表示进行动作的人。例如：

ra mkhən　画的人　　　tɕhi ke mkhən　看的人

qhɑ mkhən　笑的人　　　tshoŋ və mkhən　经商的人

ncçhə ncçhə mkhən　打架的人　　　scçer mkhən　害怕的人

4. 名物化助词qhe

动词实语素后加qhe，可构成表示施事相应动作发生或实施的地点或场所。例如：

ʁlə və re qhe 唱歌的地方	ɣmə ntshɛ zʐu re qhe 烤火的地方
ə də qhe 这边	thə qhe 那边
tɕhi ke re qhe 看的地方	ncçha ra re qhe 玩儿的地方

5. 名物化助词scçet

动词后加虚化名词scçet，可构成表示相应动作施事所需的工具。例如：

khvɛ scçet 割的工具	le ska və scçet 劳动的工具
ʁɑr ncçhə scçet 打针的工具	xtsɑ xtsə scçet 剁（肉）的工具
dzə̥l scçet 卷的工具	mtshə scçet 染（色）的工具

（三）语气助词

语气助词一般加在句子末尾，表示祈使、请求、感叹等语气。主要有a、mo、gu、da、na、de、ja、ba、me等。

1. 语气助词a、de、de…da、ba、na等表疑问语气。例如：

ȵ̥i çən ŋu a?
2sg 走 要 QUES
你要走了吗?

thə qhe de ŋu?
那里 LOC QUES 是
是那里吗?

a və sn̥i ço və də phɛ si də çha lə de ri da？
昨天 钱 PREF 掉 SUFF NMLZ 找 NMLZ QUES 找到 FPRT
不知昨天丢失的钱找到没有?

thə ngə lə mja ba？
那个 吃 NMLZ NEG QUES
那个不是吃的吧?

2. 语气助词mo等表祈求、建议、希望的语气。例如：

a ʐ̥ɛr ʐ̥i gə də di çə mo!
一会儿 PRT 不要 走 PRT
（等一会儿）不要走啊！

ŋa ji kho pə sn̥i qɑ ʁə rə vu vaŋ mo!
1pl PRT 今天 山上 DIR 去 PRT

咱们今天上山去吧！

n̥i ɣne ŋə mi ŋə ma gɑ ʁjɛ gə ndʑi ndʑa mo!

2dl 真正的 好好 DIR 学习 PRT

你们俩一定要好好地学习！

3. 语气助词ha、kha等表惊讶、感叹语气。例如：

a! thə də mja na!

啊 3sg PREF 不是 PRT

啊！不是他呀！

a jo! gɛ cçu ŋo kha!

哎哟 非常 疼 PRT

哎哟！好疼！

o ho! thə ɕə də tshər si ha!

（哦嚯）唉 3sg 走 PREF 完 SUFF PRT

唉！他已经走了！

4. 语气助词mo等表判断、肯定的语气。例如：

ŋa ɕoŋ gu mo!

1sg 走 要 PRT

我要走了！

ə də kə ta khra khra də wu vdzi ʁa scçhɛ rə mo!

这 花狗 NMLZ ERG 人 LOC 咬 FPRT PRT

这只花狗会咬人！

n̥i roŋ ji le ska də n̥i roŋ wu nə və mo!

2sg REFL GEN 劳动 PRT 2sg REFL ERG DIR 做 PRT

你自己的工作自己做！

5. 语气助词mo等表叮嘱、提醒的语气。例如：

tɕɛ nə vɛ lve nə nde mo!

路 上 慢慢 DIR 做 PRT

路上小心（慢走）！

gɑ ʁjɛ nə və mo!

好好 DIR 做 PRT

好好干！

a mə də ji sə də gɑ ʁjɛ nə rŋi mo!

妈妈 PREF 说 SUFF PRT 好好 DIR 听 PRT

好好地听妈妈的话！

6. 语气助词ba等表推测的语气。例如：

ndzə ndzə ʁo mkhən də thə ŋu ba!

悄悄地 帮忙 NMLZ PRT 他 是 PRT

悄悄帮忙的可能是他！

the qhe mja ba!

那儿 LOC NEG PRT

不是那儿吧！

thə wu thɛ pei mi və ba!

3sg ERG 那样 NEG 做 PRT

他不会那样做吧！

（四）其他助词

由于“助词的范围真是可大可小”（吕叔湘，1990），总是有许多无家可归而又颇具助词功用的词语，为了让语法体系尽可能完备，我们又不能置之不理，况且这些助词是尔龚语助词中不可或缺的组成部分，故而我们将这些助词归入其他助词加以说明。

1. 施动和受动助词

施动和受动助词表示客观事物和动作的施受关系，注重表明谓语动词与受施对象或受施地点之间的语义关系。尔龚语中，施动和受动助词主要是də形式出现。例如：

n̥i roŋ ji dən da də n̥i roŋ wu nə grə mo!

2sg REFL GEN 事情 PRT 2sg REFL ERG DIR 做 PRT

你自己的事情自己做。

ə də dən da də ŋa hɑ mu goŋ, n̥i thə n̥i gi gə rjɛ!

这 事情 PRT 1sg 不知道 2sg 3pl PRT DIR 问

这件事我也不清楚，你去问他们吧！

mə zde ji dən da də ŋa ji khrə do ma rə.

别人 GEN 事情 PRT 1pl 闲事 NEG FPRT

人家的事情咱们别多管。

另外还有一个施动和受动助词la，但使用频率不大，要求不甚严格。有时在同一句话中，既可以使用施动和受动助词la，也可以省略。例如：

ŋə mɛ la grə jo noŋ ɟji rə mo!

奶牛 PRT 菜园 里面 在 FPRT PRT

奶牛在菜园里面!

ŋə mɛ grə jo noŋ ɟji rə mo!

奶牛 菜园 里面 在 FPRT PRT

奶牛在菜园里面!

2. 排除助词

排除助词主要是de、tan de等形式，表示句中的某些信息在范围之外，是所要排除的对象，相当于汉语中的“除……外”。例如：

thə khʂ̩ə nɢvɛ de ma.

3sg CLF 五 EXCL 没有

他只有五元钱。

ŋe sni ɣə a qha tan de ma.

1sg 笔 一 CLF EXCL 没有

我只有一支笔。

thə n̥i cçhim tsho khɛl ma ɣne de mei ɟji rə.

3pl 家里 牛 俩 EXCL NEG 在 FPRT

他们家里只有两头牛。

九 连词

连词是指起连接作用的虚词。它可以连接词、短语或句子，表示连接成分之间的各种关系。尔龚语连词的特点是位于两个被连接成分中间。若连接的是句子，连词则在前面的分句末尾或后面分句的句首。

根据连词所连接的对象，可以对连词进行分类。一类为连接词和短语，如pha、re等；一类是连接句子的，如tɕhi ge、re ge、tɕhi re、ge le、tɕhu、thɛ ji ɕu等。根据所连对象之间的意义关系，可以将连词分为并列连词、选择连词、顺承连词等类。

（一）连接词或短语的连词

连接词或短语的连词主要有pha、re等，相当于汉语中的“和”“与”“同”“跟”。例如：

ŋa a mə pha le ska və gə ɟji.

1sg 妈妈 COM 劳动 做 PRT 在

我和妈妈在干活。

a mə re a pa ɣkə jɛ noŋ ɕə.
妈妈 CONJ 爸爸 街 里 去
妈妈和爸爸去上街了。

khə mbə re sta rga lo də gə rə da tɕhi.
桃子 COM 核桃 哪个 前缀 买 CONJ 可以
买桃子或核桃都可以。

（二）连接句子的连词

尔龚语连词的最大特点是一个连词根据具体的句子和语境可以身兼数职。比如，连词 xav ʐi既是表递进关系的连词，又是表转折关系的连词；连词la 既是表假设关系的连词，又是表转折关系的连词等。下面仅根据所连对象之间的意义关系加以描写分析。

1. 表选择关系的连词

这类连词主要有sa“还是，或者”、sɛ...da“还是，或者”、jin mə na“要不然，要么”、də mja la“要不然”、la“还是，或者”等。例如：

ȵi ɕən gu sa mei ɕən gu?
2sg 走 PROS CONJ NEG 走 PROS
你走还是不走？

ŋa mə cçhɛl rə, jin mə na ni roŋ wu də ɕə.
1sg NEG 空闲 FPRT 要不然 2sg REFL ERG DIR 去
我没空，要不然你自己去。

tʂa ɕi də ɣzu ɕi gə sɛ ȵi ma də ɣzu ɕi gə da?
扎西 PRT 留 要 PRT CONJ 尼玛 PRT 留 要 PRT PRT
是扎西留下，还是尼玛留下？

2. 表顺承关系的连词

这类连词主要有tɕhi ge“然后”、re ge“之后”、tɕhi re“然后，那么”、ge le“就”、tɕhu“然后，那么”、thɛ ji ɕu“之后”等。例如：

tɕhi re ȵi a tɕhə və ntshə rə?
CONJ 2sg 什么 做 想 FPRT
那么你想做什么？

ŋa pha də ma ʁe la tɕhi re the ȵi pha də ɕə.
1sg COM DIR NEG 来 PRT CONJ 3pl COM DIR 去
不跟我来的话，那就跟他们去吧。

rə dɑ ʁe re ge the ȵi də scçɛr re ge tɕhi re də spo si.

野兽 来 CONJ 3pl PREF 害怕 CONJ CONJ PREF 搬 SUFF

野兽来了后，他们害怕后，就搬走了。

3. 表递进关系的连词

这类连词主要有：mu tshər…xav ʑi…“不仅……而且……”、mu tsi…xav ʑi…“不仅（不算）……还……”、mu ɣgo ge…xav ʑi… “不仅……而且……” 等。例如：

ə də mu tshər, xav ʑi gɛ ɣre də rə.

这个 不仅 还 很多 有 FPRT

不仅有这个，而且还有很多。

dʑi də mu tsi, xav ʑi pə ndzə ɣne da də rə.

书 不仅（不算） 还有 本子 双数 也 有 FPRT

不仅有书，而且还有两个本子。

ə də ge de ndʑin tɕia tɕha du ru və mu tshər, xav ʑi gɛ ȵiɛ tɕu ɣe

这个 小孩 学习 上面 努力 做 NEG 完 而且 很 孝顺 CLF

ŋə rə.

是 FPRT

这个小孩不仅学习努力，而且还很孝顺。

4. 表示条件关系的连词

这类连词主要有：…dan de… “否则……不然……”、la “如果……就……” 等。例如：

ȵi də mja la thə ŋə rə.

2sg PREF NEG CONJ 3sg 是 FPRT

如果不是你就是他。

gɛ mɟjo nə və dan de, thə də mə ɬe rə mo!

很快 DIR 做 否则 3sg PRT NEG 赶上 FPRT PRT

快点，否则赶不上他了！

mə qhi gɛ cçhɛ nə qhe la ŋa mei ʁɛ gu.

雨 很大 DIR 下 CONJ 1sg NEG 来 要

如果下大雨，我就不来了。

5. 表因果关系的连词

连词主要表因果关系词。例如：

表因果关系词的连词有 tɕhu “因为……所以……”、ge…tɕhi ge… “因为……所以……”、re ge “因为”、tɕhi ge “所以”、tɕhi re “所以” 等。例如：

ȵi dә ɕә tɕhu thә tshә pa dә za.
2sg DIR 走 CONJ 3sg 怒气 DIR 生
因为你走了，所以他生气了。

thә dʑi dә ra ma tshәr tɕhu ge gen wu thә tɕha χan ba nә vә
3sg 作业 写 NEG 完 CONJ 老师 ERG 3sg 上 批评 DIR 做
si.
SUFF
因为他没写完作业，所以老师批评了他。

ȵi dә ma ʁ̥ɛ re ge tɕhi ge ŋa a ɣe khәr ma dә ɕә ha.
2sg DIR 没来 CONJ 所以 1sg 一 CLF 独自 DIR 去 PRT
因为你没来，所以我一个人去了。

6. 表示转折关系的连词

表示转折关系的连词主要有ʑi gɛ…xav ʑi…“虽然……但是……”、ge“但是”、da“但是”、la“但是”等。例如：

ŋa rɟa skɛ ɣnә kvo gә ndʑoŋ ʑi gɛ, hav ʑi gɑ ʁji ji lә mә
1sg 汉语 两 CLF DIR 学 CONJ CONJ 好的 说 NMLZ NEG
re rә.
会 FPRT
我虽然学了两年汉语，但还是说不好。

ŋa ɕә dәn ntshә da pә sȵi mә cçhɛl rә.
1sg 去 PREF 想 CONJ 今天 没空 FPRT
我虽然想去，但今天没空。

thә nә vә ʑi gɛ xav ʑi gɑ ʁji dә ma tɕiɛ si.
3sg DIR 做 CONJ 还 好的 PREF NEG 成了 SUFF
他做了，但没做好。

7. 表假设关系的连词

表假设关系的连词主要有la“如果……就……”等。例如：

ȵi ɕә dә znә la ŋa da ɕә znә.
2sg 去 PREF 敢 CONJ 1sg 也 去 敢
你若敢去我也敢去。

ȵi dә ma ʁ̥ɛ la ŋa ge a ji dә ra.
2sg DIR NEG 来 CONJ 1sg PRT 说 PREF PRT
如果你不来的话，请告诉我一声。

qhɑ si　mə rŋə　nə　cçɑ　la　ŋa ji　kho　spo tɕha　ncçha ra　ɕi ɕoŋ.
明天　天气　PREF　好　CONJ　1pl　PRT　草原上　玩儿　去
如果明天天气好的话，我们就去要坝子。

8. 表让步关系的连词

表让步关系的连词主要是da“即使……也……”等。例如：

n̥i　də　ʑɛ　da　thə　wu　mdzɑ mdzɑ　khe len　gə　mja　rə.
2sg　DIR　来　CONJ　3sg　ERG　一样　承认　PRT　NEG　FPRT
即使你来了，他也不会承认的。

n̥i　shu　də　ma　cçhɛl　da　thə　qhe　a tɕhi ke　gə　ɕə.
2sg　再　PREF　NEG　空　CONJ　那里　LOC　看一下　DIR　去
即使你再没空，也得到那里去看一下。

thə　n̥i　ji　ge gen　də　mja　da　n̥i　mdzɑ mdzɑ　frtsi vtɕok　və
3sg　2sg　GEN　老师　PREF　NEG　CONJ　2sg　一样　尊敬　做
ɕi　gə　rə.
要　PRT　FPRT
即使不是你的老师，你也要尊重他。

9. 表目的关系的连词

目的关系的连词主要是də“为了……”、kha“为了……”、ka va“为了……”等。例如：

thə　ji　dən da　kha　ŋa ji　lo rə men ti　nə　mɟə ra.
3sg　GEN　事情　CONJ　1pl　到处　DIR　跑
为了他的事，我们想尽了办法。

roŋ　ji　ka va　a ru mu ru　ndʑin tɕia　ɕi　go　rə!
REFL　GEN　为了　勤奋努力　学习　要　PRT　FPRT
为了自己要努力学习！

ŋa ji　hɑ vdu　le ska　gɑ ʁji　və　lə　də　ɕu　ji　mtsho va　scçi po
1pl　现在　劳动　好好　做　NMLZ　BEN　后面　GEN　生活　幸福
gə　tɕiɛ　lə　ntshə　gə　ŋə　rə.
PREF　成　NMLZ　想　PRT　是　FPRT
我们现在好好工作，是为了今后的生活幸福。

十　语气词

语气词是处于句子末尾，配合动词的语式范畴，表示陈述、疑问、祈使和感叹等语气。

常用的语气词主要有以下类型：

（一）用于陈述句尾的语气词

si是表示动词已行体的后缀，它还同时兼有语气词的功用。此外，陈述句尾常用的语气词还有kha、ha、mo等。例如：

ə də dzə gə ʁjɛ sə ʁjɛ rə ʐi ge goŋ cçhɛ kha.

这个衣服 好看 CONJ 好看 FPRT CONJ 价格 贵 语气词

这件衣服好是好看，就是太贵了点。

ŋə mɛ ȵi qɑ ʁə nə χa mo.

牛 PL 山 DIR 来 语气词

牛都下山来了。

ʁe ȵi xsən bə khvɛ də tshɛr si mo.

麦子 PL 全部 收割 PREF 完 SUFF 语气词

麦子都收割完了。

（二）用于疑问句尾的语气词

主要有mo“呀”、da“吗”、ba“吧”、a“啊”、na“吗”等。例如：

thə wu lo rə men ti ɕə də mər rtsɛ a tɕhə və ntshə gə rə mo?

3sg ERG 到处 去 BEN 究竟 什么 做 想 PRT FPRT 语气词

他到处乱跑，到底在干什么呀？

pə sȵi thə ȵi pha də ɕə la a ŋe gə da?

今天 3pl COM DIR 走 PRT QUES 可以 PRT 语气词

今天跟他们去的话不知行不行？

thə də phji si ji rə ha, a ŋu gə da?

3sg 逃跑 SUFF 说 FPRT 语气词 是不是 PRT 语气词

听说他逃跑了，是不是喔？

（三）用于祈使句尾的语气词

这类语气词主要有mo“呀、啊”等。例如：

ȵi ŋa gi a ʁo nə ra mo!

2sg 1sg PRT 帮一下 语气词

请你帮我一下！

gɑ ʁji nə və tɕhu gə ndʑi ndʐa mo!

好好地 DIR 做 CONJ DIR 学习 语气词

要好好地学习！

roŋ ji dən da də roŋ wu nə grə mo!

REFL GEN 事情 PRT REFL ERG DIR 做 语气词

自己的事情自己做！

（四）用于感叹句尾的语气词

主要有kha“啊”、ja“呀”、si“呀”等。例如：

a jo! gɛ cçu ŋo kha!

哎哟 非常 疼 语气词

哎哟！好疼！

ge de wu rɟu mbre də cçha si ja!

孩子 ERG 考试 PREF 赢 SUFF 语气词

孩子考得很好！

hɑ vdu sə də ŋe si də ŋə rə ja!

现在 CONJ PREF 可以 SUFF PRT 是 FPRT 语气词

现在算是好的了！

十一 感叹词

尔龚语中的感叹词很丰富，由人们根据不同语境有感而发。常用的感叹词主要有12种类型。

（一）表示吃惊、惊讶或受惊的感叹词有a“啊”、o χo“哦嚯”、wu“哎呀”、ɛ mɛ“嗨”等。例如：

a! thə pei də tɕiɛ na?

啊 那样 PREF 变成 QUES

啊！变成那样了？

o χo! də tshər na?

哦嚯 PREF 完 QUES

哎呀！用完了？

wu! ji le nə dza mo！

哎呀 差点儿 DIR 掉 语气词

哎呀！差点儿掉下来了！

ɛ mɛ! gɛ mtshər ɣe də ŋu si！

嗨 奇怪 CLF PREF 是 SUFF

嗨！真是个奇怪的人！

（二）表示惊喜的感叹词有a“啊”、ha ha“哈哈”等。例如：

a! ȵi də ŋu si ha！

啊 2sg PREF 是 SUFF PRT

啊！原来是你！

ha ha! ȵi də ŋu na！

哈哈 2sg PREF 是 QUES

哈哈！（原来）是你呀！

（三）表示赞美的感叹词有a vəɣ“啊”、a dzi“哇”等。例如：

a vəɣ! gɑ ʁji gə də ŋu si!

啊 好 PRT PREF 是 SUFF

啊！真好！

a dzi! ə də pe gɑ ʁji gə də də si!

哇 这样的 好的 PRT PREF 有 SUFF

哇！有这么好的呀！

（四）表示懊恼和不满的感叹词有e“唉”、həŋ“哼”等。例如：

e! a də ndzi də gɛ qhə mɛ ɣe ŋə rə.

唉 这个 人 PRT 很坏 CLF 是 FPRT

唉！这个人真坏。

e! su və lə ma rə.

唉 再 做 NMLZ NEG FPRT

唉！再没办法了。

həŋ! a ntshə rə.

哼 QUES 想 FPRT

哼！想得美！

（五）表示醒悟的感叹词有a“啊”、o“哦”等。例如：

a! thə pei də ŋu na.

啊 那样 PREF 来 QUES

啊！原来是这么回事。

o! ŋa gɛ gɛ va hɑ də goŋ.

哦 1sg 刚刚 知道

哦！我刚刚才知道。

（六）表示痛苦、伤痛的感叹词有a ra ra“哎哟”、a tsha tsha“啊”、a tɕhu“啊”等。例如：

a ra ra! rŋə mo gɛ cçu ŋo rə.

哎哟 膝盖 很 痛 FPRT

哎哟！膝盖好痛！

a tsha tsha! ə də dʑa la gɛ cçu cçhu rə.

啊 这 茶 PRT 非常 烫 FPRT

啊！这茶好烫。

a tɕhu! ə də ɣrə la ʂ̥khu sn̥a sn̥a ŋə rə.

啊 这 水 PRT 冰冰凉 是 FPRT

啊！这水好凉啊！

（七）表示惋惜的感叹词有a kha“唉”、o χo“唉”等。例如：

a kha! ŋa ɕə də ɕi si.

唉 1sg 去 PREF 要 SUFF

唉！我应该去。

o χo! də phɛ si.

唉 PREF 丢 SUFF

唉！弄丢了。

o χo! qhro la，thə la ma ʁ̥ɛ si.

唉 可惜 3sg PRT NEG 来 SUFF

唉！可惜，他没来。

（八）表示打招呼和呼唤的感叹词主要有a vɛɣ“喂”。例如：

a vɛɣ! n̥i n̥i a tɕhə və gə ɟji?

喂 2pl 什么 做 PRT 在

喂！你们在干嘛？

a vɛɣ! n̥i sə ŋu?

喂 2sg 谁 是

喂！你是谁？

a vɛɣ! tshə pa də di za!

喂 气恼 不要 生气

喂！不要生气！

（九）表示鄙视的感叹词有phei“呸”、a vaɣ“哎”等。例如：

phei! mə ka cçhɛ lə ma mkhən.
呸 羞耻 害臊 NMLZ NEG NMLZ
呸！不知羞。

phei! phɛ rə tɕiɛ lə ɣe ŋə rə.
呸 吐 上来 NMLZ CLF 是 FPRT
呸！真是个讨厌的人。

a vaɣ! gɛ mə xtsoŋ gə ŋə rə.
哎 很 NEG 干净 PRT 是 FPRT
哎！好脏呀。

（十）表示警告、提醒的感叹词有e e“哎哎”、a vɛɣ“哎”等。例如：

e e! n̥i a tɕhə və gu?
哎哎 2sg 什么 做 PROS
哎哎，你干什么？

a vɛɣ! n̥i də di ɕə.
哎 2sg 不要 走
哎！你别走！

（十一）表示羡慕的感叹词有a vəɣ“啊”等。例如：

a vəɣ! a rgə ʁjɛ rə.
啊 一 CLF 好看 FPRT
啊！真漂亮。

a vəɣ! the n̥i jo la a rgə cçhɛ rə.
啊 3pl 房子 PRT 一 CLF 大 FPRT
啊！他们家的房子真大。

（十二）表示认同、答应的感叹词有ən“嗯”、o ja“好的”、ja“呀”等。例如：

ən! ŋa n̥i ma ŋoŋ.
嗯 1sg 尼玛 是
嗯！我是尼玛。

o ja! n̥i vɛ lve nə ɕən.
好的 2sg 慢慢 DIR 走
好！你慢走。

ja! thə də ji si də də ŋu si ha.
呀 3sg PREF 说 SUFF NMLZ PREF 是 SUFF PRT
呀！是他说的那样。

十二 拟声词

拟声词又叫“象声词”，是指以模拟事物声音的方式构成的新词，根据构词音节类型可分为单音节和双音节两类。

（一）单音节的拟声词。例如：

pəŋ 爆炸声 doŋ 东西掉落声 waŋ 狗叫声
mbɑ 羊叫声 mbu 牛的叫声 woŋ 蜜蜂叫声

（二）双音节的拟声词。主要有以下类型：

1. AA型。例如：

waŋ waŋ 汪汪 qɑ qɑ 嘎嘎
wu wu 呜呜 woŋ woŋ 嗡嗡

2. AB型。例如：

ku gu 布谷鸟 pha ta 啪嗒
di da 滴答 kha tsha 咔嚓

3. AAA型。例如：

wu wu wu 呜呜呜 ɕi ɕi ɕi 嘻嘻嘻 da da da 哒哒哒
ha ha ha 哈哈哈 la la la 啦啦啦 toŋ toŋ toŋ 咚咚咚

4. AAB型。例如：

ti ti da 滴滴答 doŋ doŋ tɕhaŋ 咚咚锵
tiŋ tiŋ daŋ 叮叮当

5. ABB型。例如：

χuɑ la la 哗啦啦 χoŋ loŋ loŋ 轰隆隆

6. ABA型。例如：

tɕin gə tɕin 唫咕唫 tshaŋ gə tshaŋ 锵咕锵

7. AAAA型。例如：

daŋ daŋ daŋ daŋ 当当当当 χuɑ χuɑ χuɑ χuɑ 哗哗哗哗
ɕi ɕi ɕi ɕi 嘻嘻嘻嘻 ha ha ha ha 哈哈哈哈

8. AABB型。例如：

ti ti da da 滴滴答答 tɕi tɕi gu gu 叽叽咕咕

9. ABAB型。例如：

χuɑ la χuɑ la　哗啦哗啦	gu du gu du　咕咚咕咚

10. ABCD型。例如：

phi li pha la　噼里啪啦	tɕi li guɑ la　叽里呱啦
tiŋ liŋ daŋ laŋ　丁零当啷	tɕi n̥i gu lu　叽里咕噜
vi li va la　呜里哇啦	diŋ liŋ doŋ loŋ　丁零咚隆

第二节

短语

一　短语分类

短语，又称词组，是由词组成的层级高于词但低于句子的造句单位。

（一）按组合关系分类

按照短语的内部结构关系，我们可以把短语分为主谓短语、偏正短语、宾动短语、述补短语、联合短语等常见的基本类型。

1. 主谓短语

主谓短语表示陈述与被陈述关系，由主语、谓语两部分组成。出现在主语位置上的词，主要是名词或代词；出现在谓语位置上的一般是动词或形容词。例如：

me tok　bro 花　开放	鲜花盛开	a da　ɮɛ 姐姐　来	姐姐来
san pa　çɕɑ 心情　舒畅	心情舒畅	mər ŋa　scçɑ 天气　好	天气晴朗
nə tso　gə　tsuo 阳光　DIR 照射	日出	ɣbu　də　zbjən 太阳　DIR 落下	日落

2. 偏正短语

偏正短语体现的是修饰和被修饰的关系。根据中心词的位置又可分为以下两种类型：

（1）定中短语

定中短语的修饰语是定语，充当中心语的一般是体词性成分，定语从领属、范围、质料、形式、性质等方面描写或限制中心语。例如：

rŋan pa ji na tɕho	猎人的枪	mə zde ji tɕe	别人的帽子
猎人 GEN 枪		别人 GEN 帽子	
sme ɣzuk ga ʁji	漂亮的女孩儿	tsə gə ga qha la	宽松的衣服
女孩儿 外貌 好的		衣服 宽松的	

（2）状中短语

状中短语的修饰语是状语，充当中心语的一般是谓词性成分。状语主要由副词、形容词两类词语充任。其他诸如动词、时间名词、处所名词、数量词等在一定条件下也可以充任该结构的状语。例如：

roŋ shɛ ɕə ɕoŋ	马上出发	khər ma ntshə sn̥i	独立思考
马上 出发		独自 思考	
gɛː cçu ʁjɛ rə	很好看	vɛ lve ɕə	慢慢地走
很 好看 FPRT		慢慢 走	

3. 宾动短语

宾动短语的内部意义关系比较复杂，大抵反映动作（述语）和受动作支配的事物（宾语）的关系。尔龚语中的宾动短语宾语在前，述语在后；述语几乎都是谓词性的，宾语大多是体词性的。例如：

phjən ko ngə	吃苹果	dʑi də dʑi	读书
苹果 吃		书 学习	
dʑi də ra	写字	za ma ngə	吃饭
字 写		饭 吃	
bar ncçhə	照相	ʁlə və	唱歌
照片 照		歌 唱	

4. 述补短语

由述语和补语构成的短语叫作述补短语。尔龚语中，在紧接述语之后的位置上，可以加上一些成分以表示述语的程度、结果、趋向等，这样的成分可以叫作补语。述语由谓词性词语充任，补语大多由形容性、状态性词语或表程度、结果、趋向等动词性词语充任。述补短语的语序主要是述语在前、补语在后。例如：

rjɛ də cçha	站得稳	fɕɛ də tshər	讲完了
站 PREF 能		讲 PREF 完	
ɕə mə cçha	走不动	rzu də cçha	拿得起来
走 NEG 能		拿 PREF 成功	
mɟjə ra mɟjo rə	跑得快	phji də tshər	逃得快
跑 快 FPRT		逃 PREF 完	

5. 联合短语

联合短语的构成成分在语法上是平等的。联合短语的结构成分可以是两项，也可以是两项以上。处于联合结构关系中的各项在类的属性上应相同或相近，或者都是体词性的，或者都是谓词性的。连词也是体现联合结构常见的语法形式，常用有re“和”、pha“与”、sɛ“或者”等。例如：

ŋa pha thə 我和他
1sg COM 3sg

pɔ sn̥i sɛ qhɑ si 今天或明天
今天 或 明天

vzu pa re səm nə pa 工人和农民
工人 COM 农民

n̥i va pha ɣjə və 亲戚和邻居
亲戚 COM 邻居

ve me re ɡe de 父母和孩子
父母 COM 孩子

ɣbu re ɬə ɣnə 太阳和月亮
太阳 COM 月亮

（二）按中心词的词性分类

根据中心词的词性，可以将短语分为体词性短语和谓词性短语。

1. 体词性短语

体词性短语以体词性词语为中心构成名词性短语，包括体词性偏正短语、体词性联合短语等。例如：

skɛ re dʑi də 语言文字
语言 COM 文字

xser rŋəl rɑ tɕo 金银铜铁
金 银 铜 铁

me tok a lu 一朵鲜花
花 一 CLF

nə vʑar ʂtshav ʂtsu 春夏秋冬
春 夏 秋 冬

ɕər ɬhu nəp bjoŋ 东南西北
东 南 西 北

bji rə spu ɕhiɛ 珊瑚蜜蜡
珊瑚 蜜蜡

2. 谓词性短语

谓词性短语由谓词性词语为中心语构成，而且其整体功能也是谓词性的，包括宾动短语、述补短语、谓词性联合短语等。

内部可分为两个小类：

（1）动词性短语

中心语是动词性词语。例如：

brtak χɕi ʑin tɕu 调查研究
调查 研究

rtsa me sdoŋ 消灭
根 NEG 消除

vɛ lve ɕə ɕoŋ 慢慢走
慢慢 走

ʁrə ʁrə tɕhən tɕhən 吵吵闹闹
吵吵 闹闹

khroŋ khru　ba tɕha　是是非非　ngə ngə　thi thi　吃喝玩乐
战争　祸事　吃吃　喝喝

（2）形容词性短语

其中心语是形容词性词语。例如：

gɛ cçu　ʁjɛ　rə　非常好　scçi po　ɣde mu　幸福安康
非常　好　FPRT　高兴　平安

scçɑ scçɑ　ɣde ɣde　平平安安　mthu　ʁmɑ　mei mdzạ　高低不一
舒服　平安　高　低　NEG 相同

zgo　tɕhu　tɕhu　酸溜溜　ŋar rɟɛl　və　骄傲
酸　溜　溜　骄傲　做

二　短语的句法功能

（一）名词性短语

名词性短语的句法功能与名词相同，在句中可以做主语、宾语、表语和定语。

1. 做主语。例如：

ɬa vzu　vbar den　wu　thoŋ kha　ra　gə　ɟi　rə.
画师　巴登　ERG　唐卡　画　PRT　在　FPRT
画师巴登在画唐卡。

a ja　ɣbal mu　wu　le ska　və　gə　ɟi　rə.
姨妈　巴姆　ERG　劳动　做　PRT　在　FPRT
姨妈巴姆在劳动。

以上两例中ɬa vzu vbar den“画师巴登”、a ja ɣbal mu“姨妈巴姆”分别是各自所在句子的主语。

2. 做宾语。例如：

ə də　ɣrə ʁɛ　la　ʁjə　xsə roŋ roŋ　ɣnə　qha　sti　rə.
这　河岸边　PRT　鱼　活生生　两　CLF　有　FPRT
这条河岸边有两条活鱼。

thə　wu　bud skɛ　re　rɟa skɛ　ɣnə　də　ncçhə　lə　ri　rə.
3sg　ERG　藏语　COM　汉语　两个　PRT　说　NMLZ　会　FPRT
他会说藏语和汉语。

以上两例中ʁjə xsə roŋ roŋ“活鱼”、bud skɛ re rɟa skɛ“藏语和汉语”分别是各自所在句子的宾语。

3. 做定语。例如：

lo də dʑi də pa ku ji goŋ cçhɛ?

哪个 书包 GEN 价格 贵

哪个书包贵？

the n̥i ma zə ɣnə ji tɕa ka ŋə rə.

3pl 母子 俩 GEN 东西 是 FPRT

是她们母子的东西。

以上两例中dʑi də pa ku“书包”、the n̥i ma zə ɣnə“她们母子俩”分别是各自所在句子的定语。

4. 做表语。例如：

stɑ wə ŋa ji pha jul ŋu.

道孚 1sg GEN 家乡 是

道孚是我的家乡。

ɬa mu ŋa ji vdʑə ŋə rə.

拉姆 1sg GEN 朋友 是 FPRT

拉姆是我的好朋友。

以上两例中ŋa ji pha jul“我的家乡”、ŋa ji vdʑə“我的好朋友”分别是各自所在句子的表语。

（二）动词性短语

动词性短语在句子中可以做谓语、定语、宾语和主语。

1. 做谓语。例如：

ŋa dʑi də an tɕhɛ ra ra gə ɟji.

1sg 字 一点儿 写 写 PRT 在

我在写一点东西。

thə ge de wu xtho lo rgə zʒe tɕhu ncçha ra gə ɟji rə.

那个 小孩 ERG 地上 睡滚 CONJ 玩儿 PRT 在 FPRT

那个小孩在地上打滚着玩儿。

以上两例中ra ra“写”、rgə zʒe“打滚”分别是各自所在句子的谓语。

2. 做定语。例如：

rŋə rŋə lə ji vɛ gu də gə ʒɛ.

炒 NMLZ GEN 猪肉 PRT DIR 拿来

把要炒的猪肉拿过来。

qhɑ qhɑ thu　də　thə n̥i　qhɑ　kha　zəl le　gə　ɟi　rə.
开玩笑　PRT　3pl　笑　PRT　摔倒　PRT　在　FPRT
（开玩笑）他们都要笑死了。

以上例中rŋə rŋə lə ji“要炒的”、qhɑ qhɑ thu“开玩笑”分别是各自所在句子的定语。

3. 做宾语。例如：

ŋa　bjɛn　re　zdə　lə　n̥i　xsə bə　və　lə　ru.
1sg　除草　COM　灌溉　NMLZ　PL　全都　做　NMLZ　会
我会做除草和灌溉。

ŋa　ra ra　re　ʂ̥ku tɕa　ɣne　də　ndʑin　ɕi　rə.
1sg　画画　COM　雕刻　俩　PRT　学　要　FPRT
我要学画画和雕刻。

以上两例中bjɛn re zdə n̥i“除草和灌溉”、ra ra re ʂ̥ku tɕa“画画和雕刻”分别是各自所在句子的宾语。

4. 做主语。例如：

ʁrə ʁrə tɕhən tɕhən,　gɛ　mə　scçɑ　gə　ŋə　rə.
吵吵闹闹　非常　NEG　舒服　PRT　是　FPRT
吵吵闹闹，一点儿都不舒服。

ngə　ngə　thi　thi,　le ska　gɑ ʁji　a tsi　da　mei　və　rə.
吃　吃　喝　喝　劳动　好的　一点儿　也　NEG　做　FPRT
吃吃喝喝，一点儿都不好好劳动。

以上两例中ʁrə ʁrə tɕhən tɕhən“吵吵闹闹”、ngə ngə thi thi“吃吃喝喝”分别是各自所在句子的主语。

（三）形容词性短语

形容词性短语在句子中可以做谓语、补语等。

1. 做谓语。例如：

vɛ go　noŋ　gɛ cçu　nə no　rə.
猪圈　里　非常　臭　FPRT
猪圈里很臭。

thə　gɛː cçu　qhɑ sɫu　gə　ɟi　rə.
3sg　很　高兴　PRT　在　FPRT
他非常高兴。

ŋa　ji　xtsɛ xoŋ xoŋ,　n̥i　ji　ʂ̥khu sn̥a sn̥a.
1sg　GEN　热烘烘　2sg　GEN　冷冰冰

我的热烘烘，你的冷冰冰。

以上例子中gɛ cçu nə no“很臭”、gɛː cçu qhɑ sɬu“非常高兴”、xtsɛ xoŋ xoŋ“热烘烘”和ʂ̥khu sȵa sȵa“冷冰冰”分别是各自所在句子的谓语。

2. 做补语。例如：

thə wu ʂ̥koŋ thoŋ çə də vɛ lve və tɕhu ɣmu la ʁnɛ qu qu tɕiɛ
3sg ERG 步行 走 PRT 慢慢 做 CONJ 天 PRT 黑乎乎 变成
də tshər si.
PREF 完 SUFF
他慢腾腾地走路回来，走到天都黑了。

thə ʂ̥ka kha tɕhiɛ gə ɟji rə.
3sg 累 PRT 透 PRT 在 FPRT
他累得不行了。

thə n̥i qhɑ kha zəl le gə ɟji rə.
3pl 笑 PRT 摔倒 PRT 在 FPRT
他们笑得前俯后仰。

以上例子中的ʁnɛ qu qu tɕiɛ də tshər“漆黑”、ʂ̥ka kha tɕhiɛ gə ɟji“累得不行”、qhɑ kha zəl le“笑得前俯后仰”分别是各自所在句子的补语。

第三节

句子

一　句子成分及语序

尔龚语的句子成分可分为主语、谓语、宾语、定语、状语、补语等，其中谓语是不可缺少的主要成分。典型的句子以动词为中心，各种语法范畴及句子成分之间的关系，大多通过动词的形态变化表现出来。从语序上看，尔龚语是典型的SOV型语言，当句子有双宾语时，间接宾语在直接宾语前，并有格标记。

（一）主语

主语在谓语前，是谓语的陈述对象。做主语的主要是名词、代词等。例如：

tʂa ɕi　rdə vzu　ŋə　rə.
扎西　石匠　是　FPRT
扎西是石匠。

thə　wu　za ma　ne　ngə?
3sg　ERG　饭　QUES　吃
他吃饭了吗？

a da　wu　ŋa　gi　dzə gə　bjɛ　də　fkhoŋ.
姐姐　ERG　1sg　PRT　衣服　CLF　PREF　给
姐姐给了我一件衣服。

上述例子中tʂa ɕi“扎西”、thə“他”、a da“姐姐”分别在各自所在句子中充任主语。

句子的主语在特殊的语境中可以省略。例如：

甲：thə　a　ʑɛ　si?
　　3sg　QUES　来　SUFF

他来了吗?

乙：ʑɛ si.

来 SUFF

（他）来了。

dʑi də gɑ ʁjɛ nə ndʑin tɕia ge ɕu roŋ la phən tho də

书 好好 DIR 学习 PRT 以后 REFL PRT 好处 有

gə rə.

PRT FPRT

（你们）要好好学习，将来会有用处。

（二）谓语

谓语在主语之后，用来陈述主语。常做谓语核心的有动词和形容词。例如：

pə sn̥i mə qhi qhe gə rə.

今天 雨 下 PRT FPRT

今天下雨了。

ə də tian jin də ŋa ɣnə ndʐə gə tɕhi kaŋ zda.

这 电影 PRT 1sg 两 CLF DIR 看 曾经

这部电影我看过两遍了。

rŋan pa wu dʑvɛ lu də sɛ si.

猎人 ERG 狐狸 CLF PREF 打死 SUFF

猎人打死了只狐狸。

上述例子中qhe“下”、tɕhi kaŋ“看”、də sɛ“打死”分别在各自所在句子中充任谓语。再如：

ŋa za ma ngə ɕoŋ gu.

1sg 饭 吃 去 PROS

我要去吃饭。

thə ʂ̥ka kha də ʂ̥tɕhe si.

3sg 累 语气词 PREF 筋疲力尽 SUFF

他累坏了。

以上都是两个谓词做谓语的情况，其中第二个动词或形容词表示结果、趋向或补充说明。

表强调语气时，谓语可前置于主语。例如：

nə rʁe ŋa. fɕi rə ŋa.
DIR 洗 1sg 要 FPRT 1sg
我洗了（洗了我）。 我要（要我）。

（三）宾语

宾语的位置在主语之后，谓语之前。做宾语的主要是名词、名词性词组和代词等。例如：

thə ŋa gi dʑi də a pen də fkho.
3sg 1sg PRT 书 一 CLF PREF 给
他给了我一本书。

ə də ŋe ji dʑə pa ŋə rə.
这 1sg GEN 衣服 是 FPRT
这是我的衣服。

ə də ɕok ɣdu thə ji də ŋu si.
这 伞 3sg GEN PREF 是 SUFF
这把雨伞是他的。

上述例子中dʑi də a pen“一本书”、dʑə pa“衣服”、thə“他”分别在各自所在句子中充任宾语。

句中有双宾语时，直接宾语在前，间接宾语在后。例如：

ŋa thə wu zjo ra gə ɣdu.
1sg 3sg ERG 哭 PRT 看见
我看见她在哭。

ŋa thə wu bar ncçhə gə ɟji rə ɣdu.
1sg 3sg ERG 相片 照 PRT 在 FPRT 见过
我看见他在照相。

thə za ma və ʑɛ ʑɛ ʁlə və gə ɟji rə.
3sg 饭 做 SIM 歌 唱 PRT 在 FPRT
她边做饭边唱歌。

句子的宾语在特殊的语境中，为了强调，还可以放在主语前。例如：

tɕa ka ȵi a mə wu gə rə si ŋu.
东西 PL 妈妈 ERG DIR 买 SUFF 是
东西是妈妈买的。

dʑə pa ȵi thə wu nə rʁe si ŋə rə.
衣服 PL 3sg ERG DIR 洗 SUFF 是 FPRT

衣服是她洗的。

me tok　dɛn nbə　ŋa　gə　rə　si　ŋu.

花　瓶子　1sg　DIR　买　SUFF　是

花瓶是我买的。

（四）定语

定语主要由名词、形容词、代词等充当，其位置要看词性而定。

1. 名词、代词做定语一般放在中心语的前面。例如：

a te　ji　dʑə pa　la　də　tsɛr　si.

哥哥　GEN　衣服　PRT　DIR　弄脏　SUFF

哥哥的衣服脏了。

thə　ji　tɕe　la　dʑo tsi　tɕha　sti　rə.

3sg　GEN　帽　PRT　桌子　上　在　FPRT

他的帽子在桌子上。

thə　ji　dʑə ʂta　la　gɑ ʁji　gə　ŋə　rə.

3sg　GEN　靴子　PRT　好的　PRT　是　FPRT

他的靴子很漂亮。

上述例子中a te“哥哥”、thə“他”、thə“他”分别在各自所在句子中充任定语。

2. 形容词、数量词做定语一般放在中心语的后面，但也有放在中心语的前面的。例如：

dʑə pa　ndji ndji　də　ʁjɛ　rə.

衣服　红色　PRT　好看　FPRT

红衣服好看。

ŋa　ɕjan tsə　phru phru　a　bjer　də.

1sg　衬衫　白色　一　CLF　有

我有一件白衬衫。

thə n̥i　jo　ji　ɣə ra　rn̥a rn̥a　la　də　phɛ　si.

3pl　家　GEN　鸡　黑色　PRT　PREF　丢　SUFF

他家的黑鸡不见了。

上述例子中ndji ndji“红色”、phru phru a bjer“一件白色”、rn̥a rn̥a“黑色”分别在各自所在句子中充任定语。

（五）状语

状语是用来修饰谓语的。做状语的词主要有副词、方位名词、处所名词和时间名词等。例如：

go mu n̥i a tɕhə və va gə də ɟji?
刚才 2sg 什么 做 PRT PREF 在
刚才你在做什么?

ɣkə jɛ noŋ ɟji thə ji jo.
街 里面 在 3sg GEN 家
他的家在街上。

hɑ vdu jə ntshə lə də də jin.
现在 说 想 NMLZ PRT PREF 说
现在想说的就说。

上述例子中go mu“刚才”、ɣkə jɛ noŋ“街上”、hɑ vdu“现在”分别在各自所在句子中充任状语。

（六）补语

补语是用来补充说明述语的成分。做补语的词主要有名词、形容词等。例如:

vdən mtsən wu dʑi də ra də tshər si.
丹增 ERG 字 写 PREF 完 SUFF
丹增把作业写完了。

χo ke su su gə ro ʂkhu rə, ʂkhu kha lvo rə mo.
现在 越来 往回 冷 FPRT 冷 PRT 冻 FPRT PRT
现在变得越来越冷，冷得冻死了。

ə də vdzi rɑ ɟji zɟjər də tshər si.
这个 人 酒鬼 变成 PREF 完成 SUFF
这个人变成了酒鬼。

上述例中də tshar“完了”、lvo“冻（死）”、də tshər“成了（酒鬼）”分别在各自所在句子中充任补语。

二 单句

根据内在结构可以分为单句和复句两大类。本部分先讨论单句。

（一）句类

根据语气及语用功能，可把尔龚语的句子分为陈述句、疑问句、祈使句和感叹句4个类别。陈述句、疑问句和祈使句按语式的不同又可再分为更小的次类。

1. 陈述句

根据陈述者的意愿、态度可分为肯定句和否定句、主动句和被动句等。

（1）肯定句和否定句

①肯定句。例如：

thə　jo　noŋ　ʄji　rə.

3sg　家　里　在　FPRT

他在家。

thə　pə sn̥i　ndʑi ndʑa　ɮɛ.

3sg　今天　读书　来

她今天来上学了。

ə də　ngə ja　də　ŋe　ji　ŋə　rə.

这　戒指　PRT　1sg　GEN　是　FPRT

这枚戒指是我的。

② 否定句。例如：

thə　jo　noŋ　mei　ʄji　rə.

3sg　家　里　NEG　在　FPRT

他不在家。

sno ze　pə sn̥i　le khõ　noŋ　mei　ɕə　gə　rə.

妹妹　今天　单位　里　NEG　去　PRT　FPRT

妹妹今天不去单位。

thə　mkhər ma　wu　le ska　və　mei　tshər.

3sg　独自　ERG　劳动　做　NEG　完成

他一个人做不完所有事情。

（2）主动句和被动句

① 主动句。例如：

tsə lə　wu　fcçə　də　fkhrə　si.

猫　ERG　耗子　PREF　逮住　SUFF

猫逮住了耗子。

ŋa　dəm bə　də　də　fxi　si.

1sg　杯子　PRT　DIR　打破　SUFF

我打破了杯子。

thə　dʑi də pa ku　də　rzu　tɕhə　ɕə.

3sg　书包　PRT　拿　CONJ　走

他拿着书包走了。

② 被动句

被动句有两种方式表达。最常用的一种是有标记被动句，即在被动句的主语之后加上助词də或la。例如：

fcçə　də　tsə lə　wu　də　fkhrə　si.

耗子　PRT　猫　ERG　PREF　逮住　SUFF

耗子被猫逮住了。

dəm bə　la　thə　wu　də　fxi　si.

杯子　PRT　3sg　ERG　PREF　打破　SUFF

杯子被他打破了。

dʑi də pa ku　la　thə　wu　də　rzu　tɕhə　ɕə.

书包　PRT　3sg　ERG　DIR　拿　CONJ　走

书包被他拿走了。

上述例中下标注PRT的də、la分别是各自所在句子中的被动标记，相当于汉语“被”的意思。

另一种是直接表达，可叫无标记被动句。此时不需要使用表示被动意义的助词，直接表达即可。例如：

ʁjɑ　thə　wu　də　mtshi　ɕə.

牦牛　3sg　ERG　DIR　牵　走

牦牛他牵走了。

ɕhɛl mi　thə　wu　və vɛ　də　tshər　si.

眼镜　3sg　ERG　修理　PREF　完　SUFF

眼镜他修好了。

dʑi də　thə　wu　ra　də　tshər　si.

作业　3sg　ERG　写　PREF　完　SUFF

作业他写完了。

2. 疑问句

疑问句可以分为是非问、特指问、选择问、反诘问等次类。

（1）是非问

是非问是把某种情况讲出来，要求听话一方做肯定或否定的回答。句末常用疑问句标记a-或语气助词na等，如a ŋə“是吗”、a ɕə“走了吗”、ɕə na“走了吗”等。例如：

thə　bu ba　a　ŋə　rə?

3sg　藏族　QUES　是　FPRT

他是藏族吗?

thə　a və sn̥i　pei tɕiŋ　ɕə　na?
3sg　昨天　北京　去　QUES
他昨天到北京去了？

thə　qhɑ si　ʑɛ　gə　a　ŋə　rə?
3sg　明天　来　PRT　QUES　是　FPRT
他明天是不是要来？

le khe　thə　wu　nə　və　si　a　ŋu?
馍馍　3sg　ERG　DIR　做　SUFF　QUES　是
馒头是她做的？

（2）特指问

特指问的特点是句中有特殊疑问词sə“谁”、lo rə“哪里”等疑问代词。例如：

thə　sə　ŋə　rə?
3sg　谁　是　FPRT
他是谁？

ʁə zja　sə　wu　gə　rə?
梳子　谁　ERG　DIR　买
梳子是谁买的？

n̥i　lo rə　ɕin　gu?
2sg　哪里　去　要
你去哪里？

（3）选择问

选择疑问句的特点是列出几种可能的情况，让人从中选择。句中常用sa“或者”、sɛ“或者”等连接。例如：

n̥i　za ma　ngi　gu　sa　mei　ngi　gu?
2sg　饭　吃　PROS　或者　NEG　吃　PROS
你吃不吃饭？

n̥i　ʑɛn　gu　sa　mei　ʑɛn　gu?
2sg　来　PROS　CONJ　NEG　来　PROS
你来还是不来？

n̥i　rdzi rtsa　khvɛ　gu　sa　mei　khvɛ　gu?
2sg　草　割　PROS　或者　NEG　割　PROS
你割不割草？

（4）反诘问

反诘问的特点是以疑问的句式表示肯定或说明结论，不要求听话人回答。常见的有mja rə na“不是吗”、mja tɕhu“（难道）不是吗”等。例如：

gə ɣdu zda si mja rə na?

DIR 看见 EXP SUFF NEG FPRT QUES

不是见过了吗?

ȵi gi də jə si mja rə na?

2sg PRT PREF 说 SUFF NEG FPRT QUES

不是给你说过了吗?

ə də skɛ tɕha də ȵi də jə si mja tɕhu ?

这 话 PRT 2sg PREF 说 SUFF NEG QUES

这句话不是你说的吗?

3. 祈使句

祈使句一般为表示命令、禁止和请求语气的句子。尔龚语的祈使句可根据语气强弱及礼貌程度分为命令式、禁止式和祈使式等。

（1）命令式

表示命令的祈使句都带有强制性，要求对方必须服从，言辞肯定，态度严肃。例如：

dʑi də gə ra!

字 DIR 写

写字!

ȵi hɑ vdu gə ʁɛn!

2sg 现在 DIR 过来

你现在过来!

ȵi ɣzi də rə xi!

2sg 鞋 PRT DIR 穿

你穿鞋!

（2）禁止式

表示禁止的祈使句明确表示禁止对方做什么事情，言辞强硬，态度坚决，不用语气词。例如：

nə di tɕhi ke!

不要 看

别看!

ȵi də di ɮɛn!

2sg DIR 禁止式 来

你别来!

ȵi ɣzi rə di xi!

2sg 鞋 DIR 禁止式 穿

你别穿鞋!

(3)祈使式

是说话人请求他人允许自己或他人做某事。与命令式相比，祈使式的语气要舒缓一些。例如:

ŋa gi ɕə də sphroŋ!

1sg PRT 走 PREF (使)让

请让我走!

ȵi ȵi thə gi dʑa qhə thi də sphroŋ!

2pl 3sg PRT 茶 CLF 喝 PREF (使)让

请你让他喝口茶!

ȵi thə gi ɕjan tsə phru phru gə rə zgi!

2sg 3sg PRT 衬衫 白色 PRT DIR (使)穿

请你让他穿白色衬衫!

4. 感叹句

感叹句又称惊叹句，表示对事物的态度或看法等，某种程度上可透视说话者的价值取向和审美情趣。一般在句尾加语气助词表示，有的在句前还有感叹词。例如:

gɛ cçu ɣe ŋə rə mo!

非常 CLF 是 FPRT PRT

(他)真厉害!

e! mə ka cçhɛ lə ma mkhən!

唉 羞耻 害臊 NMLZ NEG NMLZ

唉! 真不知羞耻啊!

a tsha tsha tsha! a də ho tsav la rzɑv kha sɛ rə mo!

叹词 这个 海椒 PRT 辣 PRT 死 FPRT PRT

啊! 这个辣椒真辣呀!

(二)句型

单句分为主谓句和非主谓句两类。主谓句是由主谓短语加语调构成的单句，非主谓句由词或主谓短语以外的短语构成。

1. 主谓句

根据谓语的性质，主谓句可分为动词性谓语句、形容词性谓语句和名词性谓语句。

（1）动词性谓语句

动词性谓语句是由动词或动词性短语充当谓语的句子。例如：

thə bi qha də ɕo ʁɑ si.
3sg 笔 CLF DIR 捡 SUFF
他捡到了一支笔。

thə n̥i ncçhə ncçhə gə ɟji rə.
3pl 打架 PRT 在 FPRT
他们在打架。

lə phu ʁa lɑ ʁɑ ɣne gə phro si.
树 LOC 绵羊 俩 DIR 拴 SUFF
树上拴着两只绵羊。

（2）形容词谓语句

形容词谓语句是由形容词或形容词性短语充当谓语的句子。例如：

pə vi ji thok ʁjɛ rə.
今年 GEN 收成 好 FPRT
今年的收成很好。

mdoŋ kha rŋə rŋə də ʁjɛ rə.
颜色 绿 NMLZ 好 FPRT
绿色的好看。

nɢə lu noŋ ji mbre la də mu si.
锅 里面 GEN 饭 PRT PREF 熟 SUFF
锅里的饭熟了。

ə də ge de mo gɛ cçhɛ, mo rmi gɛ dʑi.
这 小孩 眼睛 很大 睫毛 很长
这小孩大眼睛，长睫毛。

（3）名词谓语句

名词谓语句是由名词或名词性短语充当谓语的句子。例如：

pə sn̥i phru ro.
今天 初一
今天农历初一。

qhɑ si ɣnam goŋ.
明天 除夕
明天除夕。

a ne lu nɢvɛ sqha kvo.
姑妈 年龄 五十 岁
姑妈五十岁。

2. 非主谓句

非主谓句是指由主谓短语外的短语或单个的词构成的句子，可分为4类：

（1）名词性非主谓句

mphri!
蛇！

ɣzə mdə!
猴子！

tshɛ zʑə mkhən!
菜 卖 NMLZ
卖菜的！

（2）动词性非主谓句

nə ncçhə!
DIR 打
打！

nə ntshɛ tshɛ!
DIR 瞄准
瞄准！

də phji！
PREF 逃跑
快逃！

（3）形容词性非主谓句

gɛ ɣre！
程度副词 多
好多！

dən mɟjo！
PREF 快
快点！

gɛ rzɑv！

程度副词 辣

好辣!

（4）特殊的非主谓句

主要由叹词、拟声词、代词或副词构成的非主谓句称为特殊非主谓句。例如：

mja！

不!

a jo！

哎哟!

phəŋ！

砰!

a ma ma！

哎呀!

三 复句

复句由两个或两个以上意义紧密联系，结构相互独立的分句组合而成。根据分句之间的关系，我们可以把复句分为并列关系复句、选择关系复句、顺承关系复句等类别。

（一）并列关系复句

分句之间的关系是并列的或相对的。分句间可以不用或可用ʐɛ ʐɛ“一边……一边……”等连接。例如：

thə dzə gə rʁe ʐɛ ʐɛ ʁlə və gə ɟji rə.

3sg 衣服 洗 SIM 歌 唱 PRT 在 FPRT

他一边洗衣服，一边唱歌。

ə də tɕa ka the n̥i ji ŋə rə, ro thə tɕa ka n̥i ji ŋə rə.

这个 东西 2pl GEN 是 FPRT 那个 东西 2sg GEN 是 FPRT

这个东西是他的，那个东西是你的。

thə n̥i wu lə və ʐɛ ʐɛ ntɕhɛm ʐɛ ʐɛ sən va sçi kha sɛ gə rə.

3pl ERG 唱歌 SIM 跳舞 SIM 高兴 PRT 死 PRT FPRT

他们边唱边跳，玩儿得可高兴了。

（二）选择关系复句

复句中分别说出两件或几件事，让人选定其中一种。分句间常用sa“还是，或者”、sɛ“还是，或者”、jin mə na“要不然，要么”等连接。例如：

dʑi də n̥i ra gə sa ŋa ra.
字 2sg 写 PRT CONJ 1sg 写
字你写还是我写？

jin mə na n̥i ŋə rə, jin mə na thə ŋə rə.
或者 2sg 是 FPRT 或者 3sg 是 FPRT
或者是你，或者是他。

n̥i ŋa pha ɮɛn gu sɛ n̥i ma pha ɮɛ gu?
2sg 1sg COM 来 PROS CONJ 尼玛 COM 来 PROS
你跟我来，还是跟尼玛来？

（三）顺承关系复句

按接连发生的事情或动作的顺序先后排序。分句间常用tɕhi ge“然后”、zə ŋə…thɛ ɕu…zə ɕu…“首先……之后……最后……”等连接。例如：

za ma nə ngə də tshər ji ɕu, ŋa zə ŋə qhə zi də rʁe, thɛ ɕu
饭 DIR 吃 PREF 完 GEN 后 1sg 先 碗 PRT 洗 然后
tɕhi ge dian ʂə tɕhi ke gu.
CONJ 电视 看 PROS
吃了饭后，我先洗碗，然后再看电视。

le ska də tshər ji ɕu, zə ŋə za ma ngə ɕə ɕoŋ, thɛ ji ɕu ge
劳动 PREF 完 GEN 后 首先 饭 吃 去 然后 CONJ
rʁe ʁɑ ɕə ɕoŋ mo!
洗澡 去 PRT
干完活后，先去吃饭，然后再去洗澡！

ŋa mbre gə zʁe re ge wu zən thu də nə və, tɕhi ge χo pei
1sg 饭 DIR 煮 CONJ 又 菜 PRT DIR 做 CONJ 桌子
tɕha rə lo.
上 DIR 放
我煮了饭，炒了菜，然后再放在桌子上。

（四）递进关系复句

后面分句的意思比前面分句的意思进了一层。分句间常用mu tshər…xav ʑi或mu tsi…xav ʑi“不仅……而且……”等连接。例如：

qɑ ʁə lə phu mu tshər, xav ʑi ta ma me tok gɛ ɣre xi rə.
山上 树 不仅 而且 杜鹃花 很多 有 FPRT
山上不仅有树，而且有很多杜鹃花。

thə wu bud skɛ ncçhə lə ri mu tshər, xav ʑi rɟja skɛ da ncçhə
3sg ERG 藏语 说 NMLZ 会 不仅 而且 汉语 也 说
lə ri.
NMLZ 会
他不仅会说藏语，而且还会汉语。

ə də dən da də n̥i zgrəv fɕi mu tshər, xav ʑi gɑ scçɑ gə zgrəv fɕi
这 事情 PRT 2sg 做 要 不算 而且 好 PRT 做 要
rə.
FPRT
这件事你不但要做，而且要做好。

（五）条件关系复句

一个分句提出条件，后一个分句说明这个条件一旦实现所要产生的结果。分句间常用…dan de…“否则，不然”、na或la等连接。例如：

dʑi də də ra də tshər la phi su ncçha ra ɕə sphroŋ.
作业 PRT 写 PREF 完 PRT 外面 玩儿 去 让
只有做完作业，才能出去玩儿。

pə sn̥i nə ma tɕhi ke la tɕhi re qhɑ si she de tɕhi ke lə ma
今天 DIR NEG 看 PRT CONJ 明天 后天 看 NMLZ NEG
gə rə mo!
PRT FPRT PRT
如果今天不看，那明后天就没有看得了。

dʑa dʑi̥ də gɑ ʁjɛ nə və la the n̥i gi cçha ɕha ɕha ŋə rə.
准备 PRT 好 DIR 做 PRT 3pl PL PRT 赢 必定 是 FPRT
只有做好了准备，才能赢定他们。

（六）因果关系复句

前面分句说明原因，后面分句说出结果。分句间常用tɕhu“因为……所以……”、tɕhi ge“所以”、tɕhi re“所以”等连接。例如：

χo sni mkhən ʒɛ tɕhu tɕɛ la xsə nbə nə sqri si.
地震 NMLZ 来 CONJ 路 PRT 全都 DIR 垮塌 SUFF
因为地震来了，所以路都垮了。

n̥i la ma ʒɛ so rə, tɕhi ge ŋa ji la thə dən da də nə
2sg PRT NEG 来 PRT FPRT CONJ 1pl PRT 那 事情 PRT DIR

ma zgrəv sə ŋə rə.

NEG 完成 PRT 是 FPRT

因为你没来，所以我们的工作没法开展。

ŋa gɛ cçu gə də ʂka si ge, tɕhi ge ɣkə jɛ noŋ a tse da

1sg 非常 PRT PREF 累 SUFF PRT CONJ 街 里面 一点儿 PRT

ɕə sen mu bro rə.

走 心思 NEG 想 FPRT

因为我实在太累了，所以一点都不想上街去。

（七）转折关系复句

分句之间构成转折的关系。常用ʐi gɛ“虽然……但是……”、da“但”、la“但”等连接。例如：

ə də ge de lu de rə ʐi gɛ spɛ gɛ cçhɛ ɣe ŋə rə.

这个 小孩 年龄 小 FPRT CONJ 胆子 很大 CLF 是 FPRT

这个小孩虽然年龄小，但胆子却很大。

ŋa sme ɣe də ŋu da pə ŋa ȵi və lə ri mkhən də ŋa

1sg 女人 CLF PREF 是 CONJ 男人 PL 会做的 NMLZ PRT 1sg

mdʐa mdʐa və lə ri.

一样 做 NMLZ 会

我虽然是个女人，但男人做的事情我一样会做。

ŋa ʂku tɕa a kvo gə ndʑoŋ ʐi gɛ, hav ʐi gɑ ʁji ʂku lə mə

1sg 雕刻 一 CLF DIR 学 虽然 还是 好的 雕刻 NMLZ NEG

re rə.

会 FPRT

我虽然学过一年的雕刻，但还是雕得不好。

（八）假设关系复句

前面的分句提出假设的情况，后面的分句说出这种情况实现后产生的结果。常用la“如果……就……”等连接。例如：

ȵi thə wu lo rə ɕə si hɑ də gu la ŋa gi a jə də ra mo.

2sg 3sg ERG 哪儿 去 SUFF 知道 PRT 1sg PRT 告诉 PRT

假如你知道他去哪了，就告诉我一下。

mə rŋə nə cçɑ la ŋa ji ʈʂe khvɛ ɕə ɕoŋ.

天气 DIR 好 PRT 1pl 麦子 收割 去

如果天气好的话，我们就去割麦子。

ȵi　dʑi də　ʁa　tɕhi ke　də　ma　ntshə　la　dian ʂə　nə　tɕhi ke　mo!
2sg　书　LOC　看　PREF　NEG　想　PRT　电视　DIR　看　PRT
如果你不想看书的话，那就看电视吧！

（九）让步关系复句

两个分句之间既有带明显假设意味的充分条件关系，又有转折关系。分句间常用da“即使……也……”等连接。例如：

ȵi　də　ma　ɮɛ　da　thə　wu　ȵi　ji　ka vɛ　və　gə　ŋə　rə.
2sg　DIR　NEG　来　CONJ　3sg　ERG　2sg　GEN　份儿　做　PRT　是　FPRT
即使你不来，他也会帮你做的。

ŋa ji　ɣkav tshuk　a tɕhi pei　nə　cçhɛ　da　ve me　gi　gɑ ʁji　və　fɕi
2sg　困难　怎样　DIR　大　CONJ　父母　PRT　好的　做　要
gə　ŋə　rə.
PRT　是　FPRT
即使我们再困难，也要孝敬好自己的父母。

thə　ma　ɮɛ　da　thə　ji　ka vɛ　də　ŋa ji　thə　gi　mdʐa mdʐa
3sg　NEG　来　CONJ　3sg　GEN　份额　PRT　1pl　3sg　PRT　一样
fkho　ɕi　gə　ŋə　rə.
给　要　PRT　是　FPRT
即使他没来，他的那份我们还是应该给他。

（十）目的关系复句

前一个分句表示一种行为，后一个分句表示这种行为的目的。分句间常用də“为了……”、kha“为了……”等连接。例如：

ŋa　tɕɛ　və va　scçe　də　xsən bə　ʁa　phɛ tho　gə　a mu tɕiɛ　rə
1sg　路　修　NMLZ　BEN　大家　LOC　好处　PRT　可能成为　FPRT
ntshə　go　rə.
想　PRT　FPRT
我修路是为了大家方便。

ve me　ȵi　wu　le ska　a ru mu ru　və　scçe　də　bə rɟii　ȵi　gɑ ʁji　gə
父母　PL　ERG　劳动　全力以赴　做　NMLZ　BEN　后代　PL　好的　PRT
gə mu tɕiɛ　rə　ntshə　go　rə.
可能成为　FPRT　想　PRT　FPRT
父母辛苦劳动，是为了子女的生活过得更好。

ʂtsu kha ʑə nə χɕə gɛ ɣre rə scçe də she vi ji thok ʁa
冬天 地里 肥料 多 施（肥） NMLZ BEN 明年 GEN 收成 LOC
ʁjɛ scçe ŋə rə.
好 NMLZ 是 FPRT
冬天在地里多施肥，是为了明年有个好收成。

（十一）对比关系复句

两个分句表示两个事物的相对比较。例如：

bji rə ji goŋ cçhɛ rə, xser ji goŋ ski jɛ rə.
珊瑚 GEN 价格 贵 FPRT 黄金 GEN 价格 稍微 便宜 FPRT
珊瑚的价格贵，黄金的价格稍微便宜点。

bu ba ȵi rə nkhvɛ ji ndzu si ɟji gə rə, rɟja ȵi
藏族 PL 上游 DIR 住 SUFF 在 PRT FPRT 汉族 PL
nə nkhvɛ ji ndzu si ɟji gə rə.
下游 DIR 住 SUFF 在 PRT FPRT
藏族住在上游，汉族住在下游。

jɑ kha fɕɛ sə jɛ jɛ ŋə rə, ŋə mi ŋə ma və kha ge ʂka gə
嘴 INST 说 PRT 容易 是 FPRT 真的 做 INST PRT 难 PRT
ŋə rə.
是 FPRT
说起来容易，做起来难。

（十二）解说关系复句

后一分句对前面的分句进行解释说明，或对前面分句的信息进行总结概括。例如：

thə ȵi cçhim tsho vdzi nɢvɛ ɣe ɟji: thə pha thə ji a pa
3pl 家庭 人 五 CLF 有 3sg COM 3sg GEN 爸爸
a mə ɕɛ ȵi re sno ze.
妈妈 弟弟 COM 妹妹 小
他家有五口人：爸爸、妈妈、弟弟、妹妹和他。

ŋa dʑi də ɣnə pen də: a pen bud ju ŋu, a pen rɟja ju ŋu.
1sg 书 两 CLF 有 一 CLF 藏语 是 一 CLF 汉语 是
我有两本书：一本是藏语的，一本是汉语的。

thə ȵi grə jo noŋ lə phu gɛ cçhɛ ma ɣnə qha də: a qha də
3pl 园子 里 树 大的 两 CLF 有 一 CLF PRT

khə mbə lə phu	ŋə	rə,	wu	a	qha	də	sta rga lə phu	ŋə	rə.
桃树	是	SUFF	又	一	CLF	PRT	核桃树	是	FPRT

她家园子里有两棵大树：一棵是桃树，一棵是核桃树。

第六章 语料

第一节

语法例句

说明：本节的语法例句，收录《中国语言资源调查手册·民族语言（藏缅语族）》“语法”调查部分的100个例句。

001　**老师和学生们在操场上玩。**

ge gen　re　ndʑin tɕia　mkhən　ge de　n̠.i　xsən bə　toŋ ʑə　noŋ　cçha ra

老师　COM　读书　NMLZ　小孩　PL　全部　操场　里面　玩儿

gə　ɟji　rə.

PRT　在　FPRT

002　**老母猪下了五头小猪仔。**

vɛ　lmɛ　wu　vɛ　ze　nɢvɛ　vʒ̥ɛ　si.

猪　FEM　ERG　猪　小　五　生　SUFF

003　**我爸爸教他们的孩子说汉语。**

ŋa　ji　a pa　wu　thə n̠.i　ge de　n̠.i　ge　rɟja skɛ　ɣzi　gə　rə.

1sg　GEN　爸爸　ERG　3pl　小孩　PL　PRT　汉语　教　PRT　FPRT

004　**村子里事事都有人做，人人都很高兴。**

rə və　noŋ　lɛ ska　də　xsən bə　və　re ge,　a　ɣe　ɣe　wu　qhɛ sɬu　rə.

村子　里面　劳动　PRT　全部　做　CONJ　一　CLF　CLF　ERG　高兴　FPRT

005　**咱们今天上山去吧。**

ŋa ji　kho　pə sn̠.i　qɑ ʁə　rə　vu　vaŋ.

1pl　PRT　今天　山上　DIR　去

006 你家有几口人？

ȵ̥i ȵ̥i cçhən tsho χɛ ʑ̥i ɣe ɟji?

2pl 家庭 多少 CLF 有

007 你自己的事情自己做。

ȵ̥i roŋ ji dən da də ȵ̥i roŋ wu nə zgrəv mo.

2sg REFL GEN 事情 PRT 2sg REFL ERG DIR 做 PRT

008 这是我的手镯，那是你的手镯。

ə də ŋa ji lɛ khi ŋə rə, ro thə ȵ̥i ji lɛ khi ŋə rə.

这个 1sg GEN 手镯 是 FPRT 那个 2sg GEN 手镯 是 FPRT

009 这些问题他们说自己去解决。

ə də dən da də thə ȵ̥i wu ji rə, ji de ȵ̥i qhrə qhrə vəŋ.

这些 事情 PRT 3pl ERG 说 FPRT 1pl 准确 做

010 他是谁？

thə sə ŋə rə?

3sg 谁 是 FPRT

011 你想吃点什么？我什么也不想吃！

ȵ̥i a tɕhə ngə sen bro rə? ŋa tɕho ngə sen mu bro rə!

2sg 什么 吃 心 想 FPRT 1sg 什么 吃 心 NEG 想 FPRT

012 他们从哪儿来的？

the ȵ̥i lo rə ŋɛ ɮe si ŋə rə?

3pl 哪里 ABL 来 SUFF 是 FPRT

013 你想怎么样？

ȵ̥i a tɕhə pi gə və ntshə rə?

2sg 怎样 PRT 做 想 FPRT

014 你家有多少头牛？

ȵ̥i ji jo khɛl ma χɛ ʑ̥i lu ɟji?

2sg GEN 家 牛 多少 CLF 有

015 客人什么时候到？

ndzu̥ ba sə də kha ɮɛ gu?

客人 好久 PRT 来 PROS

016 今天的会就开到这里。

pə sȵ̥i tsho ɣdə də thə pei gə tsho re ge sthoŋ.

今天 会议 PRT 那样 PRT 开 CONJ CAUS算了

017　粮食运来后就分给大家了。

mbre mbrə　də　ʐe　re ge　xsə bə　wu　ndʐə ndʐoŋ.

粮食　PRT　拿来　CONJ　大家　ERG　分配

018　人家的事情咱们别多管。

mə zde　ji　dən da　də　ŋa ji　khrə do　ma　rə.

人家　GEN　事情　PRT　1pl　闲事　NEG　FPRT

019　这件事我也不清楚，你去问别人吧！

ə də　dən da　də　ŋa　hɑ mu goŋ,　n̥i　thə n̥i　gə　gə　rjɛ!

这　事情　PRT　1sg　不知道　2sg　3pl　PRT　DIR　问

020　今天是2015年10月1日。

pə sn̥i　stoŋ mphra ɣne re ʁɑ ɴɢvɛ　kvo　ji　rdza va　ptɕə pa　ji　phru ro.

今天　2015　年　GEN　月份　10　GEN　初一

021　那个老太太94岁了，是我年龄的两倍左右。

ro də　vu da　la　ngə sqha ɣʐə　noŋ　ʐɛ　si,　ŋa　sna　ɣnə loŋ

那个　老太太　PRT　九十四　INST　到　SUFF　1sg　COMPR　两轮

cçɛ　gə　rə.

大　PRT　FPRT

022　山下那群羊有一百零八只。

qɑ ʁə　ji　və　tshɛ　rjə wu rjɛ　lu　ɟji　rə.

山　GEN　下面　山羊　一百零八　CLF　有　FPRT

023　我排第一，你排第二，他排老末。

boŋ gru　kha　zə ŋə　ŋa,　the ɕu　n̥i,　zə ɕu　thə　ŋə　rə.

排队　PRT　前面　1sg　那后面　2sg　最后　3sg　是　FPRT

024　我今天买了一只鸡、两条鱼、三斤肉。

ŋa　pə sn̥i　ɣə ra　lu,　ʁjə　ɣnə　qha,　bjoŋ noŋ　xsu　rɟja ma　gə　ru.

1sg　今天　鸡　CLF　鱼　两　CLF　肉　三　CLF　DIR　买

025　这本书我看过三遍了。

ə də　dʑi də　də　ŋa　xsu　ndʐə　gə　tɕhi kaŋ.

这　书　PRT　1sg　三　CLF　DIR　看了

026　你数数看，这圈里有几头猪？

n̥i　a ʂtsu dʐu　gə ra,　ə də　vɛ go　noŋ　va　χɛ ʑi　lu　ɟji　rə?

2sg　算算　PRT　这个　猪圈　里面　猪　多少　CLF　有　FPRT

027 这把雨伞是我的。

ə də ɕok ɣdu də ŋe ji ŋə rə.

这 伞 PRT 1sg GEN 是 FPRT

028 他年年都回家。

thə be la də vi（sn̥i） ɮɛ rə.

3sg 年年岁岁（天） 来 FPRT

029 他要去街上买肉。

thə wu qə jiɛ noŋ bjoŋ noŋ rə nə ve gə rə.

3sg ERG 街 里面 肉 买 DIR 去 PRT FPRT

030 我正在山上砍柴。

ŋa χa du qɑ ʁə mə si khvɛ gə ɟjoŋ.

1sg 现在 山上 柴火 砍 PRT 在

031 昨天我背粮食去了。

a və sn̥i ŋa mbre mbrə rə ngiu tɕhi rə ɕoŋ.

昨天 1sg 粮食 DIR 背 PRT DIR 去

032 你们俩一定要好好地学习。

n̥i ɣne ŋə mi ŋə ma gɑ ʁjɛ gə ndʑi ndʑa mo.

2dl 真正 好好 DIR 学习 PRT

033 他们看电影去了。

thə n̥i la dian jin n̥i ka ɕə.

3pl PRT 电影 看 去

034 他在山上看见过野牛。

thə wu qɑ ʁə broŋ gə ɣdu zda si.

3sg ERG 山上 野牛 DIR 看见 EXP SUFF

035 你们今后一定要互相学习，互相帮助，互敬互爱！

n̥i n̥i pə sn̥i ji ɕu ro ro ʁa sło zbjoŋ nə və, ro ro ʁa

2pl 今天 GEN 后面 相互 LOC 学习 DIR 做 相互 LOC

ro rəm nə və, rtsi tɕo gɑ ʁji nə və!

帮助 DIR 做 爱戴 好的 DIR 做

036 请你帮他把衣服收起来。

n̥i thə ji ka va dzə gə n̥i də a zdo rə ra.

2sg 3sg GEN 份额 衣服 PL PRT 收拾 一下

037 地震把新修的路震垮了。

χo sni nkhən ʐ̊ɛ tɕhu tɕɛ sar pa la xsə nbə nə sqri si.

地震 NMLZ 来 CONJ 路 新的 PRT 全都 DIR 垮塌 SUFF

038 你们俩把鸡杀了。

ȵ̥i ȵ̥i ɣne ɣə ra də nə ntɕə.

2dl 鸡 PRT DIR 杀

039 你看见那个乞丐了吗?

ȵ̥i thə phər me ȵ̥i də a ɣdu?

2sg 那个 乞丐 PL PRT QUES 看见

040 他笑了。我把他的小孩逗笑了。

thə wu nə qhɑ. ŋa thə ji ge de də a rtse nə ra gə də

3sg ERG DIR 笑 1sg 3sg GEN 孩子 PRT 一逗 做了 PRT DIR

qhɑ.

笑

041 那个猎人进来以后又出去了，随后拿回来一只野鸡。

thə rŋan pa wu la də χa (ɕə) gə wu ji jiɛ, thə ɕu

那 猎人 ERG PRT DIR 来 PRT 又 DIR 去 那 后面

gə le mə ɣra rgə də zu ʐ̊ɛi.

CONJ FEM 野鸡 CLF DIR 拿 来

042 我亲眼看见那只花狗跳上跳下，可好玩了。

thə kə ta khrɑ khrɑ wu rə nɬhən nə nɬhən gɛ ji dji ɣdjə gə

那 狗 花的 ERG DIR 跳 DIR 跳 好的 玩儿 PRT

ɟji rə, ŋa mo kha ɣdu.

在 FPRT 1sg 眼睛 INST 看见

043 朝上背四十里，朝下背五十里。

rə zo ɣʐ̊ə sqha li ngiu, nə zo ɴɢvɛ sqha li ngiu.

向上 四十 CLF 背 向下 五十 CLF 背

044 这个东西拿来拿去太费事了，你就别拿了。

ə də tɕa ka rə be nə be ʂka scɕet ŋə rə, nə bə dʑa də

这个 东西 DIR 拿 DIR 拿 累 NMLZ 是 FPRT DIR 放弃 DIR

sthe.

CAUS算了

045 那个穿破衣裳的家伙一会儿过来、一会儿过去的，到底在做什么？

thə dzə gə gɛ qhe gə mkhən də wu gɛ ʑɛr ji tɕiɛ, gɛ ʑɛr

那个 衣服 破旧 穿 NMLZ PRT ERG 一会儿 DIR 过来 一会儿

gə ve, mər rtsɛ a tɕhə gə və gə rə mo.

DIR 过去 究竟 什么 PRT 做 PRT FPRT PRT

046 他是藏族，不是回族。

thə bu ba ŋə rə, hui hui mja rə.

3sg 藏族 是 FPRT 回族 NEG FPRT

047 他们家有三个孩子，一个在学校，一个在家里，还有一个已经工作了。

thə ȵi jo ge de xsu ɣe ɟji rə, a ɣe də ɬop tʂa noŋ ɟji rə,

3pl 家 小孩 三CLF 有 FPRT 一CLF PRT 学校 里面 在 FPRT

a ɣe də jo ɟji rə, wo a ɣe la lɛ ɕiɛ pa ŋə rə.

一个 PRT 家 在 FPRT 又 一CLF PRT 工作人员 是 FPRT

048 我们很愿意听爷爷讲故事。

a pe wu zgru nə fɕɛ si də ŋa ji rɲe sen bro rə.

爷爷 ERG 故事 DIR 说 SUFF PRT 1pl 听 心 想 FPRT

049 这只狗会咬人。

ə də kə ta vdzi ʁa scçhɛ mo.

这 狗 人 LOC 咬 PRT

050 她不敢一个人睡觉。

thə mkhər ma wu rgə mə znə rə.

3sg 独自 ERG 睡 NEG 敢 FPRT

051 你能来吗？我能来。

ȵi ŋa khe ji jiɛ a cçhɛ? ŋa ji jiɛ cçhɛ.

2sg 1sg NMLZ DIR 来 QUES 能 1sg DIR 来 能

052 这些人我恨透了。

ə də vdzi ȵi də ŋa rjə mu gə rji si be ŋə rə.

这些 人 PL PRT 1sg 斜眼 PRT 斜视 SUFF PRT 是 FPRT

053 达娃家的稻子收完了，但格西家的稻子还没有收完。

rda va jo ji mbre la khvɛ də tshɛr si, ɣge ɕi ȵi ji

达娃 家 GEN 稻子 PRT 割 PREF 完 SUFF 格西 PL GEN

mbre　la　xha vʑi　khvɛ　ma　tshɛr　si.
稻子　PRT　还　割　NEG　完成　SUFF

054　我找了一遍又一遍，终于找着了。

ŋa　a ndzə̹　də　ɕha　wo　a ndzə̹　də　ɕha　ge　zə ɕu　ɕha　lə　də
1sg　一次　DIR　找　又　一次　DIR　找　PRT　最后　找　NMLZ　DIR
ru.
找

055　你先休息休息，我试着跟她谈谈。

ȵi　a ʑɛr　gə　nə　gi　ŋa　thə　pha　kha rda　rgə　və.
2sg　一会儿　DIR　休息　PRT　1sg　3sg　COM　谈话　CLF　做

056　他们边唱边跳，玩得可高兴了。

thə ȵi　wu　lə və　ʑɛ ʑɛ　ntɕhɛm　ʑɛ ʑɛ　sən va sçi　kha　sɛ　gə　rə.
3pl　ERG　歌唱　SIM　跳舞　SIM　高兴　PRT　死　PRT　FPRT

057　吃的、穿的都不愁。

ngə　lə　gə　lə　ʁɑ　zjar khu　mu　ɕi　rə.
吃　NMLZ　穿　NMLZ　LOC　担心　NEG　要　FPRT

058　这些猪呢，肥的宰掉，瘦的放到山上去。

ə də　va　ȵi　də　ȵim ba　gɛ ʁjɛ　ȵi　də　ntɕə,　ȵim ba　gɛ qe　ȵi　də
这　猪　PL　PRT　体魄　好的　PL　PRT　宰杀　体魄　瘦弱　PL　PRT
qɑ ʁə　laŋ.
山上　放

059　他的脸红起来了。

thə　ji　ŋa　la　ndjn ndji　də　tɕiɛ.
3sg　GEN　脸　PRT　红色　PREF　变成

060　碗里的饭装得满满的。

qhə zi　noŋ　mbre　la　rə　xsɛ　si.
碗　里面　饭　PRT　DIR　满　SUFF

061　山边的雪是白的，山坡上的雪更白，而山顶的雪最白。

la ʂtsa　ji　kha va　də　phru phru　ŋə　rə,　bə la　ʁa　kha va　gɛː
山边　GEN　雪　PRT　白色　是　FPRT　山坡　LOC　雪　更
phru　rə,　la mgo　kha va　zə　phru　rə.
白　FPRT　山顶　雪　最　白　FPRT

062 这把刀好是好，就是太贵了点。

ə də　bər ze　ʁjɛ sə ʁjɛ　rə　ʑi ge　goŋ　cçhɛ　kha.

这个　刀子　好是好　FPRT　CONJ　价格　贵　PRT

063 弄坏了人家的东西是一定要赔偿的。

mə zdə　ji　tɕa ka　də　nə　χi　rə ge　gɑ ʁjɛ　gə　xshav

人家　GEN　东西　PRT　DIR　弄坏　CONJ　好　PRT　赔偿

fɕi　gə　ŋə　rə.

要　PRT　是　FPRT

064 他经常去北京出差。

thə　wu　be la dən ndʐə　bei tɕiŋ　dən da　zgrəv　nə　ve　gə　rə.

3sg　ERG　经常　北京　事情　做　DIR　去　PRT　FPRT

065 昨天他答应了我的要求，说是明天再来玩。

thə　wu　a və sn̥i　ŋa　re va　gə　tɕa　si　də　ŋe　rə　ji

3sg　ERG　昨天　1sg　要求　DIR　托付　SUFF　PRT　答应　FPRT　说

rə　ge,　qhɑ sn̥i　ge　wu　ncçha ra　gə　tɕioŋ　gu　ji　rə.

FPRT　PRT　明天　PRT　ERG　玩耍　DIR　来　PROS　说　FPRT

066 我一会儿就回来。

ŋa　a ʑɛr ʑi　kha　laŋ.

1sg　一会儿　PRT　来

067 村主任可是个好人。

tshun tʂaŋ　də　bo ɣtsoŋ　ɣe　ŋə　rə.

村主任　PRT　好　CLF　是　FPRT

068 这条鱼至少有五斤重。

ə də　ʁjə　də　su　də　mjɛ　da　nɢvɛ　rɟja ma　dʑə　rə.

这　鱼　PRT　再　PREF　NEG　CONJ　五　CLF　有　FPRT

069 这条河最多有五米宽。

a də　ɣrə　də　zə　nə　lo　da　nɢvɛ　mi　ʑi gə　dʑə　rə.

这　河　PRT　最　PREF　宽　CONJ　五　CLF　CONJ　有　FPRT

070 他全家人我都熟悉。

thə n̥i　cçhən tsho　tɕha tshoŋ　ŋa　shə si　ŋu ma　ŋoŋ.

3pl　家人　全部　1sg　认识　真的　是

071 妈妈不会来了。妈妈还没回来。你别回去了。

a mə mei ʐ̥ɛ gə rə. a mə xha vʑi ma ʐ̥ɛ. n̥i də di ɕə.
妈妈 NEG 来 PRT FPRT 妈妈 还 NEG 来 2sg 不要 走

072 客人们都在悄悄地议论这件事。

ndʐu ba n̥i wu mdzən mdzən a də dən da də fɕɛ gə ɟji rə.
客人 PL ERG 悄悄地 这件 事情 PRT 说 PRT 在 FPRT

073 你们究竟来了多少人？

n̥i n̥i mɛr rtsər χɛ ʑi ɣe ʐ̥ɛ?
2pl 究竟 多少 CLF 来

074 他不去也行，但你不去不行。

thə ji ma ɕə da ŋe rə, n̥i ji ma ɕə kha mu
3sg DIR NEG 去 CONJ 可以 FPRT 2sg DIR NEG 去 PRT NEG
gʐə.
行

075 这是我的衣服，那是你的，床上摆着的是人家的。

ə də ŋe ji dʑə pa, ro də n̥i ji də ŋə rə, n̥ɛ khri tɕha
这 1sg GEN 衣服 那个 2sg GEN PRT 是 FPRT 床 上面
rə lɛ sə də mə zde ji də ŋə rə.
DIR 放 SUFF PRT 人家 GEN NMLZ 是 FPRT

076 猎人打死了兔子。/猎人把兔子打死了。/兔子被猎人打死了。

rŋan pa wu rvɛ qe də sɛ si . / rŋan pa wu rvɛ qe də də
猎人 ERG 兔子 PREF 打死 SUFF 猎人 ERG 兔子 PRT PREF
sɛ si. / rvɛ qe də rŋan pa wu də sɛ si.
打死 SUFF 兔子 PRT 猎人 ERG PREF 打死 SUFF

077 他给了弟弟一支笔。

thə wu ɕɛ n̥i gi sni ɣə qha də fkho si.
3sg ERG 弟弟 PRT 笔 CLF PREF 给 SUFF

078 妈妈为我缝了一件新衣服。

a mə wu ŋe ka va dzə gə xsar pa bjɛ nə vzu si.
妈妈 ERG 1sg 那份 衣服 新的 CLF DIR 缝 SUFF

079 学生们用毛笔写字。我用这把刀切肉。

dʑə də ndʑi mkhən n̥i wu zmo sn̥i kha dʑə də ra gə ɟji rə.
书 学习 NMLZ PL ERG 毛笔 INST 字 写 PRT 在 FPRT

ŋa a də pə rzi kha bjoŋ noŋ ftso gu.
1sg 这 刀 INST 肉 切 PROS

080 人们用铁锅做饭。

mə ser n̥i wu nɢu lu kha za ma və gə rə.
人们 PL ERG 锅 INST 饭 做 PRT FPRT

081 树上拴着两匹马。

lə phu ʁa rɣi ɣne gə phro si.
树 LOC 马 两 DIR 拴 SUFF

082 水里养着各色各样的鱼。

ɣrə noŋ ʁjə snɑ mu snɑ tshoŋ rə χsu si.
水 里面 鱼 各色各样 DIR 养 SUFF

083 桌子下躺着一只狗。

dʑo tsi ji və kə ta a lu gə rgə si ɟji rə.
桌子 GEN 下面 狗 一 CLF DIR 睡 SUFF 在 FPRT

084 山上到山下有三十多里地。

qɑ ʁə də qɑ thi bar ʁə li xsu sqhɑ ɬɑ ʑi gə sti rə.
山上 ABL 山下 ABL CLF 三十多 CONJ 有 FPRT

085 哥哥比弟弟高多了。

a te ɕɛ n̥i sna gɛ thu rə.
哥哥 弟弟 COMPR 稍微 高 FPRT

086 小弟跟爷爷上山打猎去了。

rmə ze a pe pha qɑ ʁə rŋa rə jiɛ.
小弟弟 爷爷 COM 山上 打猎 DIR 去

087 今天、明天和后天都有雨，爷爷和奶奶都不能出门了。

pə sn̥i qhɑ si she de mə qhe qhi rə, a pe re ve ve
今天 明天 后天 雨 下 FPRT 爷爷 COM 奶奶
ɣne ʁɑ phi ɕə gə mja rə.
DL 门外 走 PRT NEG FPRT

088 买苹果或香蕉都可以。

phjən ko re ɕaŋ tɕiau lo də gə rə da ŋe rə.
苹果 COM 香蕉 哪个 DIR 买 CONJ 可以 FPRT

089　哎呀！好疼！

a jo!　gɛ　cçu　ŋo　kha!

哎呀　程度副词　厉害　疼　PRT

090　昨天丢失的钱找到了吗？

a və sn̥i　ɕo və　də　phɛ　si　də　de　ri?

昨天　钱　PREF　掉　SUFF　PRT　QUES　找到

091　他们早已经走了吧？

thə n̥i　gɛ du　rə　ɕə ɕə　si　ba?

3pl　很早　PRT　走　SUFF　PRT

092　我走了以后，他们又说了些什么？

ŋa　də　ɕoŋ　ji　ɕu,　thə n̥i　wu　wo　a tɕhə　ɕi ɕiɛ　nə　fɕɛ.

1sg　DIR　走　GEN　后　3pl　ERG　又　什么　些　DIR　说

093　叔叔昨天在山上砍柴的时候，看见一只大大的野猪。

a kə　wu　a və sn̥i　qɑ ʁə　mə si　khvɛ　kha,　phɑ rgu　gɛ　cçhɛ　lu

叔叔　ERG　昨天　山上　柴火　砍　INST　野猪　很　大　CLF

ɣdu　si.

看见　SUFF

094　藏族住在上游，纳西族住在下游。

pu ba　n̥i　rə nkhvɛ　ji　ndzu　si　ɟji　go　rə,　na ɕi zu　n̥i

藏族　PL　上游　PREF　住　SUFF　在　PRT　FPRT　纳西族　PL

nə nkhvɛ　ji　ndzu　si　ɟji　go　rə.

下游　PREF　住　SUFF　在　PRT　FPRT

095　他不单会说，而且也很会做。

thə　wu　fɕɛ　le　ri　mu ɣgo　ge　xha vʑi　su　və　gɛ　mkhɛi

3sg　ERG　说　NMLZ　会　不但　PRT　还　更加　做　很　精通

ɣe　ŋə　rə.

CLF　是　FPRT

096　是扎西留下，还是卡佳留下？

tʂa ɕi　də　ɣzu　ɕi　gə　sɛ　kha tɕa　də　ɣzu　ɕi　gə　da?

扎西　PRT　留　要　PRT　COMPR　卡佳　PRT　留　要　PRT　PRT

097　虽然我也不想去，但又不便当面说。

ŋa　ɕə　sen　mu　bro　rə,　thə　ji　ŋə ste　la　ji　re　mu

1sg　走　心　NEG　想　FPRT　3sg　GEN　面前　PRT　说　NMLZ　NEG

cçɑ rə.
好 FPRT

098 因为我实在太累了，所以一点都不想去。

ŋa gɛ cçu gə də ʂka si ge, tɕhi ge a tse ɕə sen mei
1sg 很厉害 PRT DIR 累 SUFF CONJ CONJ 一点儿 走 心 NEG
bro rə.
想 FPRT

099 如果天气好的话，我们就收玉米去。

mə rŋə nə cçɑ la ŋa ji ji me khvɛ ɕə ɕoŋ.
天气 DIR 好 PRT 1pl 玉米 收割 去

100 我们现在多积肥，是为了明年多打粮食。

ŋa ji hɑ vdu χɕə gɛ ɣre fso scçet də she vi ji thok ʁa
1pl 现在 肥料 很多 积攒 NMLZ BEN 明年 GEN 庄稼 LOC
ʁjɛ scçet ŋə rə.
好 NMLZ 是 FPRT

话语材料

一 歌谣

1．法舞（曲卓）

a la ɳi ʁrnam ɕi la ɣta be wo, ɕi ci ke zoŋ ɬa ji.

阿拉里 灵魂 PRT 洁净 PRT 幸福 良缘 天神 GEN

阿拉里（歌调），洁净的灵魂有缘到天界。

a la ɳi loŋ ba tɕhu ji loŋ, ɕi ɕi wo la e ma hoŋ!

阿拉里 山谷 佛法 GEN 山谷 幸福 PRT PRT 额嘛吽（咒语）

阿拉里（歌调），山谷是佛法的山谷，非常幸福！

a la ɳi ɕə po wo la ɣde wa ʑoŋ la phep ɕok!

阿拉里 逝者 PRT PRT 极乐世界 PRT 去（敬语） 来

阿拉里（歌调），祝愿逝者到极乐世界！

a la ɳi ʁrnam ɕi wo la ɣde wa ʑoŋ la phep ɕok!

阿拉里 灵魂 PRT PRT 极乐世界 PRT 去（敬） 来

阿拉里（歌调），祝愿灵魂到极乐世界！

a la ɳi ʁrnam ɕi la ɣta be wo, ɕi ci ke zoŋ ɬa ji.

阿拉里 灵魂 PRT 洁净 PRT 幸福 良缘 天神 GEN

阿拉里（歌调），洁净的灵魂有缘到天界。

a la ɳi ndʑa gi la wut gi la goŋ, ɕi ɕi wo la e ma hoŋ!

阿拉里 彩虹 PRT PRT 光 PRT PRT 满 幸福 PRT PRT 额嘛吽（咒语）

阿拉里（歌调），布满着彩虹的光芒，非常幸福！

a la ɳi　ʁrnam ɕi　wo　la　ɣde wa ʑoŋ　la　phep　ɕok!
阿拉里　灵魂　PRT　PRT　极乐世界　PRT　去（敬）来
阿拉里（歌调），祝愿灵魂到极乐世界！

a la ɳi　ɕə po　wo　la　ɣde wa ʑoŋ　la　phep　ɕok!
阿拉里　逝者　PRT　PRT　极乐世界　PRT　去（敬语）来
阿拉里（歌调），祝愿逝者到极乐世界！

a la ɳi　ʁrnam ɕi　la　ɣta be　wo,　ɕi ci　ke zoŋ　ɬa　ji.
阿拉里　灵魂　PRT　洁净　PRT　幸福　良缘　天神　GEN
阿拉里（歌调），洁净的灵魂有缘到天界。

a la ɳi　la ma　zoŋ po　ɣʑuk,　ɕi ɕi　wo　la　e ma hoŋ!
阿拉里　喇嘛　好的　居住（敬）幸福　PRT　PRT　额嘛吽（咒语）
阿拉里（歌调），这里居住着贤善的高僧，非常幸福！

a la ɳi　ɕə po　wo　la　ɣde wa ʑoŋ　la　phep　ɕok!
阿拉里　逝者　PRT　PRT　极乐世界　PRT　去（敬语）来
阿拉里（歌调），祝愿逝者到极乐世界！

a la ɳi　ʁrnam ɕi　wo　la　ɣde wa ʑoŋ　la　phep　ɕok!
阿拉里　灵魂　PRT　PRT　极乐世界　PRT　去（敬语）来
阿拉里（歌调），祝愿灵魂到极乐世界！

a la ɳi　ʁrnam ɕi　la　ɣta be　wo,　ɕi ci　ke zoŋ　ɬa　ji.
阿拉里　灵魂　PRT　洁净　PRT　幸福　良缘　天神　GEN
阿拉里（歌调），洁净的灵魂有缘到天界。

a la ɳi　ɕu　ji　la　stən ba　dar,　ɕi ɕi　wo　la　e ma hoŋ!
阿拉里　以后　GEN　PRT　教法　兴盛　幸福　PRT　PRT　额嘛吽（咒语）
阿拉里（歌调），以后的佛法更加兴盛，非常幸福！

a la ɳi　ɕə po　wo　la　ɣde wa ʑoŋ　la　phep　ɕok!
阿拉里　逝者　PRT　PRT　极乐世界　PRT　去（敬语）来
阿拉里（歌调），祝愿逝者到极乐世界！

a la ɳi　ʁrnam ɕi　wo　la　ɣde wa ʑoŋ　la　phep　ɕok!
阿拉里　灵魂　PRT　PRT　极乐世界　PRT　去（敬）来
阿拉里（歌调），祝愿灵魂到极乐世界！

a la ȵi ʁrnam ɕi la ɣta be wo, ɕi ci ke zoŋ ɬa ji.
阿拉里 灵魂 PRT 洁净 PRT 幸福 良缘 天神 GEN
阿拉里（歌调），洁净的灵魂有缘到天界。

a la ȵi ja la tɕhu ba phel, ɕi ɕi wo la e ma hoŋ!
阿拉里 上 PRT 贡品 敬 幸福 PRT PRT 额嘛吽（咒语）
阿拉里（歌调），向上天敬养贡品，非常幸福！

a la ȵi ɕə po wo la ɣde wa ʑoŋ la phep ɕok!
阿拉里 逝者 PRT PRT 极乐世界 PRT 去（敬语） 来
阿拉里（歌调），祝愿逝者到极乐世界！

a la ȵi ʁrnam ɕi wo la ɣde wa ʑoŋ la phep ɕok!
阿拉里 灵魂 PRT PRT 极乐世界 PRT 去（敬） 来
阿拉里（歌调），祝愿灵魂到极乐世界！

a la ȵi ʁrnam ɕi la ɣta be wo, ɕi ci ke zoŋ ɬa ji.
阿拉里 灵魂 PRT 洁净 PRT 幸福 良缘 天神 GEN
阿拉里（歌调），洁净的灵魂有缘到天界。

a la ȵi ma la ge dzən noŋ, ɕi ɕi wo la e ma hoŋ!
阿拉里 母亲 PRT 恩情 里 幸福 PRT PRT 额嘛吽（咒语）
阿拉里（歌调），在母亲的恩情里，非常幸福！

a la ȵi ɕə po wo la ɣde wa ʑoŋ la phep ɕok!
阿拉里 逝者 PRT PRT 极乐世界 PRT 去（敬语） 来
阿拉里（歌调），祝愿逝者到极乐世界！

a la ȵi ʁrnam ɕi wo la ɣde wa ʑoŋ la phep ɕok!
阿拉里 灵魂 PRT PRT 极乐世界 PRT 去（敬） 来
阿拉里（歌调），祝愿灵魂到极乐世界！

o, tɕhu ji stan ba dar ji gi smɛn le ɕok!
哦， 佛法 GEN 教法 兴盛 GEN PRT 祝愿
哦，祝愿佛法兴盛！（发愿词）

o, tʂa ɕi ɕok! tʂa ɕi ɕok!
哦， 吉祥 PRT！ 吉祥 PRT
哦，祝愿吉祥！祝愿吉祥！（发愿词）

dʐa ɕi ɣde le phən tshə tsho pa ɕok!
吉祥如意 圆满兴盛 PRT

祝愿吉祥圆满兴盛！（发愿词）

2．道孚弦子

rə la nər bə si jo jo,

山 PRT 宝贝 PRT 有

山上有宝藏，

ndʐɛ le rə mgo la si jo jo,

木材 山顶 PRT PRT 有

山上有木材，

ndʐɛ le rə mgo la si jo jo.

木材 山顶 PRT PRT 有

山上有木材。

rdo la smən lɛm si jo jo,

石头 PRT 祝福 PRT 有

石头上有祝福，

χo pei rdo sam ɣkhoŋ si jo jo.

火盆 石头 三 诞生 PRT 有

火盆诞生于三石之间。

χo pei rdo sam ɣkhoŋ si jo jo.

火盆 石头 三 诞生 PRT 有

火盆诞生于三石之间。

nɑk la sŋon ma si jo jo,

森林 PRT 白杨树 PRT 有

森林里有白杨，

dkər jol fɕɛ lə met si jo jo,

碗 说 名物化 没有 PRT 有

有着无法比拟的好碗，

dkər jol fɕɛ lə met si jo jo.

碗 说 名物化 没有 PRT 有

有着无法比拟的好碗。

lo la da soŋ si jo jo,

年 PRT 现在 过去 PRT 有

现在又过了一年，

mthar rdo ɣtɕo pa ret si jo jo,
石灶 铁 是 PRT 有
石灶已变成铁灶，

lo la da soŋ si jo jo,
年 PRT 现在 过去 PRT 有
现在又过了一年，

mthar rdo ɣtɕo pa ret si jo jo.
石灶 铁 是 PRT 有
石灶已变成铁灶。

ra la nər bə si jo jo,
山 PRT 宝贝 PRT 有
山上有宝藏，

rə ji la rə rke la si jo jo,
山 GEN PRT 山腰 PRT PRT 有
山有山腰，

rə ji la rə rke la si jo jo.
山 GEN PRT 山腰 PRT PRT 有
山有山腰。

ɕiŋ la smən lɛm si jo jo,
树木 PRT 祝福 PRT 有
树木有着祝福，

χo pei la ɕiŋ sam ɣkhoŋ si jo jo,
火盆 PRT 树 三 诞生 PRT 有
火盆诞生于三树之中，

χo pei la ɕiŋ sam ɣkhoŋ si jo jo.
火盆 PRT 树 三 诞生 PRT 有
火盆诞生于三树之中。

o ɬa sho！ o ɬa sho！
哦啦嗦 哦啦嗦
哦啦嗦！哦啦嗦！（发愿词）

lo la da soŋ si jo jo,
年 PRT 现在 过去 PRT 有

现在又过了一年，

ɬa soŋ la ɣn̥i stoŋ ret si jo jo,

煨桑 PRT 两千 是 PRT 有

煨桑超过两千，

ɬa soŋ la ɣn̥i stoŋ ret si jo jo.

煨桑 PRT 两千 是 PRT 有

煨桑超过两千。

rə la nər bə si jo jo,

山 PRT 宝贝 PRT 有

山上有宝藏，

rə ji la rə rdən la si jo jo,

山 GEN PRT 山魂 PRT PRT 有

山有山的依圣（山魂），

rə ji la rə rdən la si jo jo.

山 GEN PRT 山魂 PRT PRT 有

山有山的依圣（山魂）。

tɕhə la smən lɛm si jo jo,

水 PRT 祝福 PRT 有

水中有着祝福，

pho pe tɕhə sam ɣdʐoŋ si jo jo,

PRT 水 三 中间 PRT 有

绿洲在三水之间，

pho pe tɕhə sam ɣdʐoŋ si jo jo.

PRT 水 三 中间 PRT 有

在三水之间。

nɑk la sŋon ma si jo jo,

森林 PRT 白杨树 PRT 有

森林里有白杨，

nɑk jo fɕɛ lə met si jo jo,

森林 有 说 名物化 没有 PRT 有

有着无比茂盛的森林，

dkər jol fɕɛ lə met si jo jo.

碗 说 名物化 没有 PRT 有

有着无法比拟的好碗。

o tɕho ɕiɛ！ o tɕho ɕiɛ!

哦雀嘻 哦雀嘻

哦雀嘻！哦雀嘻！（发愿词）

lo la da soŋ si jo jo,

年 PRT 现在 过去 PRT 有

现在又过了一年，

tɕa tɕhə la ɣtɕu pa ret si jo jo,

茶 水 PRT 交错 是 PRT 有

茶和水交错相通，

tɕa tɕhə la ɣtɕu pa ret si jo jo.

茶 水 PRT 交错 是 PRT 有

茶和水交错相通。

o, tʂa ɕi ɕok! tʂa ɕi ɕok!

哦， 吉祥 PRT 吉祥 PRT

哦，祝愿吉祥！祝愿吉祥！（发愿词）

3．道孚歌庄

goŋ ɕi la a sŋon tsho,

雪山 PRT 蓝天

蓝天下的雪山，

zbra tɕi sa la phu jo la si.

牛毛帐篷 GEN 大地 PRT 布满 有 拉色（歌调）

地上搭有牛毛帐篷。

goŋ ɕi la a sŋon tsho,

雪山 PRT 蓝天

蓝天下的雪山，

zbra tɕi sa la phu jo la si wo.

牛毛帐篷 GEN 大地 PRT 布满 有 拉色（歌调） PRT

地上搭有牛毛帐篷。

xsel ɕi　la　n̥i nda　tsho,
明亮　PRT　日月　PL
明亮的日月，
ndʑə rɟja　doŋ　la　ptak　jo　la si.
粮食　仓库（窖）PRT　装　有　拉色（歌调）
仓库里装满粮食。
xsel ɕi　la　n̥i nda　tsho,
明亮　PRT　日月　PL
明亮的日月，
ndʑə rɟja　doŋ　la　ptak　jo　la si　wo.
粮食　仓库（窖）PRT　装　有　拉色（歌调）PRT
仓库里装满粮食。
zgre ma　la　dza̤ dzi̤　so,
星星　PRT　交错　PRT
群星交相辉映，
o ma　rcçaŋ mtsho　ncçhər　jo　la si.
牛奶　大海　汇集　有　拉色（歌调）
牛奶汇集成大海。
zgre ma　la　dza̤ dzi̤　so,
星星　PRT　交错　PRT
群星交相辉映，
o ma　rcçaŋ mtsho　ncçhər　jo　la si　wo.
牛奶　大海　汇集　有　拉色（歌调）PRT
牛奶汇集成大海。
dza̤　ja la　ka ja　so,
吉祥　雅拉（歌调）如意　PRT
吉祥如意，
zbra　tɕi　sa　la　phu　jo　la si.
牛毛帐篷　GEN　大地　PRT　布满　有　拉色（歌调）
地上搭有牛毛帐篷。
dza̤　ja la　ka ja　so,
吉祥　雅拉（歌调）如意　PRT

吉祥如意，

zbra tɕi sa la phu jo la si wo.

牛毛帐篷 GEN 大地 PRT 布满 有 拉色（歌调） PRT

地上搭有牛毛帐篷。

goŋ ɕi la ŋe len so,

雪山 PRT 1sg 拿来 PRT

雪山属于我们，

ndʑə rɟja doŋ la ptak jo la si.

粮食 仓库（窖） PRT 装 有 拉色（歌调）

仓库里装满粮食。

goŋ ɕi la ŋe len so,

雪山 PRT 1sg 拿来 PRT

雪山属于我们，

ndʑə rɟja doŋ la ptak jo la si wo.

粮食 仓库（窖） PRT 装 有 拉色（歌调） PRT

仓库里装满粮食。

ɕi tɕhoŋ la dʑa dʑi so,

小孩儿 PRT 准备 PRT

小孩儿要励志，

o ma rcçaŋ mtsho ncçhər jo la si.

牛奶 大海 汇集 有 拉色（歌调）

牛奶汇集成大海。

ɕi tɕhoŋ la dʑa dʑi so,

小孩儿 PRT 准备 PRT

小孩儿要励志，

o ma rcçaŋ mtsho ncçhər jo la si wo.

牛奶 大海 汇集 有 拉色（歌调） PRT

牛奶汇集成大海。

ɣde scçi la rɟja dʑoŋ tsho,

幸福 PRT 村庄 PL

幸福的城镇人们，

zbra tɕi sa la phu jo la si.

牛毛帐篷 GEN 大地 PRT 布满 有 拉色（歌调）

地上搭有牛毛帐篷。

ɣde scçi la rɟja dzo̢ŋ tsho,

幸福 PRT 村庄 PL

幸福的城镇人们，

zbra tɕi sa la phu jo la si wo.

牛毛帐篷 GEN 大地 PRT 布满 有 拉色（歌调） PRT

地上搭有牛毛帐篷。

dzə̢n tɕhin la pha ma so,

恩情 PRT 父母 PRT

恩深的父母双亲，

ndʑə rɟja doŋ la ptak jo la si.

粮食 仓库（窖） PRT 装 有 拉色（歌调）

仓库里装满粮食。

dzə̢n tɕhin la pha ma so,

恩情 PRT 父母 PRT

恩深的父母双亲，

ndʑə rɟja doŋ la ptak jo la si wo.

粮食 仓库（窖） PRT 装 有 拉色（歌调） PRT

仓库里装满粮食。

lu tɕhoŋ la dza̢ dzi̢ so,

年轻人 PRT 准备 PRT

年轻人要励志，

o ma rcçaŋ mtsho ncçhər jo la si.

牛奶 大海 汇集 有 拉色（歌调）

牛奶汇集成大海。

lu tɕhoŋ la dza̢ dzi̢ so,

年轻人 PRT 准备 PRT

年轻人要励志，

o ma rcçaŋ mtsho ncçhər jo la si wo.

牛奶 大海 汇集 有 拉色（歌调） PRT

牛奶汇集成大海。

ʑa ra la ɣʑuk pe tsho,
雅拉雪山 PRT 居住（敬） SUFF PL
居住在雅拉雪山的民众，

tʂo ra ɣde mu ɣʑuk jo la si.
歌庄 优美 坐（敬） 有 拉色（歌调）
有着优美动听的歌庄。

ʑa ra la ɣʑuk pe tsho,
雅拉雪山 PRT 居住（敬） SUFF PL
居住在雅拉雪山的民众，

tʂo ra ɣde mu ɣʑuk jo la si wo.
歌庄 优美 坐（敬） 有 拉色（歌调） PRT
有着优美动听的歌庄。

4．法舞（曲卓）：天降佛法甘露

tɕhu tɕi tɕhar pa nbap,
法 GEN 甘露 下（雨）
天降佛法甘露，

soŋ rɟje ə la ndʑək rten phep ne, zgrel ɣzoŋ ɣzoŋ la,
佛陀 PRT 世间 来（敬） ABL 幸运（良缘） PRT
佛陀来到尘世间，（我们）真幸运，

tɕhu tɕi tɕhar pa la nbap.
法 PRT 甘露 PRT 下（雨）
下起佛法的甘露。

jo la rga jo, tɕhu tɕi tɕhar pa a la nbap jo la.
哟啦嘎哟 法 PRT 甘露 PRT 下（雨） 有 PRT
哟啦嘎哟（歌调），下起佛法的甘露。

hgen ɣdən ə la sa ʑən la gõ ne, re shok shok la,
僧伽 PRT 大地 PRT 充满 ABL 惹嗦嗦啦
僧伽布满大地，惹嗦嗦啦（歌调），

stan pa dar ʑən jo la rɟjɛ.
宗教 兴盛 PRT 有 PRT 发展
佛教兴盛发展。

jo la rga jo, stan pa dar ʐən la rɟjɛ jo la.
哟啦嘎哟 佛教 兴盛 PRT PRT 发展 有 PRT
哟啦嘎哟（歌调），佛教兴盛发展。

ʁən po ə la skə tshe ʂtən ne, re shok shok la,
老实人 PRT 一生 依靠 ABL 惹嗦嗦啦
老实人一生依靠（佛法），惹嗦嗦啦（歌调），

ɣʐed pa me tok ə la mdze.
开 花朵 PRT 美丽
开出信仰的花朵。

jo la rga jo, ɣʐed pa me tok ə la mdze jo la.
哟啦嘎哟 诚实 花朵 PRT 美丽 有 PRT
哟啦嘎哟（歌调），开出诚实的花朵。

二 故事

1. 母女俩

n̥i ma na kha, rə vu rgə noŋ mə se kha ɕha tsha tsha də ɟji si.
从前 PRT 村子 CLF 里面 百姓 PRT 很多 PREF 在 SUFF

tɕhi ge mə se kha ɕha tsha tsha də ɟji re ge le thə noŋ stɑ ba ʁɛ.
LNK 百姓 AUX 很多 PREF 在 PRT LNK 那 里 老虎 PRT 来

the ɕu rə dɑ ndʐa mə ndʐa də ʁɛ re ge mə se n̥i wu thə khe
那 后面 野兽 各种各样 DIR 来 LNK 百 姓：PL ERG 那 NMLZ

ji ma ndzu ndzu tɕhu də spo də khrə si.
DIR NEG 住 LNK DIR 搬 PREF 曾经 SUFF

从前，一个村子里住着很多老百姓。因为住的人多，所以那个村子里面经常会有老虎出没。之后还来了各种各样的野兽，百姓们都没法住在那里，大家都搬走了。

tɕhi re də spo re ge vu da ma zə qho tɕhu scçi la ba je ma
LNK DIR 搬 LNK 老太太 母女 PRT 什么 能力 PRT 也 NEG

ge le, spo cçiɛ də ma rə ge thə ji de ji ka pei noŋ ji
LNK 搬 NMLZ DIR NEG LNK 那 GEN 那样 棚子 里面 PREF

ndzu si.
坐 SUFF

大家搬走后，生活在这里的贫穷母女俩由于没什么经济能力，而且也没有什么东西可搬，就依旧那样住在棚子里，没有跟大家一起搬走。

tɕhi ge ka pei noŋ ji ndzu re ge le, a sn̥i ge le gə zə ge le mə qhe
LNK 棚子 里面 PREF 住 PRT LNK 一天 LNK 晚上 LNK 雨
zə zə gə qhe gə də ɟji si.
细小 ERG 下 ERG PREF 在 SUFF

然后，住在棚子里后。一天晚上，天上下着绵绵细雨。

mə qhe zə zə gə qhe gə də ɟji re ge le, stɑ wu the n̥i
雨 细小 ERG 下 AUX PREF 在 PRT LNK 老虎 ERG 3pl
ŋə mɛ tsu də də ɟji re ge thə də ngu də ntshə tɕhu, stɑ
牛 AUX PRT PREF 在 LNK 它 PRT 吃 PREF 想 AUX 老虎
wu gə ntsɑ dzə si də ɟji si. vu da ma zə ʁa.
ERG DIR 偷窥 SUFF PREF 在 SUFF 老太太 母女 LOC

下着绵绵细雨，因为有牛，所以细雨中来了一只老虎。老虎想吃掉她家养的牛，所以一直在外面偷窥母女俩。

vu da ma zə də də rgə rgə re ge tɕhi ge the n̥i ŋə mɛ də mbe ɕi
老太太 母女 PRT DIR 睡 LNK LNK 3pl 牛 PRT 拿走 要
rə mo də nthə si. the ɕu mə qhe zə zə gə də qhe re ge le,
FPRT PRT DIR 想 SUFF 那以后 雨 细小 ERG DIR 下 PRT LNK
the n̥i jo də a tɕhe zda mkhən gə də ŋu re ge nə zda si.
3pl 家 PRT 一点 漏 NMLZ ERG PREF 是 LNK DIR 漏 SUFF
nə zda re ge: “a mə, də zda.” də ji si. tɕhi ge: “ŋa la zda
DIR 漏 LNK 阿妈 DIR 漏 PREF 说 SUFF LNK 1sg PRT 漏
ge scçaŋ kha! wu də zda!” də ji si. tɕhi ge thə a mə ji tɕhu:
ERG 害怕 PRT 又 DIR 漏 PREF 说 SUFF LNK 3sg 妈妈 说 PRT
“n̥i dan ba zda ge a scçɛr sɛ stɑ gə scçɛr?” də ji si.
2sg 究竟 漏 ERG QUES 害怕 LNK 老虎 ERG 害怕 PREF 说 SUFF
the a mə wu: “ŋa la stɑ gi scçaŋ.” də ji si.
3sg 妈妈 ERG 1sg PRT 老虎 ERG 害怕 PREF 说 SUFF

（老虎）心想："等母女俩睡着以后再把她家的牛叼走。"后来又下了一会儿小雨，母女俩住的棚子本来就有点破旧，结果漏雨了。漏雨后女儿对她妈妈说："阿妈，漏雨了。"接着女儿又说："我害怕漏！又漏了。"然后，女孩的妈妈说："你究竟害怕漏还是害怕老虎？我可害怕老虎。"妈妈说道。

tɕhi ge the ji sme wu də ji si: "stɑ ge a tɕhi scçɛr
LNK 3sg GEN 女儿 ERG PREF 说 SUFF 老虎 ERG 什么 害怕
mo, zda gə scçaŋ dan de, na zda ge ʂkhu la thu ŋu, pha
PRT 漏 ERG 害怕 LNK QUES 漏 ERG 冷 PRT PRT 是 旁边
ŋɛ rgə re thiɛ re je mei xi rə, stɑ gə si a tɕhə scçɛr
ABL 床 铺 NMLZ 也 NEG 有 FPRT 老虎 ERG AUX 什么 害怕
mo!" də ji si.
PRT PREF 说 SUFF

女儿听了以后说道："老虎有什么可害怕的，我害怕漏，漏了更冷，旁边又没有铺床的地方，老虎有什么可害怕的。"

tɕhi ge stɑ wu ji rŋi re ge: "ja…! ma n̥i gɛ ʁɟjɛr si mɛ, a thə n̥i
LNK 老虎 ERG QUES 听 LNK INTER 口头禅：发誓 这 PL
vu da ma zə wu sme wu: stɑ ge mei scçaŋ 'zda' gə
老太太 母女 ERG 女儿 ERG 老虎 ERG NEG 害怕 漏 ERG
scçaŋ ji rə, ŋa sn̥a su gɛ cçu gə də ɟji sə re
害怕 说 FPRT 1sg COMPR 更 厉害 SUPER PREF 有 SUFF PRT
də rə. a də rə vu noŋ dan ba ndzu lə ma rə dən de mphre re
有 FPRT 这个 村子 里面 LNK 住 NMLZ NEG SUFF LNK 顺利
ma rə." də ntshə re ge, stɑ tɕhi ge ɕə tɕhu the ji lɛ n̥u ge
NEG FPRT PREF 想 LNK 老虎 LNK 走 LNK 那 GEN 以后 ERG
dan ba ma ɮɛ si.
LNK NEG 来 SUFF

老虎在外面偷听了以后心想："呀！赌咒（口头禅），这母女俩特别是她女儿说不害怕老虎，害怕'漏'，看来还有一个比我更加厉害的动物。这个村子里是不能再待下去了，不然自己可能会有生命危险。"老虎走了之后，从此就再也没有回来。

tɕhi ge ma ʐ̩ɛ re ge the ɕu gə wu sn̥u ba tɕho tɕhɛ gə ʐ̩ə ʐ̩ə
LNK NEG 来 LNK 那 以后 ERG 又 豌豆 PRT 什么 DIR 种
si ge wo phɑ rgo ʐ̩ɛ re ge the sn̥u tɕhɛ je nə ngə ngə the
SUFF AUX 又 野猪 来 LNK 那 豌豆 一点儿 也 DIR 吃 那
ji ɕu rɟjɛ zo tɕhɛ je rə ɣnu re ge, dan ba kha su ma phrə
GEN 以后 土豆 一点儿 也 DIR 拱挖 LNK LNK 生计 NEG 让
də qhrə si.
PREF 曾经 SUFF

老虎走了以后，母女俩种了一些豌豆，可是又招来了野猪。野猪把他们种的那点儿豌豆也吃了，之后又拱挖了土豆，让她们无法维持生计。

tɕhi ge thə ji sme wu ji tɕhu: "a mə, vlu rgə də rə,
LNK 3sg GEN 女儿 ERG 说 LNK 阿妈 方法 CLF 有 FPRT
thə pei mja rə. ŋa ji qho thə phɑ rgo ʐ̩ɛ re nə jaŋ ju ʁgoŋ gə
那样 NEG FPRT 1pl PRT 那 野猪 来 NMLZ 里面 土豆 地窖 ERG
thə daŋ re ge le ʁgoŋ gə ncçhə re ge le gɛ nɛv gə ncçhoŋ gə le,
那样做 PRT LNK 地窖 ERG 打 PRT LNK 比较深 ERG 打 LNK
thə ji tɕha ge bə cçhi bə cçha ɕiɛ lɛ ge le thə tɕha tshə phe roŋ ge,
那 GEN 上面 ERG 树枝木棍 些 放 LNK 那 上面 泥巴 CLF 撒 ERG
phɑ rgo wu tɕhi re tɕhu thə jaŋ ju də no no gə rə ge le, jaŋ ju
野猪 ERG LNK LNK 那 土豆 PRT 嗅到 AUX FPRT LNK 土豆
də ngə rə ge a nthvan dan ncçhə ge le toŋ noŋ dza gə rə.
PRT 吃 LNK 一踩 LNK 打 LNK 洞 里面 掉下去 AUX FPRT
tɕhi re tɕhu thə nə ruŋ ge a mə ŋe rə." də ji re ge:
LNK AUX 那 里面 关 AUX QUES 可以 FPRT PREF 说 LNK
"ŋe rə." də ji tɕhu, ɣne də ma zə wu be le ji toŋ də gə ngə ra
可以 DIR 说 LNK 俩 PRT 母女 ERG 非常 洞 PRT AUX 很深：
ngə rtso gə nə thɛ re ge, tɕhi ge the ji tɕha ge bə cçhi bə cçha ba
九层深 AUX DIR 挖 LNK LNK 那 GEN 上 AUX 树枝木棍 PRT
rə lɛ re ge le, lba lə ba rə lɛ, tshə a phe rə lɛ re ge, thə pei
DIR 放 PRT LNK 叶子 PRT DIR 放 泥巴 一CLF DIR 放 LNK 那样

də tho rə ge, tɕhi ge gə zə go le ge le phɑ rgo ʐ̊ɛ re ge thə tɕha thə
PREF 丢下 LNK LNK 晚上 时候 LNK 野猪 来 LNK 那 上面 那个
nə dɛn re ge nə dza tɕhu, phɑ rgo tɕha tshoŋ toŋ noŋ nə nɬə nɬən si.
DIR 做 LNK DIR 掉 LNK 野猪 全部 洞里面 DIR 跳 SUFF
nə nɬə nɬən si the ji lɛ n̥u ge tɕhi ge phɑ rgo n̥i ma mkhən
DIR 跳 SUFF 那 GEN 以后 AUX LNK 野猪：PL NEG NMLZ
də tɕiɛ si.
PRE 变成 SUFF

然后女儿对她妈妈说："阿妈，我有个方法，我们这样光住着不行，干脆我们在那野猪来的地方打个土豆窖，而且土豆窖要挖得深一点儿。那上面放些树枝、木棍等乱七八糟的东西，再在上面盖点泥巴，等野猪来了后就能嗅到土豆的味道，然后它在吃土豆的同时，一踩就掉进洞里了。然后，我们把它关在那里面，应该能行得通吧。"说完后，她妈妈回答道："好的。"于是母女俩挖了一个非常深的洞，然后在上面放上树枝、木棍，再放上叶子，盖上泥巴，就那样放着。到了晚上的时候，野猪来后果然从上面掉了下去，而且所有的野猪一个不漏都掉进洞里了，从此以后野猪就不见踪影了。

tɕhi ge rve qe wu ngə ʐ̊ɛ gə də ɟji re ge, thə khe ʐ̊ə ji
LNK 兔子 ERG 吃 来 AUX PRE 在 LNK 那 NMLZ 地 GEN
ɣcçəl gu gə ʐ̊ə dʑə phoŋ lu də sti re ge, rgə mɛr lu də sti
中间 AUX 大石头 CLF PREF 在 LNK 石头 CLF PREF 在
re ge, thə tɕha rve qe wu: "jo, vu da ma zə ʂ̥cçɑ xbɑ nə nge!
LNK 那 上面 兔子 ERG INTER 老太太 母女 屎 DIR 吃
ʂ̥cçɑ xbɑ nə nge!" də ji tɕhu a qhə nə ngə re ge χan bɑ də
屎 DIR 吃 PREF 说 LNK CLF DIR 吃 LNK 骂 DIR
qhə re si.
喊 SUFF

兔子来吃的时候，看到她家的地中间有个大石包。兔子饱餐了一顿后，就站在大石包上面对着母女俩骂喊道："嗨，母女俩，你们吃屎吧！吃屎吧！"就跑了。

tɕhi ge vu da ma zə wu də ji tɕhu, the sme wu də ji
LNK 老太太 母女 ERG PREF 说 LNK 3sg 女儿 ERG PREF 说

tɕhu: "ja! stɑ gə la də cçhi cçhoŋ, phɑ rgo la də
LNK INTER 老虎 AUX PRT PREF 赢 野猪 PRT PREF
cçhi cçhoŋ, ə də rve qe wu ȵiaŋ tshe tɕhi ke kha mei zu rə. a mə,
赢 这个 兔子 ERG 欺负 看 PRT NEG 坐 SUFF 阿妈
ŋe la vlu rgə ʐdʐən rə." də ji si.
1sg PRT 办法 CLF 想到 FPRT PREF 说 SUFF

然后母女俩的女儿对妈妈说："呀！我们赢了老虎，赢了野猪，可是这只兔子太欺负、太小看我们了。妈妈，我想到了一个办法。"

tɕhi ge: "ŋe sme khvo, a tɕi rgə vlu rgə ʐdʐən rə?" də
LNK 1sg：GEN 女儿 PRT 什么 CLF 办法 CLF 想到 FPRT PREF
ji. "tɕhi ge ɣne də wu thə rdo tɕi phu lo tɕha nɑ noŋ rə waŋ
说 LNK 俩 PRT ERG 那 大石头 CLF 上面 森林里 DIR 去
tɕhu ʁzo gə khvɛ rə ge, ʁzo gə za raŋ ge, tɕhi re rve qe wu
LNK 松油 AUX 割 LNK 松油 AUX 搬回 AUX LNK 兔子 ERG
ɮɛ re ge: 'ʂcçɑ xbɑ nə nge ʂcçɑ xbɑ nə nge!' ji tɕhu thə tɕha χthə
来 LNK 屎 DIR 吃 屎 DIR 吃 说 LNK 那 上面 屁股
də a lɛ a lɛ ra gu, xsu pqo ɬhən ncçhə go rə ge, thə tɕha ndʑɑ lɑ
PRT 一放 一放 PRT PROS 三 跳跃 打 要 LNK 那 上面 粘住
go rə, tɕhi ge fkhroŋ." də ji si.
要 FPRT LNK 捉住 PREF 说 SUFF

然后女儿的妈妈问道："女儿，你想到了什么办法？"她女儿回答道："我们俩到森林里去割些松油，将松油搬回来。兔子来了后就会喊：'（你们）吃屎吧！吃屎吧！'它边喊边会将屁股在我们悄悄抹了松油的那个大石包上面一放一放的，跳三下，然后它就会粘在大石包上面，我们再把它捉住。"

tɕhi ge thə a mə wu: "ŋe rə." də ji tɕhu. ɣne də ma zə wu
LNK 3sg 妈妈 ERG 可以 PREF 说 LNK 俩 PRT 母女 ERG
qɑ ʁə rə ɕə re ge, ʁzo də gə ɕha tsha tsha gə nə khvɛ re ge,
山上 DIR 去 LNK 松油 PRT AUX 非常多 AUX DIR 割 LNK
tɕhi ge thə nə de re ge le, thə tɕha rgə mɛr tɕha rə spə rjɛ re ge
LNK 那样 PREF 做 PRT LNK 那 上面 石头 上面 DIR 烧 LNK

thə bei de　rə　lɛ　si.
那样子　DIR　放　SUFF

她妈妈回答道:“可以。”于是母女俩上山,割了很多松油,按照女儿的方法那样做了,在那个石包上涂抹了烧化的松油以后,就那样放着。

tɕhi ge　a ʐɛr kha　de　ma　cçe　tɕhu　rve qe　ɮɛ　si,　rve qe　ɮɛ
LNK　一会儿　EXCL　NEG　空闲　LNK　兔子　来　SUFF　兔子　来
re ge　sn̥u　də　ge　a qhə　nə　ngə　si.　sn̥u rbə　a　qhə　nə　ngə　re ge
LNK　豌豆　PRT　AUX　CLF　DIR　吃　SUFF　豌豆果　一　CLF　DIR　吃　LNK
tɕhi ge　vop　la　də　fkə　si　ŋə　rə.
LNK　肚子　PRT　PREF　饱　SUFF　是　FPRT

没过多久兔子来了,兔子来了后偷吃了豌豆果,肚子吃得饱饱的。

vu da　ma zə n̥i　phi　də　χa　re ge,　gɛ:　thə　tɕha　rgə mɛr　tɕha
老太太　母女:PL　外面　DIR　出来　LNK　PRT　那　上面　石头　上面
rə　rtso rtso　rə ge:　“ʂcçɑ xbɑ　nə　nge!　ʂcçɑ xbɑ　nə　nge!”　də　ji
DIR　蹲　LNK　屎　DIR　吃　屎　DIR　吃　PREF　说
vu da　ma zə n̥i　ge　χan ba　də　qhə re　ge,　tɕhi re　thə　de　ma　cçhɛ
老太太　母女:PL　AUX　骂　DIR　喊　AUX　LNK　那　PRT　NEG　空闲
tɕhu,　rve qe　ji　thə　tɕha(rgə mɛr)tɕha　χthə　də　gə　khja　si.
LNK　兔子　GEN　那　上(石头)　上面　屁股　PRT　DIR　卡住　SUFF

于是母女俩从棚子里出来了,兔子蹲在那个大石包上对着母女俩喊骂道:“吃屎吧!吃屎吧!”刚喊不久,兔子的屁股就粘在石头上了。

tɕhi re　vu da　ma zə n̥i　wu　də　fkhrə re　ge:　“ən ja,　n̥i　ji　rve qe
LNK　老太太　母女:PL　ERG　DIR　喊　ERG　好啊　2sg　GEN　兔子
ga tʂha　bei　ge　mei　ɟji　rə　ji　re ge,　n̥i　ga tʂha　ɣe　a　ŋə
聪明　NMLZ　AUX　NEG　在　FPRT　说　LNK　2sg　聪明　CLF　QUES　是
rə?　de re　gi　n̥i　ŋa ji　ge　ma　cçha　ha.”　də　ji　tɕhu　rve qe
FPRT　这次　AUX　2sg　1pl　AUX　NEG　赢　PRT　PREF　说　LNK　兔子
də　də　fkhrə　si.
PRT　PREF　捉　SUFF

然后母女俩就对兔子喊道："好啊，你说没人比你兔子聪明，你聪不聪明？这次，你就输给我们母女俩了。"说着，就捉住了兔子。

2. 粮食的故事

n̥i ma ʁna gə tɕhi me də me thok nə ʁjɛ də ʂkhrə tɕhu,
从前 AUX 非常 庄稼 PREF 好 PREF 约定俗成 LNK
hɑ vdu a də sn̥i lmɑ ʁlo ʁlo a rgə ʁa sn̥i lmɛ nɢvɛ qha nɢvɛ qha ji
现在 这个 穗 坨坨 一CLF LOC 穗 五 CLF 五 CLF DIR
ɕə də ʂkhrə si ŋə rə. tɕhi me də me ʑe re gə ɕi
结 PREF 约定俗成 SUFF 是 FPRT 非常 麦子 COM AUX 青稞
re thə n̥i xsən mə tho lə ʁjɛ tɕhu su xsən bə ji ngə lə thi
COM 3pl 全部 好 LNK 比格 大家 GEN 吃 NMLZ 喝
lə bən bən ɬu ɬu scçi po ɣde mu ga tɕiɛ gə də ɟji si ŋə rə.
NMLZ 足足够够 幸福平安 DIR 变成 AUX PREF 在 SUFF 是 FPRT

很久很久以前，四处的庄稼曾经都长得非常好，产量非常高。现在我们见到的这种一根麦穗上曾经结有五根麦穗。不管是麦子、青稞还是其他所有的庄稼长势都非常好，人们丰衣足食，幸福安康地生活着。

tɕhi rə ge, a sn̥i gə, du kha a ɣe ji ge de wu phi su ja qhe
LNK 一天 AUX 家庭 一 CLF GEN 小孩 ERG 外面 院坝
ʂcçɑ xpɑ nə lɛ rə ge, tɕhi ge du kha a ɣe ji lɛ ji wu a lŋa ze ji
屎 DIR 解 LNK LNK 家庭 一CLF GEN 媳妇 ERG 婴儿 GEN
χthə ʁə ʂcçɑ xpɑ də ɕə ɕɛ də tshər re ge, tɕhə ɕha lə ma rei
屁股 屎 PRT 擦 PREF 想 LNK 什么 找 NMLZ NEG 找到
gə a khu thu le khe pha ji ʑɛ re ge, le khe pha kha χthə ʁə ʂcçɑ xpɑ
AUX 那边 馒头 一半 DIR 拿来 LNK 馒头 一半 INST 屁股 屎
də nə ɕə ɕe sə rə.
PRT DIR 擦 SUFF FPRT

然而，有一天，一户人家的小孩儿在院落外面解了大便后，这户人家的儿媳妇想给小孩擦屁股，在没有找到任何擦拭的东西时，她就顺手拿了一旁的半个馒头给小孩擦了屁股。

tɕhi re ge a ru thu ɣne sn̥oŋ bu re ɬa n̥i xsən bə wu dən ntshə
LNK 那上面 老天爷 COM 菩萨：PL 全部 ERG PREF 想
re ge: "a vəɣ! a də n̥i wu thə bei tɕhi n̥ɛ go n̥ɛ və tɕhu, a də bei də
LNK INTER 这：PL ERG 那样 任意妄为 做 LNK 这样 PREF
tɕiɛ tɕhu a də n̥i thə bei vu gə də ɟji si. thə n̥i thə bei gɛ ɣre
变成 LNK 这：PL 那样 做 AUX PREF 在 SUFF 3pl 那样多
ma ɕi si, a də n̥i ngə mi tsher tɕhu χo ke ʂcça xpɑ n̥i da xsən bə
NEG 要 SUFF 这：PL 吃 NEG 完 LNK 现在 屎：PL 也 全部
le khe n̥i kha mphɛl gə ɟji rə." də jə tɕhu, tɕhi re ge rə ro
馒头：PL INST 清除 AUX 在 FPRT PREF 说 LNK LNK PRT 向上
mqo də jə tɕhu də da gra tɕhu mbre mbrə n̥i tɕha tshoŋ rə mqo
收回 PREF 说 LNK DIR 商量 LNK 粮食：PL 全部 DIR 收回
də jə tɕhu sn̥i lmɛ nɢvɛ qha də tɕha tshoŋ su rə ro rə mqo sə
PREF 说 LNK 穗 五：CLF PRT 全部 再 向上 DIR 收回 SUFF
rə.
FPRT

上天和菩萨们看到这种情形后，都不禁惊叹道："啊喔！这些人这样任意妄为、为所欲为地糟蹋着粮食，都成了这种样子了。想必他们并不需要这么多粮食，他们吃不完，现在竟然用馒头来擦拭屁股，这样糟蹋粮食。"随后，上天和菩萨们为了惩罚人类，商议决定：把（长有五根穗的）所有粮食全部收回。

rə mqo re ge, a lu ma mkhən nə və re ge kə ta kho wu ge
收回 LNK 一 CLF NEG NMLZ DIR 做 LNK 狗 PRT ERG AUX
tɕhi ge rə qəp ɣje tɕhu, nə zjo ra tɕhu: "ŋe ji ka va sn̥i lmɛ a lmɛ
LNK DIR 喊叫 LNK DIR 哭 LNK 1sg GEN 份儿 穗 一 CLF
rə lɛ den ŋe ji ngə lə mi ɬak, ŋa thə bei nə ma və."
DIR 留 LNK 1sg GEN 吃 NMLZ NEG 剩 1sg 那样 DIR NEG 做
də jə tɕhu nə zjo ra tɕhu rə qəp ɣje le gi tɕhi re ge rga va
PREF 说 LNK DIR 哭 LNK DIR 哭叫 比格 AUX LNK 可怜
də cçhɛ re ge kə ta ji ge sn̥i lmɛ a lmɛ də rə lɛ sə ŋə
太 LNK 狗 GEN AUX 穗 一CLF PRT DIR 留下 SUFF 是
rə.
FPRT

收回后，一根也没有剩下。这时，狗向上天和菩萨们嚎哭祈求道："请给我留一根穗，不然没有给我剩下任何吃的东西了，我没有那样糟蹋粮食。"边说边嚎哭祈求，这样感动了上天和菩萨。上天和菩萨们觉得狗太可怜，就给它留下了一根穗。

tɕhi re　hɑ vdu　gə　ŋa　ji　ngə　lə　su　sn̥i lmɛ　a　lmɛ　ge
LNK　现在　AUX　1sg　GEN　吃　NMLZ　LNK　穗　一　CLF　AUX
ji　we　gə　rə　ha!　ɕiɛ re　ŋu　ve、ʐe　ŋu　ve、su　a tɕhə sə sə
DIR　结　AUX　FPRT　PRT　青稞　是　PRT　麦子　是　PRT　不管　什么都
də　ʁɑ　a lmɛ　gə　ji　we　gə　rə　ha."thə　də　ge　kə ta　ji
PRT　INST　一CLF　AUX　DIR　结　AUX　FPRTPRT　那　PRT　AUX　狗　GEN
ka va　ŋu　mo."jə　tɕhu　xsən bə　n̥i ma ʁna　rgə rgu　n̥i　thə bei　fɕɛ ʂkrul　gə
份儿　是　PRT　说　LNK　全部　很久以前　老人：PL　那样　说法　AUX
də　gə　rə.
有　AUX　FPRT

从此以后，我们现在吃的庄稼粮食都只有一根穗，不管是青稞、麦子，还是其他所有的一切庄稼，都从原有的五根穗变成了现在一根穗。"那（粮食）是狗的那份儿。"很久以前，老年人中都流传着这样的说法。

hɑ vdu　gə　kə ta　rə　χsu　rə gi:"maŋ ɕhu　kə ta　gi　gɑ ʁji　nə　və
现在　AUX　狗　DIR　养　LNK　拜托　狗　AUX　好的　DIR　做
mo　de,　ŋa ji　vdzi n̥i　wu　kə ta　ji　də　ngə　gə　ɟji ɟjoŋ　mo!"jə
PRT　不然　1pl　人：PL　ERG　狗　GEN　NMLZ　吃　AUX　在　PRT　说
tɕhu　xsən bə　rgə rgu　n̥i　zʁu lə　də　ŋə　rə.　kə ta　gi　tɕhi me də me
LNK　全部　老人：PL　嘱咐　PRT　是　FPRT　狗　AUX　非常
gɑ ʁji　və ɕi　gə　rə,　dan de　mə roŋ[①]　gə　rə、mə　skɛl[②]　gə
好的　做要　AUX　FPRT　不然　NEG行　AUX　FPRT　NEG　成功　AUX

① "mə roŋ"，佛教术语，指不净和不符合佛教戒律的行为。

② "mə skɛl"，道孚话中的佛教术语，佛教认为"因果报应"由"业"而产生的。业是产生结果的原因，并称之为"业因"。由业因而得的果报是业果。众生按今世不同的业力在来世可以获得不同的果报，行善者得善报，行恶者得恶报。善恶果报的功能是永远存在的，行善者必定能得到善果，作恶者一定会受到惩罚，这是无法逃避的，因此藏民深信因果轮回和因果报应之说。

rə jə ʂkhrə.
FPRT 说 约定俗成

"我们人类在吃狗的口粮，现在养狗的话，一定要好好的对待它、喂它，不然是不行和不可以的。"老人们都会这样嘱咐。

thə də rgə rgu n̥i wu xsən bə ge de n̥i də thə bei dɛl tɕhu,
那（事） PRT 老人：PL ERG 全部 孩子：PL PRT 那样 做 LNK
hɑ vdu ŋa ji ngə lə də gɛ sn̥i lmɛ a lmɛ də su kə ta
现在 1sg GEN 吃 NMLZ PRT AUX 穗 一 CLF NMLZ LNK 狗
ji ka va ŋə rə jə ʂkhər.
GEN 份儿 是 FPRT 说 约定俗成

所以，现在我们吃的长有一根穗的庄稼都是狗的口粮。我们一定要好好地对待它，老人们都会这样教导后辈。

3．三兄弟偷牛的故事

n̥i ma ʁna kha ge tɕhi ge rɑ ʁə phu ŋə rə, tɕhi ge sn̥u lu a
从前 PRT AUX LNK 圆根叶 CLF 是 FPRT LNK 豌豆 一
lu ŋə rə zmo a ɣdən ŋə rə, thə n̥i xsu ɣe də wu ge
CLF 是 FPRT 羊毛 一CLF 是 FPRT 3pl 三 CLF PRT ERG AUX
gɑ dʑa gə də ŋu re ge tɕhi ge xsu də wu rmə sti zgrəl və mo
和气 AUX PREF 是 LNK LNK 三 PRT ERG 兄弟伙 做 PRT
də ji tɕhu ge ŋə sti lə nə və si ŋə rə. tɕhi re ge
PREF 说 LNK AUX 赌咒 NMLZ DIR 做 SUFF 是 FPRT LNK AUX
xsu də wu ge gɑ dʑa ŋə ma nə və tɕhu rmə sti zgrəl nə və re ge
三 PRT ERG AUX 和气 真的 DIR 做 LNK 兄弟伙 DIR 做 LNK
su, rɑ ʁə wu də ji tɕhu ŋa zə cçhɛ də və gə ŋe rə,
再 圆根叶 ERG PREF 说 LNK 1sg 最 大 NMLZ 做 AUX 可以 FPRT
ŋa a tɕhə ji rə mo, ŋa zə cçhɛ də və gu də ji tɕhu, rɑ ʁə
1sg 什么 说 FPRTPRT 1sg 最 大 NMLZ 做 PROS PREF 说 LNK 圆根叶
wu zə cçhɛ də nə və sə ŋə rə.
ERG 最大 NMLZ DIR 做 SUFF 是 FPRT

从前，有一片圆根叶、一颗豌豆、一锭羊毛。由于它们三个关系很好，于是结拜成了兄弟，很和气地生活在一起。然后，圆根叶说：“我要做最大的，我干脆就做老大。”于是圆根叶就做了老大。

the ɕu snu̥ lu wu də ji tɕhu: “ŋa the ɕu də və gə
那 后面 豌豆 ERG PREF 说 LNK 1sg 那 后面 PRT 做 AUX
mo! ” “ja! ” də ji re ge snu̥ lu wu the ɕu də nə və si ŋə
PRT 好 PREF 说 LNK 豌豆 ERG 那 后面 PRT DIR 做 SUFF 是
rə. tɕhi re ge zmo ɣdən wu ji tɕhu: “ŋa ge zə de də və,
FPRT LNK AUX 羊毛锭 ERG 说 LNK 1sg AUX 最 小 NMLZ 做
a ŋe rə? ” də ji re tɕhu, thə də ge zə de də nə və
QUES 可以 FPRT PREF 说 LNK 它 PRT AUX 最 小 NMLZ DIR 做
si ŋə rə.
SUFF 是 FPRT

之后，豌豆说：“我就当老二！”“好的！”另外两个兄弟答应后，豌豆就当了二哥。然后，羊毛锭说道：“我就当最小的，可以吗？”于是他就当了最小的弟弟。

zə de də nə və re ge, tɕhi ge xsu də wu gɑ dʑa ŋə ma nə
最小 NMLZ DIR 做 LNK LNK 三 PRT ERG 和气 真的 DIR
və re ge xsu də wu ncçha ra də ɕə ɕə si ŋə rə. gɛ tɕe dʑi
做 LNK 三 PRT ERG 玩儿 DIR 去 SUFF 是 FPRT 比较 远的
ŋə ma ncçha ra də ɕə ɕə re ge tɕhi re ge, a khu thu spo rgə tɕha ge
真的 玩儿 DIR 去 LNK LNK 那边 草坪 CLF 上 AUX
mə zde the ji ŋə mɛ rgə wu rdzi ngə gə də ɟji si ŋə
别人 那 GEN 奶牛 CLF ERG 草 吃 AUX PREF 在 SUFF 是
rə. the pha ŋɛ rje ze gə wu ɬhə thi gə də ɟji re ge, tɕhi re ge
FPRT 那 旁边 牛犊 CLF ERG 牛奶 喝 AUX PREF 在 LNK LNK
thə zmo ɣdən wu də ji tɕhu the ɣne gɛ cçhɛ ɣne də ge də
那个 羊毛锭 ERG PREF 说 LNK 3dl 大的：3dl PRT AUX PRE
ji tɕhu: “a te e ɣne, ŋa la ɬhə thi sn̥i ʁbro rə, a tɕhə daŋ? ” də
说 LNK 哥哥：2dl 1sg PRT 牛奶 喝 心 想 FPRT 怎么办 PREF
ji si ŋə rə.
说 SUFF 是 FPRT

当了最小的弟弟后，三兄弟非常和睦地相处在一起。有一天，三兄弟一起跑到很远的地方去玩儿，看到那边的草坪上有一头别人家的奶牛在吃青草，它旁边的牛犊正在吃奶。最小的弟弟羊毛锭就跟两位哥哥说：“两位哥哥，我想喝牛奶。怎么办？”

tɕhi ge　the ɣne　wu　ji　tɕhu:　“ɬhə　thi　sn̥i　də　ʁbro,　ŋa　ji　da　və
LNK　它：3dl　ERG　说　LNK　牛奶　喝　想　PREF　想　1pl　也　做
lə　mə　roŋ　ndzə̹,　a tɕhə de　ɕi　rə　mo! ”　də　ji　si　ŋə　rə.
NMLZ　NEG　会　PRT　怎么办　要　FPRT　PRT　PREF　说　SUFF　是　FPRT
tɕhi re ge　xsu　də　wu　nə　da gə gra　re ge　də　ji　tɕhu:　“ŋa　ji
LNK　三　PRT　ERG　DIR　商量　LNK　PREF　说　LNK　1sg　GEN
kho　a də　ji　ŋə mɛ　də　skə　tɕhu　ŋa ji　jo　gə ro　mbaŋ　ge　ŋa　ji
PRT　这个　GEN　奶牛　DIR　偷　LNK　1pl　家　DIR　带走　AUX　1sg　GEN
xsən bə　ji　ɬhə　thi　lə　də　gə　ŋə　rə. ”　də　ji　tɕhu,　tɕhi ge
全部　GEN　牛奶　喝　NMLZ　有　AUX　是　FPRT　PREF　说　LNK　LNK
xsu　də　wu　mə zde　ji　ŋə mɛ　də　də　skə　tɕhu,　qe　tɕhu　də
三　PRT　ERG　别人　GEN　奶牛　PRT　DIR　偷　LNK　赶　LNK　DIR
bən mbe　re ge.
拿走　LNK

接着，它的两位哥哥说道：“想喝牛奶，我们也不知道怎么办喔！”于是三人商量后说：“我们干脆把这头牛偷回家，这样我们三个都有牛奶喝了。”之后，三兄弟干脆就偷赶着别人家的奶牛回家。

tɕhi re ge　thə　gɛ cçhɛ　də　wu　ŋa　ji　rɑ ʁə də　wu　ji zde　gɛ cçhɛ
LNK　那　大　NMLZ　ERG　1sg　GEN　圆根叶　PRT　ERG　大
də　ŋə　rə　ge　“ŋa　gɛ cçhɛ　də　ŋoŋ　ndzə̹,　ŋa　ge　the　ŋə mɛ
NMLZ　是　FPRT　AUX　1sg　大　NMLZ　是　PRT　1sg　AUX　那个　奶牛
də　mtshu　mo. ”　də　ji　tɕhu,　ŋə mɛ　ji　rta kha　də　gə　mtshi　si
PRT　牵　PRT　PREF　说　LNK　奶牛　GEN　缰绳　PRT　DIR　牵引　SUFF
ŋə　rə.　the　ji　sgu lu　də　rə　mtshi　si　ŋə　rə.
是　FPRT　那　GEN　绳子　PRT　DIR　牵　SUFF　是　FPRT

之后，那个圆根叶觉得自己是大哥，便说道：“我是大哥，我来牵牛。”说着就抓住奶牛的缰绳在前面牵牛。

rə mtshi re ge tɕhi re ge the ji sn̥u lu wu də ji tɕhu: "ŋe
DIR 牵 LNK LNK 那 GEN 豌豆 ERG PREF 说 LNK 可以
rə." pə cçha qha rə rzu re ge: "ŋa ge ŋə mɛ qe mkhən də və,
FPRT 棒棒 CLF DIR 拿 LNK 1sg AUX 奶牛 赶 NMLZ PRT 做
a ŋe rə?" də ji si ŋə rə.
QUES 可以 FPRT PREF 说 SUFF 是 FPRT

老大牵了牛，豌豆说："可以。"手里拿着一根棒棒继续说："我来赶牛，可以吗？"

tɕhi re ge ro thə the ji, ŋa ji zmo ɣdən wu ge: "n̥i zə de
LNK 另一个 它 GEN 1sg GEN 羊毛锭 ERG AUX 2sg 最 小
də ŋə ndzə̥, n̥i ge thə a tɕhi ji mo, ŋə mɛ tɕha rə cçhi
NMLZ 是 PRT 2sg AUX 那个 什么 说 PRT 奶牛 上面 DIR 骑
a ŋe rə?" də ji re ge, zmo ɣdən wu qhɑ də sɬu si ŋə rə.
QUES 可以 FPRT PREF 说 LNK 羊毛锭 ERG 高兴 SUFF 是 FPRT
ŋa ji zmo ɣdən wu "ŋa ŋə mɛ tɕha cçhu gu" də ji tɕhu,
1sg GEN 羊毛锭 ERG 1sg 奶牛 上面 骑 PROS PREF 说 LNK
tɕhi ge ji ɕə ɕə re ge gɛ tɕe dʑi ŋə ma gə də ɕə ɕə re ge.
LNK DIR 去 LNK 非常远 真的 AUX DIR 去 LNK

然后，豌豆对最小的弟弟羊毛锭说道："你是最小的，你就骑在牛背上，怎么样？"羊毛锭听了后非常高兴，说道："我要骑在牛背上。"于是三兄弟就赶着牛走了很长一段路。

a ʐɛr ʑi kha ge thi ji ŋə mɛ la də mdʑu tɕhu də mdʑu
一会儿 PRT AUX 那个 GEN 奶牛 PRT PREF 饿 LNK PREF 饿
re ge ŋə ste the ji zde mtshi mkhən rɑ ʁə də nə ngə si
LNK 前面 那个 自己：REFL 牵 NMLZ 圆根叶 PRT PRE 吃 SUFF
ŋə rə.
是 FPRT

没过多久，牛的肚子饿了，就把在前面牵自己的那个大哥圆根叶给吃掉了。

rɑ ʁə də nə ngə re ge, tɕhi re ge an tɕhiɛ də ʁdu si be rgə
圆根叶 PRT DIR 吃 LNK LNK 一点儿 DIR 不舒服 SUFF 样子

də tɕiɛ re ge, tɕhi ge ŋə mɛ la vop zbjoŋ tsha nə və re ge rn̥a
PREF 成了 LNK LNK 奶牛 PRT 肚子 拉 PRT DIR 做 LNK 牛粪
phu nə lɛ re ge, ʁə n̥u the sn̥u lu wu pə cçha qha rə rzu thə qe
CLF DIR 解 LNK 后面 那个 豌豆 ERG 棒棒 CLF DIR 拿 它 赶
gə ɟji go rə ge su rn̥a phu kha thə sn̥u lu də nə sthvɛ
AUX 在 AUX FPRT AUX 再 牛粪 CLF INST 那 豌豆 PRT DIR 压
sə ŋə rə. sn̥u lu də nə sthvɛ re ge, tɕhi re ge a ru thu xpə rju gə
SUFF 是 FPRT 豌豆 PRT DIR 压 LNK LNK 那边 风 CLF
ɮɛ re ge xpə rju wu zmo ɣdən də də sçhjɛ si ŋə rə.
来 LNK 风 ERG 羊毛锭 PRT PREF 吹走 SUFF 是 FPRT

吃了圆根叶后，奶牛好像感觉到肚子有点儿不舒服，就拉了一坨牛屎，把在后面拿了一根棒棒正在赶牛的二哥豌豆给盖压住了。突然一阵风吹来，把骑在牛背上的小弟羊毛锭给吹走了。

tɕhi ge ŋə mɛ wu mə zde ji zde wu mə zde go ro gə mkhər va
LNK 奶牛 ERG 人家 自己：REFL ERG 人家 DIR DIR 转过来
tɕhu ji zde ji jo go ro go ro gə ɕə sə ŋə rə.
LNK 自己：REFL GEN 家 DIR DIR DIR 去 SUFF 是 FPRT

然后，奶牛自己转过头来大摇大摆地朝着自己的家慢慢走回去了。

gə ɕə re ge a də ji scçet də a tɕhi ŋə də ji la su: “ŋa
DIR 去 LNK 这个 说 NMLZ PRT 什么 是 PREF 说 PRT 再 1sg
ji the ji thə bei san pa nə mə zde skə və bo thə bei lo qhə lo ji
GEN 那 GEN 那样 思想 里面 别人 偷盗 PRT 那样 坏事
də ʐdʐən ge də gə mja rə dən de skə və mja ge roŋ
PRT 想起 AUX 有 AUX NEG FPRT 不然 偷盗 NEG AUX REFL
ji shok kha mə mthar mo! ” ji tɕhu thə bei n̥i ma ʁna fɕɛ ʂkrul gə
GEN 生命 NEG 畅通 PRT 说 LNK 那样 很早以前 说法 AUX
də də sə ŋə rə, thə də xsən bə wu n̥an ba lɛ ɕi gə ŋə rə.
有 SUFF 是 FPRT 那 PRT 全部 ERG 注意 要 AUX 是 FPRT

讲这个故事的原因是希望大家都要记住：“我们在思想上不能有偷盗等做坏事的念想，不然别说偷盗，就连自己的生命都难以保住。”所以很早以前就有这种说法。

4. 山鹿报恩

zə ŋə kha gi qɑ ʁə du kha a ɣe də ɟji si rə, du kha
很早 PRT AUX 山 人家 一CLF PREF 在 SUFF FPRT 人家

a ɣe də ɟji re ge thə n̥i wu su dɛ də ji lɛ ji gə mqhə tɕhu
一CLF PREF 在 LNK 3pl ERG 更加 儿子 GEN 媳妇 DIR 迎娶 LNK

stu mu gɛ cçhɛ ŋə ma gə nə və tɕhu pe ji a ɣnə sn̥i nə və re ge
结婚庆典 大 真的 AUX DIR 做 LNK 特别 一两天 DIR 做 LNK

tɕhi ge the n̥u sn̥i ge thə n̥i wu xsən bə a ji və və ji də ʂka si
LNK 那 第二天 AUX 3pl ERG 全部 全家老小 GEN PREF 累 SUFF

mo jə tɕhu mdzo gə nə və re tɕhu xsən bə ji də ʂka si
PRT 说 LNK 宴席 AUX DIR 做 LNK 全部 GEN PREF 累 SUFF

jə tɕhu su mdzo gɛ cçhɛ ŋə ma gə nə və tɕhu.
说 LNK 再 宴席 大 真的 AUX DIR 做 LNK

很久以前，山上住着一家人。他们给儿子举办了非常隆重的婚礼，婚礼举办了两天。在婚礼结束后的第二天，他们为了酬谢大家在婚礼举办期间的操劳，专门置办了酒宴。

the nə xsən bə wu gə mkhər vu va tɕhu zɑ ma ngə gə də ɟji ɟji
那里 全部 ERG DIR 围成圆圈 LNK 饭 吃 AUX PREF 在

re ge mei gə gə qɑ ʁə ʑi rŋa pa ɣe wu thi ji ʂtsɛ lu də scçho cçho
LNK 突然 山 ABL 猎人 CLF ERG 那 GEN 鹿 CLF DIR 追赶

ɮɛ tɕhu ʂtsɛ də gə χa tɕhu the n̥i qhe gə ro gə χa tɕhu the n̥i
来 LNK 鹿 PRT DIR 来 LNK 3pl LOC 朝这边 DIR 来 LNK 3pl

qhe gə ncçhe sə ŋə rə.
LOC DIR 藏 SUFF 是 FPRT

酒宴中所有人正围着桌子吃饭的时候，突然，跑来一只受惊的山鹿。因为被猎人追赶，受惊的山鹿跑到这户人家的院子里，躲到了正在吃饭的桌子下面。

the n̥i thə zɑ ma ngə re noŋ dʑo tsi və gə ncçhe tɕhu gə
3pl 那个 饭 吃 NMLZ 里面 桌子 下面 DIR 藏 LNK DIR

ncçhe re ge tɕhi ge the n̥i lɛ ji xsər ba də ge san pa gɛ ʁjɛ ŋə ma ɣe
藏 LNK LNK 3pl 媳妇 新的 PRT AUX 心地 善良 真的 CLF

dә ŋu re ge the ʂtsɛ dә gә ndzә sә ŋә rә.
PREF 是 LNK 那个 鹿 PRT DIR 藏 SUFF 是 FPRT

这家人的新娘是位非常善良的人，她就把山鹿藏了起来。

ʂtsɛ dә gә ndzә re ge, tɕhi ge a ʐɛr de ma cçhɛl thә rŋa pa
鹿 PRT DIR 藏 LNK LNK 一会儿 LNK NEG 空闲 那 猎人
wu dә scçho cçho ɮɛ tɕhu rŋa pa wu thә n̥i gi dә ji tɕhu: "ŋa
ERG DIR 追赶 来 LNK 猎人 ERG 3pl AUX PREF 说 LNK 1sg
gi thә ʂtsɛ dә xtɛ fɕi de dә ma xtɛ kha mә zgrәl mo!"
AUX 那个 鹿 PRT 交还 要 不然 DIR NEG 交还 PRT NEG 行 PRT
dә jә tɕhu su the n̥i tɕha tɕhu ru gɛ ɣre dә jә re ge tɕhi ge the n̥i
PREF 说 LNK 又 3pl 上面 什么 多 PREF 说 LNK LNK 3pl
thi lɛ ji xsәr ba wu the gi dә jә tɕhu thi ji shok dә ɬә
那个 媳妇 新的 ERG 那个 AUX PREF 说 LNK 它 GEN 生命 PRT 救
go rә ge thә wu ji tɕhu thә n̥i gi thә rŋa pa gә dә ji tɕhu:
要 LNK 3sg ERG 说 LNK 3pl AUX 那个 猎人 AUX PREF 说 LNK
"n̥i thә ji χphuk gә dә ji gi χɛ ʑi ŋu gә da ŋa fkho
2sg 它 GEN 价格 AUX PREF 说 AUX 多少 是 AUX LNK 1sg 给
mo!" dә jә so rә.
PRT PREF 说 SUFF FPRT

没过多久，猎人就追到院子。猎人对他们说："把山鹿交给我，必须交出来。"还说了很多不好听的话。新娘不忍心，想救山鹿的命，准备买下这只山鹿。于是对猎人说："你说个价钱，是多少我都会给你。"

thә dә jә re ge tɕhi ge rŋa pa wu dә ntshә re ge ә dә n̥i ge
那个 PREF 说 LNK LNK 猎人 ERG PREF 想 LNK 这：PL AUX
stu mu je nә vә si ŋә rә, ә dә n̥i an tɕhiɛ dә mkhәn gә ŋu re
婚礼 也 DIR 做 SUFF 是 FPRT 这：PL 一点 有 NMLZ AUX 是 PRT
dә rә dә ntshә re ge mdʐa me gә skhә re fɕi rә dә ntshә
是 FPRT PREF 想 LNK 多的 AUX 喊 要 FPRT PREF 想
re, tɕhi re ge the lɛ ji xsәr ba ge dә jә tɕhu ŋa gi loŋ juan
PRT LNK 那个 媳妇 新的 AUX PREF 说 LNK 1sg AUX 银圆

ɣnə sqha də ma fkho sə kha mə zgrəl. də jə sə
二十 DIR NEG 给 SUFF PRT NEG 行 PREF 说 SUFF
ŋə rə.
是 FPRT

猎人想：这家人刚办完婚礼，看来很有钱，我趁机应该多敲诈点儿。于是就对新娘说："必须给我二十个银圆，不然不行。"

tɕhi re ge the lɛ ji re thə rŋa pa ɣne wu tɕho goŋ də gə
LNK 那个 媳妇 COM 那个 猎人：3dl ERG 一直 价格 PRT DIR
dɛn gə dɛn sn̥i qhər gə gə dɛn ndʑə̥ ge zə ɕu ge loŋ juan
讲价 DIR 讲价 半天 AUX DIR 讲价 AUX AUX 最后 AUX 银圆
ʁɑ ɴɢvɛ kha gi mɛ rtsa nə və tɕhu thə kha ge ɣtɕhar ʁʑ̥ɑ bə gə
十五 INST AUX 决定 DIR 做 LNK 那 INST AUX 计划 样子
nə və si ŋə rə.
DIR 做 SUFF 是 FPRT

新娘和猎人讨价还价了半天，最后把价钱降到了十五个银圆。

tɕhi re ge the lɛ ji xsər ba ji the ji ɣdzə və vu da ɣne wu
LNK 那个 媳妇 新的 GEN 3sg GEN 公公 婆婆：3dl ERG
ge vdut ba də ma tɕhu: "de re ŋa ji the stu mu gɛ cçhɛ gə nə
AUX 意愿 PREF NEG LNK 这次 1pl 那个 婚礼 大的 AUX DIR
və si ŋə rə, the noŋ loŋ juan ʁɑ ɴɢvɛ ʑ̥i gə də the noŋ gə
做 SUFF 是 FPRT 那 里面 银圆 十五 APPR PRT 那 里面 DIR
ɕə si. tɕhi ge ŋa ji cçhim tsho ji la thɛ pei phjo dzə gɛ ɣre gə
去 SUFF LNK 1pl 家 GEN PRT 那样 钱 多的 AUX
lo rə də." də jə si ŋə rə.
哪里 有 PREF 说 SUFF 是 FPRT

（价钱谈定后，）新娘的公公婆婆面现难色地说："这次我们置办了这么盛大隆重的婚礼，大概花费了十五个银圆，我们家里哪里还拿得出那么多的钱。"

tɕhi re ge the lɛ ji xsər ba wu də jə tɕhu mə ʁɑ ge, ŋe
LNK 那个 媳妇 新的 ERG PREF 说 LNK 没关系 AUX 1sg

ji jo vdɑ xpə wu ŋa gi loŋ juan ʁɑ nɢvɛ də fkho si də, ŋa
GEN 娘家 ERG 1sg GEN 银圆 十五 DIR 给 SUFF 有 1sg

thə kha the ji shok də ɬə gə ŋe rə. də jə tɕhu,
那个 INST 它 GEN 生命 PRT 救赎 AUX 可以 FPRT PREF 说 LNK

ə də də jə tɕhu, tɕhi ge the ȵi cçhim tsho wu da: "ŋe rə! ŋe rə!" də
这个 PREF 说 LNK LNK 3pl 家庭 ERG 也 可以 可以 PREF

jə tɕhu, "ȵi də də la ȵi də fkhe gi ŋe rə." də jə tɕhu,
说 LNK 2sg 有 PRT 2sg DIR 给 AUX 可以 PREF 说 LNK

tɕhi ge sən nə ge dən ntshə tɕhu the ȵi cçhim tsho wu: "thɛ pei sme
LNK 心里 AUX PREF 想 LNK 3pl 家庭 ERG 那样 女子

gɛ mtshər ɣe də ɟji si!" də ntshə sə ŋə rə. tɕhi re ge the
奇怪 CLF PREF 有 SUFF PREF 想 SUFF 是 FPRT LNK 那个

ji rŋa pa wu phjo dzə də ɮa ʁa gə ʁʑi re tɕhu ɕə sə ŋə
GEN 猎人 ERG 钱 PRT 手 LOC 拿到 PRT LNK 走 SUFF 是

rə.
FPRT

新娘对公婆说:"没关系，我娘家给了我十五个银圆，我用娘家给的十五个银圆拿来买鹿就可以了。"然后，夫家人只好同意说:"可以！可以！你有钱给的话，可以。"但新娘的公婆心想:"世上还有这么愚蠢奇怪的女人！"猎人拿到银圆后就走了。

ɕə re ge tɕhi re ge the ji lɛ ji xsər ba wu thə ji ʂtsɛ gə
走 LNK LNK 那个 GEN 媳妇 新的 ERG 那个 GEN 鹿 DIR

ndzə si də phi su ji thɛ bɛ re ge su ɕə ɕɛ ja gə nə və
藏 SUFF PRT 外面 DIR 带出来 LNK 又 擦 PRT AUX DIR 做

re ge, ʂtsɛ wu tɕhi re pqo nɬhə gu rə ro nɑk noŋ rə rji si ŋə rə.
LNK 鹿 ERG LNK 跳跃 AUX DIR 森林 里面 上去 SUFF 是 FPRT

qhɑ də sɬu tɕhu nɑk noŋ rə rji si ŋə rə.
高兴 LNK 森林 里面 上去 SUFF 是 FPRT

（猎人）走了后，新娘把藏在桌子下的山鹿牵出来，给它擦拭了身体，安抚一番后，山鹿轻跳了几下，高高兴兴地跑回森林中去了。

tɕhi re ge a ɣnə kvo tɕiɛ re ge, the lɛ ji xsər ba wu dɛ də ɣe də də
LNK 一两年 成了 LNK 那个 媳妇 新的 ERG 儿子 CLF 有
si ŋə rə. dɛ də ɣe ʑ̊ɛ re ge tɕhi re the a sn̥ɛ lɛ ge thə ji dɛ də
SUFF 是 FPRT 儿子 CLF 生 LNK LNK 那 一天 LNK 3sg GEN 儿子
də a kvo tɕiɛ ji sn̥ɛ lɛ ge a ji və və mə cçhi cçhɛ və gə ɟji,
PRT 周岁 成 GEN 天 AUX 全家老小 忙忙碌碌 做 AUX 在
roŋ roŋ sə sə ji le ska və gə də ɟji tɕhu, the ji dɛ də ɟja ra
各自 GEN 劳动 做 AUX PREF 在 LNK 3sg GEN 儿子 院坝
ji ɣcçəl gu phu ru rgə noŋ rə lɛ tɕhu the ji dɛ də a kvo pa
GEN 中间 箩筐 CLF 里 DIR 放置 LNK 3sg GEN 儿子 一周岁
də thə khe də ɟji sə ŋə rə.
PRT 那 NMLZ PREF 在 SUFF 是 FPRT

过了几年，新娘生了一个儿子，儿子刚满周岁那个白天，全家人正忙忙碌碌地做各自的事情之际，便将刚满周岁的婴儿独自放在院子中间的箩筐里面。

the nə də ɟji re ge tɕhi re ge ʂtsɛ la mei gə gə nə χa tɕhu a dɛr
那里 PREF 在 LNK 然后 鹿 PRT 突然 DIR 来 LNK 一趟
gə χa re ge qrə mbə kha thə phu ru ʁa nə ro nə ndzər re ge
DIR 来 LNK 犄角 INST 那个 箩筐 LOC DIR下 DIR 穿刺 LNK
su ge de re tɕha tshoŋ də rzu tɕhu phi su dən mɟjə ra ji jɛ re ge
LNK 孩子 COM 全部 DIR 拿 LNK 外面 PREF 跑 过来 LNK
tɕhi re ge the n̥i cçhim tsho xsən bə wu ɣdu re ge jə tɕhu: “ə də ʂtsɛ
LNK 3pl 家庭 全部 ERG 看见 LNK 说 LNK 这个 鹿
wu la ŋa ji ge de də də skə də sçhjɛ mo! ” jə tɕhu, su xsən bə
ERG PRT 1pl 孩子 PRT DIR 偷 DIR 带走 PRT 说 LNK LNK 全部
wu də sçço cçho ji jɛ jɛ re tɕhu su pe ji thə n̥i qɑ ʁə la ji
ERG DIR 追赶 DIR 去 LNK LNK 程度副词 3pl 山 山坡 GEN
phi su ru də sçço cçho ji jɛ.
外面 LOC DIR 追赶 DIR 去

这时，山鹿突然一趟冲到院子里，用它的犄角挟起箩筐，连同箩筐和箩筐中的婴儿一起拼命地向外奔跑。家人看见后大喊：“这只山鹿偷走了我们的孩子！”所有人都急忙从家中跑出来追赶山鹿，一直追到了离她家所住的山坡外面。

ʂtsɛ wu tɕho nə mɟjə ra re ge tɕhi re ge: “χoŋ…” mei gə gə ʑi ge
鹿 ERG LNK DIR 跑 LNK LNK 轰 突然 LNK
pei ji gɛ cçu gə də qə zthe re ge xsən bə wu ʁə ȵu gə ro a tɕhi ke
特别 厉害 AUX DIR 响 LNK 全部 ERG 后面 回头 一看
gə rə ra re ge: o! the ȵi jo ji ʁə ȵu the ra re la ȵi la
AUX LNK INTER 3pl 家 GEN 后面 那个 悬崖 COM 山：PL PRT
tɕha tshoŋ jo tshoŋ nə sqri tɕhu də ʁʑu jiɛ nə χa tɕhu the ȵi su rə və
全部 DIR 垮塌 LNK DIR 溶化 DIR LNK 3pl LNK 村子
a rgə də ɣde ɣde nə və si də ŋu si rə. tɕhi re ge ʂtsɛ
一CLF PRT 荡平 DIR 做 SUFF PREF 是 SUFF FPRT LNK 鹿
wu vɛ lve the phu ru də qrə mbə kha vɛ lve thə sa tɕha tɕha rə
ERG 慢慢地 那个 箩筐 PRT 犄角 INST 慢慢地 那个 地 上面 DIR
lɛ re ge wu nɑk noŋ rə ɕə tɕhu ma mkhən də tɕiɛ sə ŋə
放 LNK ERG 森林里 DIR 去 LNK NEG NMLZ PREF 成了 SUFF 是
rə. də mɟjə ra nɑk noŋ rə jɛ sə ŋə rə.
FPRT DIR 跑 森林里 DIR SUFF 是 FPRT

山鹿一直往外跑后，突然，“轰”的一声巨响，大家回头一看，只见她家屋后的山坡和悬崖垮塌了下来，顿时整个村子都夷为了平地。这时，山鹿用犄角轻轻地将装有小孩的箩筐放在地上，又跑回了森林不见了。

tɕhi re ge the ji cçhim tsho wu tɕhu ȵi va ge hɑ də gu re ge:
LNK 3sg GEN 家庭 ERG 才 AUX 知道 LNK
“o! a də ʂtsɛ wu the ji ŋa ji lɛ ji wu the ji shok
INTER 这个 鹿 ERG 那个 GEN 1sg GEN 媳妇 ERG 它 GEN 生命
də ji ɬə re ge thə kha ŋə rə mo gə ŋa ji cçhim tsho ʁa
PRT DIR 救 LNK 那个 INST 是 FPRT PRT AUX 1pl 家庭 LOC
xsən bə ji su shok də thə wu ji ɬə sə ŋə rə mo! ŋa ji
全部 GEN LNK 生命 PRT 3sg ERG DIR 救 SUFF 是 FPRT PRT 1pl
və lə də ge ma ŋe si. mə zde lɛ ji və lə də ge
做 NMLZ PRT AUX NEG 可以 SUFF 人家 媳妇 做 NMLZ PRT AUX
də ŋe si mo!” də ntshə tɕhu tɕhi re ge snɨŋ cçu də cçhɛ sə
PREF 对 SUFF PRT PREF 想 LNK LNK 后悔 PREF 大 SUFF

ŋə rə.

是 FPRT

这家人这才恍然大悟：“哦！原来山鹿是为了报答我家媳妇的救命之恩，才借着‘偷孩子’救了我们全家的命。现在想来我们自己以前做得不对，媳妇的做法才是对的。”于是才幡然悔悟。

三 讲述

新年习俗

ŋa ji stɑ wə vu n̥i wu ɣnam mgoŋ sn̥ɛ lɛ gə zə za ma də bau tsə

1pl 道孚 SUFF：PL ERG 除夕 那天 晚上 饭 PRT 包子

və gə rə. tɕhi ge ro wu tshɛ sna ɕa tsha və gə rə. ɕu cçha va

做 AUX FPRT LNK 有的 ERG 菜品 很多 做 PRT FPRT 大多

wu su tshɛ sna də ɣre re tɕhu ʑə sn̥i və bei də ŋu la.

ERG LNK 菜品 PREF 多 LNK 城关 SUFF 样子 PREF 是 PRT

la loŋ və grɑ də ŋu la bau tsə ba və gə rə. ɣnam mgoŋ

乡下 SUFF 类 PREF 是 PRT 包子 语气词 做 PRT FPRT 除夕

ɣnam mgoŋ də ge gə zə ʑi gə za ma də ngə go rə. ŋa ji ʑə sn̥i və

除夕 LNK 晚上 LNK 饭 PRT 吃 要 FPRT 1pl 城关 SUFF

wu lɛ n̥u ʑi tɕhi tshu xsu ɣʤə tɕha ʑi ge za ma ngə ngə ngə gə rə.

ERG 下午 大概 时间 三 四 上 LNK 饭 吃 吃 吃 PRT FPRT

ro wu ge sqhrə pru rə ha. ɣnam mgoŋ sn̥ɛ lɛ za ma gɛ ɣre

有的 ERG PRT 推迟 让 FPRT 语气词 除夕 那天 饭 多

nə ngə ʑən də də ge tshɛ roŋ gə jə gə rə jə ʂkhər. xha vʑi

PREF 吃 样子 LNK 长寿 PRT 说 PRT FPRT 说 约定俗成 LNK

ge de cçhə cçhə go rə, za ma də gɛ qhə ngə re ge tɕhi ge su sə nʤə

小孩 称重 要 FPRT 饭 PRT 吃饱 吃 LNK LNK 再 谁 重

gə da the ji ge tshɛ roŋ go jə ʂkhər.

PRT CONJ 3sg GEN PRT 长寿 要 说 约定俗成

大年除夕晚上，我们道孚人的年夜饭，有的人家会做包子，有的人家会做很多种菜。特别是城关的人家会做很多种菜肴，菜做得越多越好，乡下一般会做包子等。“年夜饭”“年夜饭”，因此会在晚上吃。城关的一般会在下午三四点的时候就开始吃，有的人家会稍微推迟点。据说除夕那天年夜饭吃得越多就越长寿。还有种说法：晚上睡觉时，（阎王）会给小孩子称重，谁吃的越多越重，他的寿命就越长。

tshɛ htɕək nə ge tɕhi ge ga ɕha ga ɕha tɕhə xtsoŋ ɦkhɛr ɕə lə
初一 里面 PRT LNK 清早 清早 净水 挑 去 NMLZ
ŋu ha. tɕhə xtsoŋ də ga ɕha ru ɦkhɛr ɕə gə ŋə rə, tɕhi ge ɮɛ
是 语气词 净水 PRT 清早 PRT 挑 去 PRT 是 后缀 LNK 回来
re ge ŋa ji zə̢ sn̥i və be də ŋu la phru ro nə ge tɕhi ge soŋ
LNK 1pl 城关 SUFF 样子 PREF 是 PRT 初一 里面 PRT LNK 煨桑
də ge jo thu go rə. jo roŋ ji su soŋ ko nə ge soŋ
PRT AUX 家 烧 要 FPRT 家：REFL GEN LNK 煨桑台 里面 AUX 煨桑
də thu go rə.
PRT 烧 要 FPRT

大年初一大清早，每家每户都会去挑新年的净水。如果是城关的话，初一早晨家家户户会在自己家的煨桑台烧香祈祷。

phru ɣshu sn̥ɛ lɛ ge tɕhi ge a ru thu su “rgə phru[①]” ʁa re ge
初三 天 PRT LNK 那上边 LNK “格普神山” LOC LNK
“ɬe ri ʂtsi[②]” ʁa the qhe soŋ də thu ɕə go rə. tɕhi ge ʁna bei
拉日则 LOC 那 NMLZ 煨桑 DIR 烧 去 要 FPRT LNK 以前 样子
gə də ŋu la ʁje tsei ŋɛ phjo “ŋgre lek spo” jə lə gə mkhar
PRT PREF 是 PRT 左边 ABL 方向 歌庄坝子 说 NMLZ AUX 碉
ji və, thə tɕha ŋgre lek ba və və, xsə mə wu su khan da ŋə
GEN 下面 那上面 歌庄 语气词 跳 大家 ERG LNK 糖 是
rə, go tsə[③]、a rɑ rzu re ge thə qhe sn̥i qhər ʑ̥i gə ncçha rə ra go su
FPRT 果子 酒 拿 LNK 那 NMLZ 半天 大概 玩儿 要 LNK

① “格普神山”的“格普”意为“白石”。格鲁派寺院灵雀寺在创建时，迎请西藏甘丹寺的格宁神到灵雀寺后山（即现今称为格尔普的“神山”），并奉为该寺的护法神。灵雀寺是康区霍尔十三寺之一，距今有380多年历史。详见根呷翁姆（2011a）。

② “拉日则”位于“格普神山”的延绵的横断山系，有两个煨桑台。

③ 每至春节时，道孚乃至康区用面做的一种油炸食品。

ŋgre lek ba və də thə bei və gə rə. χo ke zə və mkhən ma

歌庄 语气词 跳 PRT 那样 做 PRT FPRT 现在 最 做 NMLZ NEG

rə ha thə bei də. ŋgre lek və tɕhu xha vʑi ʑe ndʐu rɟjav ŋgre lek

FPRT 语气词 那样 NMLZ 歌庄 跳 LNK LNK 弦子 跳 歌庄

və, ga scçɑ bə gə ŋu ʂkhər thə tɕha. tɕhi ge thə spo ge "ŋgre lek spo"

跳 舒服 PRT 是 约定俗成 那时候 LNK 那 草坝 PRT 歌庄坝子

jə də gə zmu sə ŋə rə.

说 PRT 取名 SUFF 是 FPRT

初三那天，人们会到“格普神山”和拉日则去烧香祈祷。在以前，“格普神山”煨桑台左边碉堡的下面，还有一个大的草坝，叫“歌庄坝子”。大家烧完香以后会在那里跳起吉祥的歌庄、优美的弦子，带上糖、果子、美酒等各种食物喜庆新年。一般会玩个半天左右时间，非常好玩儿。因此，那个坝子后来就被称为“歌庄坝子”，但现在很少有这种民间的庆祝活动了。

tɕhi ge phru rjɛ sɲɛ lɛ ge a wu thu "ma htɕək spo roŋ①" ʁa soŋ thu rə

LNK 初八 天 PRT 那边 玛吉玻绒 LOC 煨桑 DIR

we ŋo rə. tɕhi ge su ʁɑ xsu nə ge su "hne②" ʁa ŋə rə,

去 要 FPRT LNK LNK 初十三 里 PRT LNK 籁 LOC 是 FPRT

"ra phru③" ʁa ŋə rə, soŋ də thu ɕə. xha vʑi "sbre ker④" ʁɑ je

惹普 LOC 是 FPRT 煨桑 PRT 烧 去 LNK 扎呷 LOC 也

nə we gə rə. ro wu ʁɑ ɣne ʁɑ xsu, ro wu ʁɑ nɢvɛ nə və we gə

DIR 去 PRT FPRT 有的 初十二 初十三 有的 十五 DIR 去 PRT

rə. xha vʑi ʁɑ xsu nə rta χsrjuɣ ba lɛ, sthu ɕi lɛ tɕhu su ŋgre lek

FPRT LNK 初十三 里 赛马 语气词 跑 标识 放 LNK LNK 歌庄

ba və.

语气词 跳

初八那天，人们会到玛吉玻绒去烧香。十三的时候会到“籁巴杂格日神山”“惹普神山”和瓦日的“扎呷神山”去烧香转经。时间不一致，有的人家会在十二，有的人家会在十三，

① “玛吉玻绒”位于县城南边鲜水河和柳日河的交汇处，是本地民众烧香地之一。

② “籁”指“籁巴杂格日”，是道孚地区民众信仰的主要“神山”之一。

③ “惹普”与“籁巴杂格日”毗邻而座，是道孚地区民众信仰的主要“神山”之一。

④ “扎呷神山”与“籁巴杂格日神山”“惹普神山”是道孚地区属民信仰的三座著名“神山”。

也有的人家会选在大年十五去转经。以前，在十三到“籁巴杂格日神山”转经时，还有赛马比赛，比赛中会有抢拿地上标识物等民间竞技活动和歌庄等，非常热闹。

ʁɑ nɢvɛ snʑɛ lɛ də ŋu la su “bjɛn ba ndzo[①]” tɕha də ŋu la
初十五 天 PREF 是 PRT LNK 便巴卓 时候 PREF 是 PRT
ŋgre lek və və və go rə. thə bei dɛl ʂkhər. ga scçɑ ŋə ma ŋu go
歌庄 跳 要 FPRT 那样 做法 约定俗成 舒服 真的 是 要
rə ja! bei ji khef və və və, bei ji la loŋ da pə ɳi da su ʐə
FPRT INTER 非常 打扮 做 非常 乡下 人 PL LNK LNK 来
ʐə ʐɛ ʁa “bjɛn ba ndzo” tɕha khe və də ʐə ʐɛ go rə.
来 LOC 便巴卓 时候 装扮 做 PRT 来 要 SUFF

大年十五那天，灵雀寺会举办酥油花灯会，次日会举办隆重的“便巴卓”活动。民众们会载歌载舞唱起充满吉祥颂词的歌庄庆祝，热闹非凡。活动期间，人山人海，大家也会精心打扮，盛装出席。这天，乡下的民众也会聚集于此参加庆典活动。

xha vʑi phru xtɕho、phru ɣʐə thə ɳi nə a ru thu the ji ŋa ji
LNK 初六 初四 那： PL 里 那边 那 GEN 1sg GEN
ʐə mɛ ɳi nə ŋgre lek re ge mbru、sən gi və tɕhu be cçim ɟji ɟji tɕhu
田地 PL 里面 歌庄 LNK 龙灯 狮灯 跳 LNK CONJ 玩儿 LNK
ga scçɑ ŋə ma ŋu go rə ja! su ge rja də cçim ɟji, xha vʑi su
舒服 真的 是 要 FPRT INTER LNK 整晚 PRT 玩要 LNK LNK
ɣkə jɛ ɣkə jɛ də thə ʐə ba və, ŋgre lek ba rɟjav ʐe ndʐu ba
街 街 PRT 团聚 语气词 做 歌庄 语气词 跳 弦子 语气词
rɟjav də ga scçɑ ŋə ma ŋu ʂkhər ja, ɳi ma ʁna ge nə scçɑ
跳 PRT 舒服 真的 是 约定俗成 INTER 以前 PRT PREF 舒服
sə.
SUFF

在初四、初六等日子里还会在我们那边的田地里跳舞、跳龙灯、狮灯，大家尽情地玩

① “便巴卓”指藏历新年十五，灵雀寺举办的酥油花灯会之后的第三天即藏历新年十七清早，寺院将未来佛——香巴贡玻佛的神像从寺院出发围绕县城转一圈再迎请回寺院的祈佛活动。沿途所经之处民众都会排队磕头祈福。“便巴卓”是道孚地区盛大的节日，早已从宗教节日转为民俗性的节日。

儿，都会玩得非常地开心。不仅玩通宵，而且在街坊邻居之间、街与街之间，大家还会一起吃团圆饭，跳歌庄、弦子等，非常好玩儿。以前的春节真的很好玩儿。

ȵi ma ʁna sə xha vʑi ɣnam mgoŋ gə zə xha vʑi be nian ɕi ʂkhər.
以前 SUFF LNK 除夕 晚上 LNK 拜年 去 约定俗成
be nian ɕi rə ge su khan da ŋə rə、 huɑ sən、 sta rga no ro sphro tɕhu
拜年 去 LNK LNK 糖 是 FPRT 花生 核桃 DIR 撒 LNK
ge de ŋu ŋoŋ ndʐə ge spo xtsoŋ stu stu stu ʂkhər, ə də də. ga scçɑ
小孩 是 CL PRT 好的 抢 约定俗成 这 NMLZ 舒服
bu gə ŋu ʂkhər. tɕhi ge ʐə sȵi və wu jə ʂkhər. la loŋ ge
样子 PRT 是 约定俗成 LNK 城关 SUFF ERG 说 约定俗成 乡下 PRT
a tɕhi pei a ŋoŋ de, phru ɴɢvɛ ji ɕu ge tɕhi ge fɬɛ mphɛl
怎样 QUES 是 PRT 初五 GEN 后面 PRT LNK 灰尘 倒掉
zgre ma jə də tɕhi ge cçi cçjɛ be ȵi də mphɛl re ge thə de. the
日子 说 NMLZ LNK 垃圾 样子 PL DIR 倒掉 LNK 那样做 那
ji ŋə thə de me ʂkhər.
GEN 前面 那样做 NEG 约定俗成

在以前，除夕那天，小孩子们会去拜年，每家都会给小孩子们撒糖、花生、核桃等好吃的东西。孩子们高兴地去争抢，都会非常开心快乐，那时候真的很好玩儿。城关的是这样子的。乡下会是怎样呢？然后，初五的时候，称为“破五”，是倒垃圾的日子，这之前一般不会倒垃圾。

xha vʑi ɣjə və ɣjə ɕi、 ȵi va ȵi ʑi ȵi ge tɕa thi mqhə tɕhu ge
LNK 街坊邻居 亲朋好友 PL PRT 茶 喝 请 LNK PRT
cçhim tsho gɛ rgə gɛ rgə də mkər va tɕhu ndʐu ba ȵi də skhə re tɕhu
家庭 一CLF 一CLF PRT 转 LNK 客人 PL PRT 喊 LNK
ncçha ra də ga scçɑ bu gə ŋu ʂkhər. xha vʑi lu xsɛr tɕha ka xha vʑi
玩儿 PRT 舒服 样子 PRT 是 约定俗成 LNK 新年 时候 LNK
xsən bə ji lu xsɛr ka vɛ jə tɕhu a rɑ re ge go tsə、 khan da thə bei ȵi
大家 GEN 新年 礼物 说 LNK 酒 LNK 果子 糖 那样 PL
mbe ʂkhər. a ɣe ɣe qhe thə bei mbe tɕhu, thə də ga scçɑ ŋə ma
送去 约定俗成 一 CLF NMLZ 那样 送去 LNK 那 PRT 舒服 真的

ŋu gə rə. ŋa ji ge de tɕha ge thə də jɛ mə jɛ və də mbe
是 PRT FPRT 1pl 小 时候 PRT 那 PRT 争 做 PRT 送去
ʂkhər ja!
约定俗成 INTER

过年时，还会请街坊邻居、亲朋好友到家吃饭，一家一家地转着来。那时候我们还小，需要天天去喊，非常高兴，而且都抢着去喊客人吃饭，非常好玩。过年时，还有“新年股子”，即送新年礼物的习俗。里面装有酒、包子、糖等食品，需要去送，我们小时候都忙着去送。

hɑ vdu la the bei gə mja rə, xsən bə ʂəu tɕi ʁa tɕhi gə ke də
现在 PRT 那样 PRT NEG FPRT 大家 手机 LOC 看 PRT
the dian lau jə lə də ʁa tɕhi gə ke rə mo, the dian ʂə ʁa
那 电脑 说 NMLZ PRT LOC 看 FPRT INTER 那 电视 LOC
tɕhi gə ke tɕhu hɑ vdu la ʁɑ phi gə tɕiɛ mkhən da ma rə.
看 LNK 现在 PRT 门外 DIR 出来 NMLZ LNK NEG FPRT
xha vʑi ŋa ji la zə ŋə kha ge sta rga sə lə ʈʂe tɕhu thoŋ juan ba
LNK 1pl PRT 以前 语气词 PRT 核桃 滚 LNK 铜圆 语气词
qe tɕhu tɕhe tɕhoŋ ma tɕhu xsən bə wu sta rga sə lə ʈʂe tɕhu: a vəɣ!
投掷 LNK 大小 NEG LNK 大家 ERG 核桃 滚 LNK INTER
a rgə scçɑ go rə! a rgə scçɑ go rə! hɑ vdu ge xsən bə
一 CLF 舒服 PRT FPRT 一 CLF 舒服 PRT FPRT 现在 PRT 大家
wu jo nə qu qu lu ɣkə jɛ nə zə vdzi da ɣdu lə ma mkhən
ERG 家 里 蜷缩 街 里 最 人 LNK 见到 NMLZ NEG NMLZ
be gə a ŋə rə mo! cçim ɟji mkhən gə zə mei ɟji ɟji rə.
样子 PRT QUES 是 FPRT 语气词 玩儿 NMLZ PRT 太 NEG 有 FPRT

现在呢，不像以前，大家拿着手机玩儿，看电脑的看电脑，看电视的看电视，没人出门。还有我们小时候，春节时会玩儿滚核桃、投铜圆，不管是大人、小孩，都会参加，非常好玩儿。而现在的人大都窝在家里，街上几乎见不到人，出来玩儿的人很少了。

ŋə kha mbru、sən gi ɳi kha gɑ ʁji ntɕhɛm gə rə! ŋa ji ge de ŋu
以前 龙灯 狮灯 PRT INST 好的 跳 PRT FPRT 1pl 小 是

tɕha la goŋ ʂaŋ lian wu ma ma dən ba və tɕhu gɑ ʁji ŋu ʂkhər.
时候 PRT 工商联 ERG 马马灯 语气词 做 LNK 好 是 约定俗成
xha vʑi a ru thu mkər va rə ɕə ɕoŋ ndʐə ge mkər va re nə the nə
LNK 那上边 转经 DIR 去 CLF PRT 转经 NMLZ 里面 那里
rta χsrjuɤ nə ʁʒɛ tɕhu hne ʁa the nə rta χsrjuɤ cçim ɟji ɟji tɕhu dpoŋ ka
赛马 DIR 跑 LNK 籁 LOC 那里 赛马 驰骋 玩儿 LNK 队列
ge rgə ge rgə və tɕhu: a vəɣ! a rgə scçɑ go rə! a rgə scçɑ
每 CLF 每 CLF 做 LNK INTER 一 CLF 舒服 PRT FPRT 一 CLF 舒服
go rə!
PRT FPRT

以前，晚上还会跳龙灯、狮灯，我们小的时候，工商联还会做马马灯，非常好看。去“籁巴杂格日神山”转经时，还有赛马观看，而且是一个队对一个队地进行比赛，非常好玩。

参考文献

[汉]班固撰、[唐]颜师古注 1997《汉书·地理志》，北京：中华书局。

戴庆厦等 1991《藏缅语十五种》，北京：北京燕山出版社。

多尔吉 1998《道孚语格什扎话研究》，北京：中国藏学出版社。

范俊军 2006 语言活力与语言濒危的评估——联合国教科文组织文件《语言活力与语言濒危》述评，《现代外语》第2期。

[南朝宋]范晔 1965《后汉书》，北京：中华书局。

格桑居冕、格桑央京 2002《藏语方言概论》，北京：民族出版社。

格西曲吉扎巴 1957《格西曲扎藏文词典》(藏文)，北京：民族出版社。

根呷翁姆 2008 多语环境中的道孚"语言孤岛"现象个案分析，《西南民族大学学报》第5期。

根呷翁姆 2010a 浅谈甘孜藏区的政教联盟制度，《四川民族学院学报》第1期。

根呷翁姆 2010b 道孚语调查(上)，《四川民族学院学报》第3期。

根呷翁姆 2010c 道孚语调查(下)，《四川民族学院学报》第4期。

根呷翁姆 2010d 藏传佛教对藏语的影响，《西南民族大学学报》第5期。

根呷翁姆 2011a 藏传佛教格鲁派在道孚的传播和影响，《四川民族学院学报》第1期。

根呷翁姆 2011b 道孚藏族物质文化的语言透视，《西南民族大学学报》第4期。

根呷翁姆 2012 藏族亲属称谓及其文化内涵，《民族学刊》第6期。

根呷翁姆 2013 道孚语在藏缅语族语言研究中地位和价值，《中央民族大学学报》

第5期。

根呷翁姆 2014a 川西藏族的伦理思想和道德观念,《民族学刊》第5期。

根呷翁姆 2014b 从道孚语的词源结构看道孚藏族的思维方式,《西南民族大学学报》第9期。

根呷翁姆 2016a 道孚藏族双语文化现象的成因、特点及其调适,《民族学刊》第5期。

根呷翁姆 2016b 论语言与宗教的关系,《中央民族大学学报》第6期。

根呷翁姆 2018 政教联盟制度之我见(藏文版),《中国藏学》第3期。

黄布凡 1990 道孚语语音和动词形态变化,《民族语文》第5期。

黄布凡 2007《拉坞戎语研究》,北京:民族出版社。

黄成龙 2007《蒲溪羌语研究》,北京:民族出版社。

李绍明 1980 唐代西山诸羌考略,《四川大学学报》第1期。

林向荣 1993《嘉戎语研究》,成都:四川民族出版社。

刘勇等 2005《鲜水河畔的道孚藏族多元文化》,成都:四川民族出版社。

龙布杰 2006《古代藏语》(藏文版),北京:民族出版社。

吕叔湘 1990《吕叔湘文集》(第2卷),北京:商务印书馆。

马长寿 1944 嘉戎民族社会史,《民族学研究集刊》第4期。

马长寿 2003《马长寿民族学论集》,北京:人民出版社。

马进武 1998《藏语语法明灯》(藏文版),西宁:青海民族出版社。

马学良主编 1991《汉藏语概论》,北京:北京大学出版社。

[宋]欧阳修 2011《新唐书》,北京:中华书局。

瞿霭堂 1990 嘉戎语的方言——方言划分和语言识别,《民族语文》第4期。

上海外国语学院、哈尔滨外国语学院编 1958《语言学引论》,北京:时代出版社。

[汉]司马迁 1959《史记》,北京:中华书局。

四川省道孚县志编纂委员会编纂 1998《道孚县志》,成都:四川人民出版社。

孙宏开 1983a 川西民族走廊地区的语言,载中国西南民族研究会《西南民族研究》,成都:四川民族出版社。

孙宏开 1983b 六江流域的民族语言及其系属分类,《民族学报》第3期。

田阡子、孙天心 2016a 西部霍尔语动词的词干交替,《民族语文》第3期。

田阡子、孙天心 2016b 格西霍尔语动词词干重叠形式数标记,《云南师范大学学报

（哲学社会科学版）》第4期。

杨嘉铭 1990 关于“附国”几个问题的再认识，《西藏研究》第1期。

尹蔚彬 2007《业隆拉坞戎语研究》，北京：民族出版社。

赞拉·阿旺措成 2004《赞拉·阿旺措成论文集》（藏文版），成都：四川民族出版社。

章嘉·若贝多杰 1994《七世达赖喇嘛传》（藏文版），拉萨：西藏人民出版社。

赵留芳 1938 道孚县浅影，《康导月刊》，创刊号。

中国人民政治协商会议、四川省道孚县委员会编 1985《道孚文史资料选辑》，油印本。

中国西南民族研究会 1983《西南民族研究》，成都：四川民族出版社。

［美］爱德华·萨丕尔著，陆卓元译 1997《语言论：言语研究导论》，北京：商务印书馆。

［法］梅耶著、岑麒祥译 1957《历史语言学中的比较方法》，北京：科学出版社。

Gen Ga Weng Mu 2008 Changing process of the language use of STau and language vitality—a case study of STau spoken in Xianshui town, 日本京都大学『アジア・アフリカの言語と言語学』, No.12.

Gen Ga Weng Mu 2011 Tibetan Buddhism's influence on Daofu Tibetan languages, *China Tibetology*, No.2.

Gen Ga Weng Mu 2015 The remains of ancient Tibetan and the primitive Tibetan-Burman language in Kangba Tibetan STau dialect, *China Tibetology*, No.2.

Hongson 1853 H. Hz Sifan and Horsok vocabularies, *Journal of the Asiatik Society of Bengal*, No.22.

调查手记

道孚之行，感触颇多。记得就2015年7月中旬到9月整整一个多月，我几乎都在马不停蹄的奔波中度过。虽然辛苦，可收获颇丰：家乡深厚的文化底蕴，优美的自然风光，淳朴善良的人们，古老的民风民俗给久别的我留下深刻印象。调查过程中有我对道孚语言生活的真切感触，有语言田野调查的方法和技巧，有待人接物的技巧和经验，还有日渐加深的乡土情结。一个多月的所见所闻，增长了我的见识，开阔了我的视野，并使我体会到了语言调查的苦与乐。下面就结合语言调查情况谈谈我们在调查过程中的一些感想。

（一）调查人感言

本次调查是对尔龚语的全面补充调查。结合多年的调查与研究，我发现尔龚语虽然是活力降低趋于濒危的语言，其使用人数、代际传承、交际领域等方面在共时层面上都反映出渐变性、不平衡性的特点，但不可否认的是它仍具有一定的生命力，短时间内不会消亡。尔龚语在家庭内部的使用频率较高，在家庭外部的使用范围开始呈现出逐渐缩小趋势。这说明尔龚语在族群内部仍具有一定活力，但在族群外部，特别是当道孚母语人转为双语（兼用尔龚语和汉语）或语言转用（一部分人转用汉语）时，其语言活力已明显降低。因此，道孚母语人的语言态度、语言观念，以及使用人口等因素直接影响着尔龚语未来的发展趋势。一种语言的消亡往往意味着一种族群文化的丢失，也预示着人类多元文化和人文生态系统的破坏，因而，保护与传承各民族语言文化任重道远。

作为母语人，自己对尔龚语有着特殊的理解与感悟，所以调查做得比较深入，包括对所有问题的分析都力求交代清楚，并列举了丰富翔实的例句，力求系统、客观、准确地解

调查摄录工作现场　道孚县团结一村 /2015.8.9/ 根呷翁姆 摄

读尔龚语的特征及其价值，为原始藏缅语的构拟、藏缅语族语言的比较研究提供客观翔实的语料素材，也为日趋濒危的道孚藏族族群语言——尔龚语进行客观全面的记录分析，以延缓其衰退的过程。

（二）发音人感言

发音人认为，尔龚语是祖祖辈辈传下来的母语，是自己族群身份的重要象征，虽然没有类似客家人“宁卖祖宗田，不忘祖宗言”的说法，但是，老一辈人维护母语、忠于母语的语言感情和语言态度仍然很强。目前，随着广播电视、信息网络技术的不断普及和深入，普通话已对年轻人产生了重大的影响，有的年轻人母语意识相对淡薄，甚至对普通话的认同感高于母语，母语的保护意识不及老一辈。因此，发音人希望在未来的生活中，年轻一代能继续保持母语的使用，并且希望学校教育教学中也能积极加强双语教学的普及力度，为尔龚语和藏语的保护与传承创造一个良好的语言生态环境。

（三）调查经验总结

在摄录场地的选择、摄录过程、摄录时间安排等方面，感触颇深。总结整个语言调查过程，可以用两个字概括：一个是“苦”，一个是“乐”。“苦”是条件艰苦，工作辛苦；“乐”是期间充满着使命感和收获感。调查经验方面值得提及的是，在与发音人接触、获取

尔龚语工程摄录区域及其周边环境　道孚县团结一村 /2015.8.9/ 根呷翁姆 摄

发音人在工作中　道孚县团结一村 /2015.8.9/ 杨志勇、付鸣 摄

第一手资料的过程中，做好描写记录，做到勤听、勤记、勤看、勤问、勤分析，做好口头资料的收集，利用调研机会发现并深入探讨相关问题产生和发展的脉络；及时、集中整理调查资料，做到边收集资料边进行资料审核工作；对于随时发现的问题，及时进行资料补充、调查和修正。这些工作都极为重要，也是语言调查工程成功的必要保证。

后　记

康巴藏区地域广阔，地理类型丰富多样，族群复杂，至今还积淀着许多历史文化遗存，这些历史文化遗存主要反映在康巴藏区地域文化中的藏族语言上。可以说，研究康巴藏族语言既是抢救其语言，也是保护其文化。尤其在信息网络迅猛发展的今天，分布在康藏高原的藏族族群语言濒危的速度大大加快，其语言和文化的传承令人担忧。语言消失了，文化也随之消亡。这也是多年前，我的工作从汉藏双语播音主持的宣传，转型为现今对藏语和藏族族群语言，以及对藏传佛教和藏族文化进行学术调查研究工作的主要缘由之一。

回想我对母语的研究也是源于我的硕士研究生导师胡书津先生、王诗文先生。在他们的引领下，我走上了语言学的学习探索之路，开始了对藏语、藏语康方言调查研究和母语尔龚语的初步探索。期间，刘辉强先生训练了我的语言调查技能，在语言调研实践中无私地将语言调查的宝贵实践经验与方法传授于我。

2008年，我有幸考入万果先生门下继续深造，攻读博士学位。期间在导师万果先生的鼓励与支持下，我开始了对母语和母语文化的深入关注、研究。我发现尔龚语的复杂性已经超越了同语族的许多语言，从复辅音的复杂程度上看就可与藏语西部方言巴尔蒂话、印度的拉达克话以及国内的嘉戎语相媲美；在词汇和语法方面也较多地保留了原始藏缅语、古藏语时期的古老特征，是研究、构拟原始藏缅语珍贵的“活化石”。不仅如此，尔龚语中不仅有本语的固有词汇、藏语词汇（包括古代藏语、现代藏语三大方言中部分作为各自特色的地域性词汇），而且在核心词汇和基本词汇中还留存有大量梵语和藏语敬语词汇。这些词汇的使用范围已远远超出现代藏语中它们各自的使用场合（主要是宗教场合），而这也是尔龚语这一藏族族群语言独特的显著特质，然而这一特质一直未引起学术界关注。因此，本人在研究中为了客观、科学、准确地把握研究尔龚语的实质，在实地大量收集尔龚语的第一手调查资料进行研究的同时，还结合古代藏语、现代藏语的三大方言，以及梵语、嘉戎语等语言对尔龚语进行深入的分析研究；注重“表层”研究向“深层”研究的深入，把握语言本体研究的准确性、客观性和科学性。通过长期潜心研究后发现，就语言特征来看，尔龚语属于藏语支语言，是一种与古藏语同源但又不完全同于现代藏语的一种语言。若以语言特征为主要依据，社会人文历史文化背景作为主要参考，结合道孚藏族的自称等综合因素，尔龚语属于藏语支语言，是藏语的方言。

课题最终能顺利完成，除了自己的工作，还和很多前辈、良师益友的帮助是分不开的。首先感谢我的硕士研究生导师胡书津先生、王诗文先生，以及四川省民族研究所的刘辉强先生，是他们将我引领入门，传授我语言学的理论和研究方法。我在语言学和藏语方言方面的研究和成长都凝聚着三位先生的心血。先生们渊博的学识，开放的思维，严谨的治学风范，谆谆教导、无私关爱和宽厚仁慈，学生铭记在心。

感谢我的导师万果先生，因为先生的支持、教诲和严格的因明逻辑方法论训练，开阔了我的学术视野，丰富了我的研究思路和方法，让我受益终身。虽然本文未作为博士论文撰写，但在写作过程中得到了先生悉心指导，在此向先生致以崇高的敬意。先生深厚的学术修养，宽广的学术视野和胸怀，严谨的治学态度，求真务实的学风，以及对藏学的独到理解，使我受益良多，可以说我在藏语、藏族文化、藏传佛教和藏族族群语言等研究方面的每一点微小的进步和成长都离不开先生的培养。

感谢孙宏开先生，自我进入藏学院从事藏族语言、文化的教学和研究工作起，先生就关心、督促我的工作，并为我指明了今后的研究方向。文稿写完后，先生亲自审阅，提出了许多宝贵的修改意见。作为学术界的前辈，先生的无私栽培和谆谆教诲，和蔼可亲和平和谦逊的为人，更为我在学术道路上做人作文树立了榜样，学生将终身受益。

感谢课题组的立项资助和孙宏开先生的支持，使我得以遂愿，在经费资助的基础上能更深入地开展尔龚语的专门调查、抢救记录，获得了更丰富翔实的调查研究成果。

感谢李大勤先生在本课题研究中的大力支持和帮助。在文稿的修改过程中，先生一字一句地审阅、修改，提出了许多非常中肯的修改建议，使我受益匪浅。拙著之所以能及时顺利完成，这其中无不浸注着李大勤先生的心血。感谢黄成龙先生在修改过程中提出的宝贵建议和帮助。感谢总主编曹志耘教授、编辑魏晓明女士、杨佳博士在三审的过程中提出了许多宝贵意见和建议，使得本书稿在最后环节得到了进一步提升的机会。同样感谢的还有黄行先生、丁石庆先生，他们渊博的知识、无私的理念，是我前进的动力所在。感谢西南民族大学对调查和本书撰写提供了支持。

本课题在调查过程中还得到很多人的帮助。感谢发音合作人四郎达洼、巴登泽仁、洛绒她姆、菊美等同志的全力协作。感谢洛绒倾培、所朗多吉等同志的大力支持，为我提供了良好的生活环境，为调查工作的开展排忧解难，在此表示衷心的感谢。感谢中央民族大学杨志勇教授、付鸣教授在资料摄录过程和后续剪辑制作中的辛勤付出；感谢道孚县广播电视局、道孚县统计局，以及道孚县鲜水镇团结一村村主任罗绒益西同志，感谢道孚县一中退休教师拥登老师等的大力支持；对于所有对本文的调查研究给予过帮助的调查合作者和尚未一一提到的众多支持者和帮助者，在此一并表示感谢！

最后，特别感谢我的父母、弟弟、妹妹和儿子多年来一直默默的支持、关心和帮助，使我有足够的时间和信心实现自己的愿望。

关于尔龚语的初步研究暂告一个段落。由于我的水平有限，深感仍有许多问题需要进一步研究解决。文中存在的问题是我进一步研究的动力。同时，真诚地希望前辈和学界同人批评指正，以促进这方面的研究。

根呷翁姆

2019年1月